别有天地

——德江县旋厂遗址和覃氏墓地

贵州考古扶贫田野调查报告

贵州省文物考古研究所
德江县文体广电旅游局
编著

科学出版社
北京

内 容 简 介

本书是贵州省德江县旋厂遗址和覃氏墓地的田野考古调查报告，系贵州考古扶贫系列成果之一，代表了贵州文物考古工作者对“文旅融合”的努力与尝试。本报告包括上、下两篇，分别介绍了旋厂遗址和覃氏墓地的调查收获。旋厂遗址集中表现了明清时期贵州山区乡村的发展历程和村落格局；覃氏墓地现存墓碑和牌楼具有较高的艺术价值和科学价值，尤其是保留了大量精美的雕饰，是黔东地区现存牌楼的优秀代表之一。

本书可供文物考古工作者、历史研究者，以及大学历史、古建、考古专业的学生参考、阅读。

图书在版编目（CIP）数据

别有天地：德江县旋厂遗址和覃氏墓地 / 贵州省文物考古研究所，德江县文体广电旅游局编著 . -- 北京：科学出版社，2021.6

ISBN 978-7-03-068992-4

Ⅰ . ①别… Ⅱ . ①贵… ②德… Ⅲ . ①考古发掘—发掘报告—德江县
Ⅳ . ① K872.734

中国版本图书馆 CIP 数据核字（2021）第 104141 号

责任编辑：柴丽丽 / 责任校对：邹慧卿
责任印制：肖　兴 / 封面设计：张　放

科 学 出 版 社 出版
北京东黄城根北街16号
邮政编码：100717
http://www.sciencep.com

北京汇瑞嘉合文化发展有限公司 印刷
科学出版社发行　各地新华书店经销
*
2021 年 6 月第　一　版　开本：889 × 1194　1/16
2021 年 6 月第一次印刷　印张：17 3/4　插页：1
字数：510 000

定价：328.00 元

（如有印装质量问题，我社负责调换）

前　　言

德江县2018～2019年度考古调查工作是在贵州省“脱贫攻坚”的背景之下展开的。贵州省文化和旅游厅对口支援铜仁市德江县扶贫工作，而贵州省文物考古研究所作为文化和旅游厅直属单位同样身兼扶贫职责。为助力脱贫攻坚，贵州省文物考古研究所一方面派出翁泽坤同志赴枫香溪镇软坳村任第一书记，另一方面结合考古工作职责启动了“考古扶贫”工作，希望能立足于考古专业，通过考古工作深度挖掘德江县旅游文化资源，打造德江文化品牌。

选择旋厂遗址和覃氏家族墓地作为本次考古调查对象，一方面是基于地方意愿并考虑到当地发展需要，满足地方文物保护和展示的需求，另一方面也是一次对“文旅融合”的探索与实践。考古调查与勘探工作有助于文物保护工作实施，这是“文旅融合”的基础，通过考古工作的深度挖掘，更多文物资源本身包含的故事得以知晓，这也符合“文旅融合”过程中展示、宣传的需要。

旋厂遗址遗存丰富、分布面积较广、体量颇大。在民间传说的渲染之下，旋厂遗址蒙上了一层神秘色彩而备受关注。一些地方史学爱好者参考民间传说、历史文献等，提出了“扶阳古城”说、“福王城”说、明清县衙等观点；而世居此地的朱氏则传说其乃朱氏皇族后裔，一说为朱元璋后裔，另说为福王朱由菘后裔。政府曾投入大量资金进行开发，由于缺少专业机构、人员的参与和指导，中寨建筑群在这次开发之中受到一定程度的破坏，如拆除一些旧墙并新建了大量空斗式院墙，随意改建民居建筑、修建观光道等。据当地民众回忆，作为景区开放后，有不少游客慕名而来，但并未持续下去，此事便不了了之。2015年，地方政府以“扶阳古城”之名将该地定为铜仁市市级文物保护单位。当地民众对“古城”之说仍是半信半疑。在考古工作开始之前，众说纷纭，莫衷一是。为了厘清旋厂的发展历程及性质，我们重点开展了旋厂遗址考古调查与勘探工作。

我们时常谑称考古工作就是“讲故事”。旋厂保存下来的遗存无论是种类还是数量均十分丰富，且距今不过数百年，片段或多或少地保留在当地民众的口碑记忆之中。这段故事似乎触手可及但又十分模糊，如要生动、全面地讲好这个故事并非易事。而这正是这项工作的魅力所在——极强的故事性。我们的调查工作并未局限于中寨一带的核心区域，而是将视野放到更大范围之中。除了规模突出的民居建筑，道路、文化、教育、加工等方面的遗存同样是重点调查对象，旨在全面地认识古代旋厂；同时我们还收集了一些民间口碑传说，帮助我们解读相关遗存。囿于遗存和文献记载有限，尚存一些疑惑未能一一解读，但幸在旋厂现存丰富的明清遗存可供我们互相参考，综合剖析古代旋厂之性质及历程，以片段“拼凑”出古代旋厂的真实面貌。

考古工作历来对明清时期墓葬关注较少，对民国时期文物更是鲜有涉及。贵州地区这一时期遗存的既往工作，主要是针对一些少数民族墓葬，如水族墓群、高坡岩洞葬及土司墓葬展开，另有一些配合基础建设项目所进行的工作。覃氏家族墓地作为一处民国时期家族墓地，是我们对民国时期墓葬开展的第一次考古工作。认识民国时期墓葬雕刻的特征，对清代墓葬雕刻的把握是关键。贵州境内现存清代墓葬虽然众多，但是除了《水族墓群调查发掘报告》[1]是从考古学的角度对其进行整体考察外，其余相关考古成果甚少，使得我们对晚期墓葬建筑及其雕饰的认识很有局限。覃氏家族墓地的调查提供了我们认识铜仁地区清代及民国时期墓葬的契机。借此次工作的契机，我们对贵州黔北、黔东北地区清代至民国时期相关遗存进行了初步的资料搜集和梳理。铜仁地区乌江两岸牌楼式墓碑十分常见，而东部松桃、碧江等地则十分少见。相邻的遵义务川、道真、正安、凤冈等地墓碑更多地继承了石室墓的风格，同时不同程度地融合牌楼、阁楼等建筑特征。

贵州乌江流域、赤水河流域等地区保存了众多较大规模且具有繁缛精美雕饰的墓葬建筑，但目前展开研究及保护工作却十分有限。在社会大众文化需求急速上升的时期，同时文物面临着大量生产活动、基础建设的安全威胁，文物保护工作者对晚期墓葬建筑研究、保护及展示的工作已迫在眉睫！希望这项工作对研究乌江流域清代墓碑、牌楼建筑及其反映的民间传统信仰有所帮助，同时能促进贵州清代墓碑建筑、雕饰的研究工作。

随着社会发展，大众的文化需求日益增加，传统村落成为旅游热点。此次考古调查工作初衷就在于通过考古工作，深度挖掘其文物价值，在还原历史真实的背景下，促进“文旅融合”，为文物的保护和开发利用协调发展提供帮助。期望我们的工作能在“文旅融合”趋势中有所助益！

[1] 贵州省文物考古研究所：《水族墓群调查发掘报告》，科学出版社，2012年。

目　　录

插 图 目 录

插 表 目 录

绪　论

一、德江县地理环境

德江县位于贵州省东部、铜仁市西部，地处云贵高原东北部山区，武陵山、大娄山汇接处，地理坐标为东经 107° 36′～108° 28′、北纬 28° 00′～28° 38′。东邻印江县，南接思南县，西邻凤冈县，北面为沿河、务川两县。县城位于青龙街道。乌江从县境内东部由南向北穿过，乌江以东为武陵山系，乌江以西为娄山山系。

德江县整体地势呈西北高、中部缓、东部略低的波状起伏。最高系沙溪乡夏家山，海拔 1534 米；最低为桶井乡乌江出境口，海拔 319 米，相对高差 1215 米。山地与河流呈北向东排列，东南至西北依次为枫香溪山脉、乌江河谷、羊子岭山脉、马蹄河谷、沙溪山脉、丰乐河谷。境内山地面积占比为 59.7%，丘陵面积占比 33%，山间平坝面积占比 7.3%；喀斯特面积占总面积 66.2%。境内东部系乌江干流流系，此外尚存五个流系：西南部川岩河流系、西部丰乐河流系、东南部冷水河流系、中部马蹄河流系、北部马儿河流系 ❶。

属于中亚热带季风性湿润气候，年均气温 16.1℃，1 月平均气温 5.2℃，7 月平均气温 26.2℃。年降雨量 1230.7 毫米。

德江县总面积约 2072 平方千米，辖 11 个镇、8 个民族乡、3 街道，计有 344 个行政村（社区）和 1 个省级经济开发区。全县有土家、汉、苗、侗、仡佬、彝、回、布依等 18 个民族，总人口 56 万人，素有天麻之乡、傩戏之乡、奇石之乡美誉 ❷。

二、德江县历史沿革及文物资源

（一）历史沿革

隋时，德江县先属黔州涪川县地，后属巴东郡扶阳县地。唐初属扶阳县地，后改属务州地。贞观四年（630 年），改务州为思州，德江仍属于思州。五代时期，属于费州。

宋代，属黔州领内羁縻州地。大观元年（1107 年），田佑恭入朝内附，始建思州治。德江该时期属于思州。

至元十四年（1277 年），思州田景贤以地降元，以思州为安抚司，迁治于龙泉坪（今德江龙泉坪），于此设龙泉坪长官司附郭。按文献记载，田氏于龙泉坪凡“三进三出”。文献均记载，移治不久因“龙泉平及火，其城移治清江”，此则“一出”。至元十七年（1280 年），敕命还旧治（即龙泉坪，下同），此为“二进”。《新元史》载“至元十八年（1281 年），改安抚司为宣慰司，兼管内安抚使，自龙泉坪徙司治于清江”，即“二出”龙泉坪。嘉靖《贵州图经志》和《贵州通志》云，至元末年（1294 年）思州宣抚司还旧治，此即“三进”。按嘉靖《思南府志》所云，“至元末年（1294 年），敕宣抚司还旧治，传六世。至至正间，其族属镇远知州田茂安始分据其地，以献伪夏

❶ 德江县地方志编纂委员会：《德江县志（1978～2005）》，方志出版社，2010 年，第 21～27 页。

❷ 德江县人民政府门户网站：http：//www.dejiang.gov.cn/zjdj/djgk/201810/t20181015_16437084.html。

明玉珍，创设思南道都元帅府，徙今治”。此则“三出”。至元十四年（1277 年）到十八年（1281 年）短短数年时间，田氏便两进两出龙泉坪。至元末年（1294 年）再度移回龙泉坪，洪武初移至思南。由此可见，田氏“三进三出”龙泉坪，实际也不超过 70 年。

元末期，田氏分为两部，德江一带属思南宣慰司。洪武二十八年（1395 年），改为水德江长官司地，仍属思南宣慰司。永乐十一年（1413 年）设贵州省。次年（1414 年）三月水德江长官司隶属思南府。万历三十三年（1605 年），水德江长官司长官张辂年老无后，族人争袭，时任贵州巡抚郭子章等人上奏，改置为安化县，属思南府附郭。

清属贵州布政司思南府安化县地。光绪六年（1880 年）移安化县于大堡（今德江县城）；光绪八年（1882 年）正式迁于今德江县城。民国三年（1914 年）撤思南府，改安化县为德江县，隶属镇远。民国十二年（1923 年），德江县直隶省辖。民国三十三年（1944 年），德江县改隶铜仁督察区。

（二）文物资源

德江县文物资源在铜仁诸区县中相对较多。

目前已知黔东地区宋元时期遗存主要集中于德江县内，主要有煎茶溪古墓群、南克石室墓、龙泉坪遗址、田惟城墓、官坟堡元墓等，其中煎茶溪古墓群包括 5 座宋元时期石室墓，现为省级文物保护单位。

明清时期遗存主要有梅林寺号军起义遗址、旋厂遗址、安化县文庙、“黔中砥柱”石刻等，其中梅林寺号军起义遗址、“黔中砥柱”石刻均为省级文物保护单位。另有田氏庄园，是该县现存清代晚期建筑规模最大、雕刻精湛的私人庄园。建筑遗存尚有向阳古寨、黎氏民居、泉口阁、楠杆花花桥、接龙桥、曾氏宗祠等。

德江县作为革命老区，现存丰富的红色革命遗存，主要集中于枫香溪镇，以“枫香溪会议”会址为代表。1934 年 6 月 19 日，中国工农红军红三军团在贺龙、夏曦、关向应率领下，由洪湖转战枫香溪，召开了具有重要战略意义的中共中央湘鄂西分局会议。“枫香溪会议”会址及纪念碑于 1982 年被列为省级文物保护单位，次年被公布为全国重点文物保护单位，是我省重要的爱国主义教育基地。此外，尚有平原“黔北特委”旧址、高山洞佛寺解放军战斗旧址等红色旅游景点。

三、“考古扶贫”的工作概况

此次德江县的两项考古调查工作是在全省“脱贫攻坚”的背景之下展开。贵州省文化和旅游厅对口支援铜仁市德江县扶贫工作，而贵州省文物考古研究所作为文化和旅游厅直属单位积极响应号召，以考古工作助力脱贫攻坚。为了进一步了解德江县文物资源，共同探索“文旅融合”道路，经与德江县文体广电旅游局协商后确定了旋厂遗址和覃氏家族墓地两项考古调查工作（图 0-1、图 0-2）。

覃氏墓地是民国时期省财政厅厅长覃梦松家族墓地。其中，M1 是覃梦松之父覃仁泽与其母冉氏合葬墓，雕刻繁缛、精美，题材丰富，俗称“花花坟”。调查、勘探工作始自 2018 年 8 月 20 日，历时 9 天，至 8 月 28 日完成了资料采集工作。我们对墓葬地表环境做了清理，厘清了墓葬结构。主要工作包括拓片、航拍、摄像、建模。

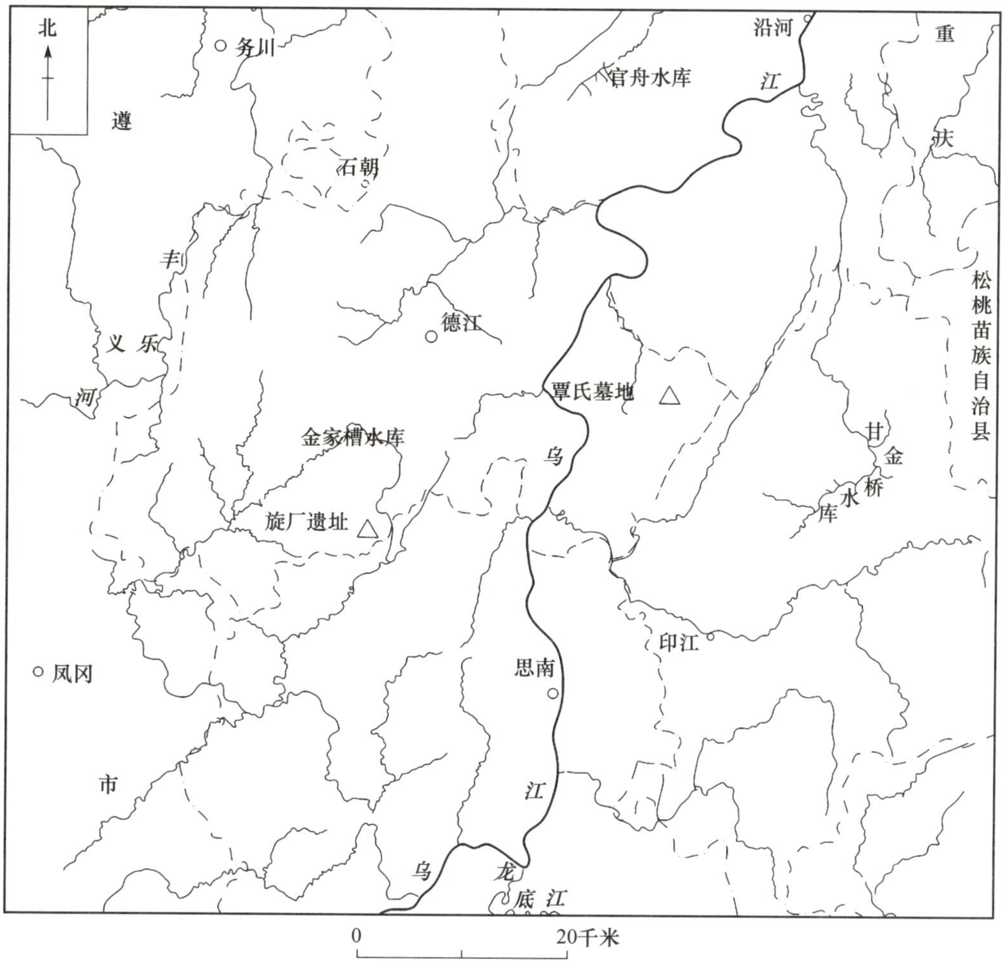

图 0-1　旋厂遗址和覃氏墓地地理位置示意图

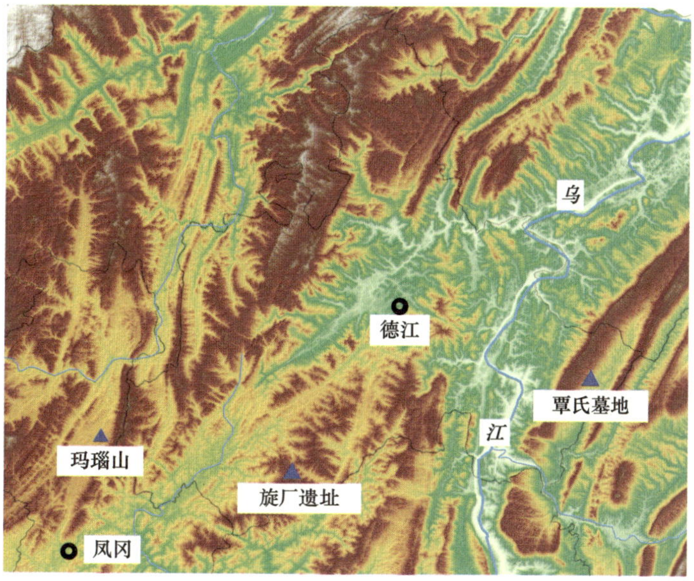

图 0-2　旋厂遗址和覃氏墓地地理位置及地形图

覃氏家族墓地野外工作结束后，工作队随即转至合兴镇朝阳村旋厂遗址。

旋厂遗址位于德江县合兴镇朝阳村及丰林村，遗存丰富、分布面积较广、体量较大。为了厘清旋厂的发展历程及其性质，我们重点开展了旋厂遗址考古调查与勘探工作。遗址以体量较大的中寨建筑群为核心，周边分布了墓葬、寺庙、碾房、书院、塔等遗存。据此，现场工作人员分为两组，根据实际情况进行分工协作。

一组人员的调查、勘探工作以中寨建筑群为核心，对主要建筑基址、道路等进行清理，并完成测绘。并对 F2、F13 进行解剖，厘清院落建筑的结构及叠压关系。同时负责书院遗址、塔的清理、测绘和航拍工作。

另一组人员负责对遗址外缘区域进行调查，主要包括摸清墓葬及其他相关遗存的分布情况。墓葬数量众多，且分布面积较广。我们对部分石室墓进行了清理和测绘，其他石室墓仅仅采集基本信息。清代墓葬保存了大量精美的雕饰和碑文，我们对具有精美雕饰的墓碑进行拓片，并抄录了大部分墓碑铭文。

朝阳山永盛寺、香炉山雷震寺距工作驻地较远，我们为了能够在短时间内完成碑文拓片的制作及抄录工作，甚至午饭也是在山上解决。

旋厂遗址的调查工作较为繁重，对 10 余平方千米地域展开详细踏查，加上当地地理环境恶劣，田野沟壑、深山丛林，如此每天上山、下山，调查工作持续了数月。其间，工作人员多数穿梭于深山茂林之中，未曾放过一丝线索，曾有工作人员在调查之中被野蜂蜇伤，脸部肿了近半月。田野工作共计历时 10 个月，实际工作 7 个月有余，分为两个阶段。第一阶段，2018 年度的调查工作基本摸清了遗存的分布情况，对旋厂遗址形成了初步的认识。12 月中旬凝冻天气导致野外工作停滞，只能暂时撤离。2019 年 4 月下旬，完成“思州土司考古遗存调查、勘探”的前期准备工作后，启动了旋厂遗址第二阶段的调查、勘探工作。该阶段完成了中寨建筑的测绘工作，同时又把一些具有精美雕饰的墓碑做了拓片。6～7 月，我们走访当地民众，收集了当地的一些口碑传说，与此同时完成了采集和出土遗物的整理工作。

随着考古工作的逐渐深入，调查结果表明，旋厂一带自明初就有朱氏族人迁入，明代中晚期当地诸寨并立的格局基本形成，至清乾隆至道光时期发展至鼎盛，咸同年间号军起义让其毁于一炬。为了增进认识，工作期间我们还对沿河县院子古寨、思南郝家湾古寨、石阡国楼古寨等进行了实地踏查。结合我们收集的其他地区寨落资料对比观察和分析，旋厂古寨的情况并非孤立存在，相反在贵州山区比比皆是。旋厂与院子、郝家湾、国楼等古寨相似，属于明清时期典型的山区乡村聚落。其发展历程是贵州山区乡村发展的缩影，聚落格局、生计开发亦是旋厂先民智慧的结晶，在现代化的乡村建设之中尚有借鉴之处。

两项工作在共同的背景之下展开，同时覃氏墓地与旋厂遗址墓葬遗存可以相互参考、比较，故将两项考古工作形成的认识一起纳入此书。该书分为上下两篇，上篇含四章，分别介绍了旋厂遗址生活类遗存、墓葬遗存、口碑传说及我们对旋厂遗址的认识。下篇包括第五、六章，介绍了覃氏墓地墓葬形制、雕饰、铭文情况，并谈及了铜仁地区现存的牌楼及牌楼式墓碑建筑。

上篇

旋厂遗址

第一章　生存之本——生产、生活与文教遗存

旋厂遗址位于德江县西南部合兴镇朝阳村、丰林村一带。东、南部与思南县宽坪乡相接，以香炉山为界；西越朝阳山即复兴镇大坪山一带；北部为煎茶镇中伙村；东北经龙溪、鸟坪至合兴镇。距德江直线距离约 25 千米，距合兴直线距离约 9 千米（图 1-0-1）。

图 1-0-1　旋厂遗址远景

该地东倚香炉山，西南为朝阳山，东北为长岗岭，北边山势陡峭，形成一个“山由香炉而来，水由合凤而去，四面环山”的封闭地理空间。总面积约 7.5 平方千米，中寨—坨里核心区约 1.2 平方千米。其核心区海拔 870 余米，最高为东部香炉山，有 1200 余米，最低为西南部冒水河河谷，约 760 米。喀斯特地貌特征明显，多沉积岩。基岩裸露面积较广，溶洞、暗河众多。地表水以溪流为主，无较大河流。溪流属于典型山区雨源河，因山势较陡、沟壑纵横，流程较短，降雨分布不均，河川流量变化大[1]。主要有两条溪流，其一源于长岗岭一带，经中寨、下寨北部由东向西而流，其二源于水洪坝一带，两者于赵家寨西北交汇，即冒水河。地势以中寨—下寨—赵家寨一带最为平缓，今多为耕地。山谷将其分割为多个单元，提供了多个寨落并存的地理条件。东部及北部地势更为陡峭，至今仍主要为林地（图 1-0-2）。

朝阳村原名旋厂铺村，又称“旋场”。清代早期旋厂已形成上寨、中寨、下寨、赵家寨等村寨并存的格局，朱、赵、周、杨、简等为当地大姓，其中以朱姓最盛，据有上、中、下三寨。据朱正

---

[1] 德江县地方志编纂委员会:《德江县志（1978～2005）》，方志出版社，2010 年，第 21、22、27～29 页。

亨墓碑记载，明初朱氏由思南塘头迁至旋厂。至明代中、晚期旋厂初具规模。明清时期，古旋厂的人们通过自己的劳动与智慧，为后人留下了丰富的文化遗产——旋厂遗址群。该遗址群集民居院落、义学、寺庙、塔基、古桥、古道、加工作坊区、防御工事等为一体（表 1-0-1）。2014 年朝阳村被列入第三批中国传统村落名录，2015 年铜仁市人民政府公布中寨建筑群为铜仁市市级文物保护单位，当时名称为“扶阳古城”。

表 1-0-1　旋厂遗址群主要组成文物表

文物名称	年代	类别	面积	位置
院落基址	清代	遗址 / 建筑	1 平方千米	中寨、坨里
石狮（两只）	清代	雕刻	4 平方米	中寨、岭岗
永盛寺	明末	寺庙遗址	1300 平方米	朝阳山
雷震寺	明末清初	寺庙遗址	400 平方米	香炉山
书院	道光二十一年（1841 年）	书院遗址	700 平方米	王家湾
惜字塔	咸丰七年（1857 年）	遗址	30 平方米	下寨
塔基 2	光绪四年（1878 年）	遗址	10 平方米	中寨桶井西部
文峰阁	道光以前	遗址	130 平方米	下寨
哨亭	清代	遗址	144 平方米	中寨青龙岭
石板溪	清代	遗址	200 平方米	坨里东北
古桥	清代	古桥	15 平方米	赵家寨
古道	清代	古道	不详	分布范围广
碾房（8 座）	清代至民国	遗址	约 400 平方米	主要分布于居住区北部

第一节　居住之所

旋厂地处香炉山南麓，四周较为封闭。村民居住、活动空间主要处于东北部缓坡地带。受到自然冲沟的影响，这片缓坡地带被分割为多个相对独立的地理空间，形成诸寨并立的聚落格局，其中，上寨、中寨、下寨、赵家寨等位置较为优越，寨落规模较为突出，而泥坪、岭岗、高山等居民相对较少。目前所见明清遗存基本集中于上寨至赵家寨一带，其中，中寨现存遗存最为丰富，体量较大且功能齐全，保留了民居院落基址、防御工事、巷道、排水系统、镇宅石狮等，是这些寨落中的典型代表。

一、院落基址

旋厂现存院落基址较多，主要集中于中寨及下寨，共计约 20 组（表 1-1-1）。这些院落保存状况不一，多数院落基址较为完整，残破者仅存轮廓；一些院落木质结构建筑已不存，也有的在近年开发中被拆除重建。院落依山而建，就地取材，整体排列有序，布局紧凑。以青石为主要建筑原料，将其加工成规整条石和石板，善用榫卯结构，砌筑台基、围墙、铺设庭院等（图 1-1-1）。院落一般由正房、耳房、厢房、庭院、围墙、石门、排水沟等组成。正房为五开间或三开间，正房明间处前后均向内收，庭前称为“吞口”，房后称为“备弄”。正房台基下于庭院两侧设厢房，部分仅设于一侧，形成封闭或开口式的三合院格局（图 1-1-2）。坨里一座院落设两组旗杆石，中寨一座院落于庭院石墙斗板石上雕刻“鱼跃龙门”“松鹤延年”“麒麟送书”等吉祥图案。排水设施完善，庭院内置太平缸。围墙分两类，一类为空斗式结构，规整美观；另一类即以石料干摆垒砌。于庭院左前或右前侧设石龙门以供出入。

表 1-1-1　旋厂中寨建筑群院落尺寸统计表

编号	位置	正房台基			排水沟		厢房台基			庭院		房址总面积（平方米）	备注
		长（米）	宽（米）	高（米）	宽（米）	深（米）	长（米）	宽（米）	高（米）	长（米）	宽（米）		
F1	坨里	25.45	10.45	0.7	0.75	0.2	11.85	6.6	0.1～0.25	19.85	11.85	883.76	
F2	坨里	26.5	10.2	0.56			8.94	5.75	0.2	12.5	9.1	639.02	两期建筑叠压明显
F3	中寨	17.5	10.58	0.65	1.25	0.4	7.4	5.35	0.28	17.7	6.35～7.2	408.51	
F4	中寨												后期建筑叠压
F5	中寨	17.1	10	0.48	1.2	0.2				17.1	7.6	300.96	
F6	中寨	24.26	10.4	0.78	1.25	0.4		7.84	0.3	25.66	10	928.8	现代建筑叠压
F7	中寨	16.95	10.6	0.7	2	0.15	8.6	5	0.15～0.25	17.35	6.35～6.4	550.56	木建筑局部修复
F8	中寨	17.1	9.7	0.46	0.5	0.25	6.2	4.85	0.15～0.20	14.65	6.15	478.21	
F9	中寨	23.5	9.64	0.46	0.7	0.26	9.65	5	0.11～0.2	16.65	9.65	555.22	
F10	中寨	21.05	11.14	0.94～0.97	0.64～1.05	0.54	9.6	5.85	0.5	25.04	5.75	747.12	
F11	中寨	16.25	8.95	0.47	0.8	0.17				16.25	6	255.93	
F12	中寨	16.1	9.5	0.46	114	0.28	5.55	5.5	0.24	16	6.2	504	
F13	中寨 墙那边	22.9	10.45	0.91	0.9	0.46	9.23	4.87	0.3	22.35	10.3	754.72	
F14	中寨 石龙门											796.74	
F15		21.9	9.65	0.45						36.9	4.4	518.44	
F16													基础残长 7.6 米

图 1-1-1　旋厂遗址群核心区建筑布局

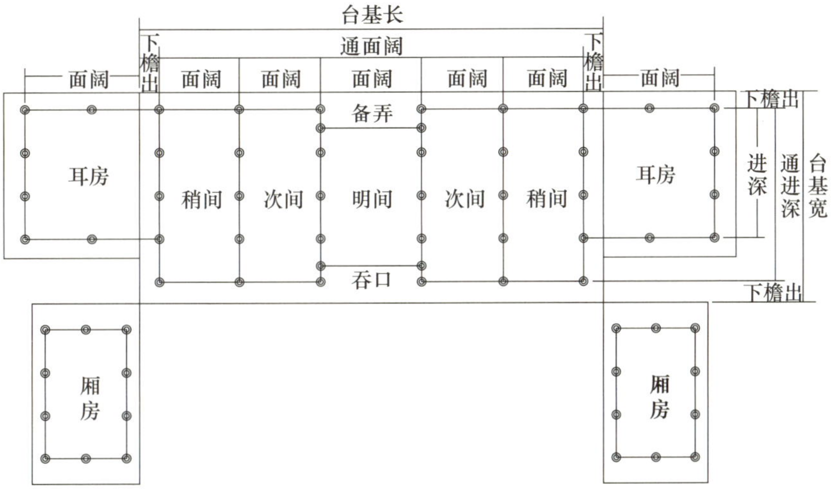

图 1-1-2　旋厂院落格局示意图

中寨现存院落建筑规模最大，数量最繁。广义的中寨，包括了今天的青林组及香林组。现存院落建筑主要有坨里组及中寨组，两组相距百余米。

（一）坨里组建筑

坨里组建筑位于朝阳村香林组，与中寨组相距 100 余米，包括 F1 与 F2 两院落。两院落纵向分布，整体呈六级台阶状向后逐步抬升。建筑近东西向，基址横向分布，依山而建，南部有一水沟，依山势渐下，由东向西流至青龙岭北端，其余三面环绕石砌道路，道路纵横交错。石坎以石块干摆垒砌而成（图 1-1-3、图 1-1-4）。

图 1-1-3　坨里组院落布局（航拍图）

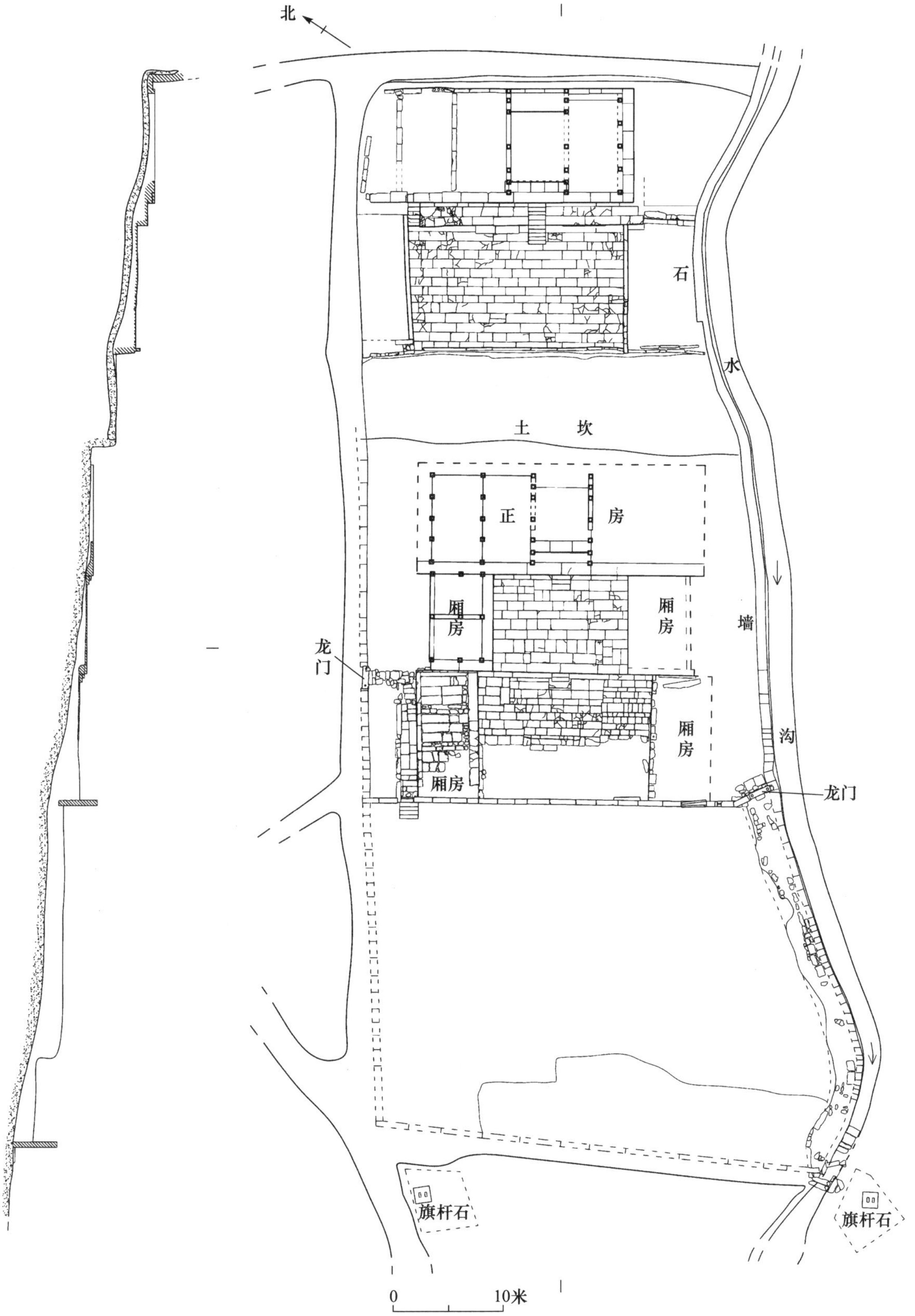

图 1-1-4　坨里组院落平面图

1. F1

F1 正房台基位于东部，台基下再接庭院，庭院用加工后的方正石板铺设而成，南北两侧残存厢房基础，木质建筑已毁。北侧厢房前端设过道进出。

正房台基前端为复合式台基，两层台基叠压而成。庭院中部偏南置单踏道，共九级台阶连接正房；正房面阔五间，分别为南次间、明间、北次间、北稍间、北尽间，进深两间，通面阔 25.45、通进深 10.45 米。

正房现存房屋两间，明间和南次间，为单檐悬山顶、穿斗式梁架结构、小青瓦屋面、叠瓦脊，木质隔断墙体。北部房屋已毁，现为菜地，局部清理，可看出房屋基石，房后道路石坎下为排水沟，宽 0.75、深 0.2 米。

2. F2

F2 由旗杆石、院墙、石门道、庭院、台阶、廊道、厢房、正房、排水沟等组成。平面布局与 F1 相似（图 1-1-5）。

整体分布呈三级台阶状，正房台基居上，向后与 F1 仅一空地之隔；正房下接两层庭院，庭院内均用方正石板铺设，部分粗加工，铺设石增补痕迹明显；两层庭院南北两端均置厢房，下层庭院两端厢房残存基础，庭院前端有一横向院墙，于两南北两端设门道，南端门道为仿木式结构，北端门道较为简单，外接五步台阶。两庭院北侧中部也有一仿木式门道，原门道两侧应有石墙，现已无存。庭院靠院墙内侧中部，分两进，依次抬升，两进庭院南北两侧均有厢房；外围垒砌石墙，院前石墙南北长约 37、最高 4.5、厚 0.5 米，两端各设门道，经廊道进出庭院。北侧厢房以北中部有一门道与院墙南端门道形制相同，由门枕石、立柱石、门槛、门楣等组成。

院墙外侧下端为菜地，面积约 1000 平方米。正前方处石块干摆垒砌石坎，高 2.7 米；下为道路，石坎两端各置一组夹杆石，由两片竖碑状石对立而成，上、下部各凿一方、圆形孔，顶端圆雕一狮，形状呆萌，线条雕刻流畅。

正房面阔五间，进深两间，通面阔 26.5、通进深 10.2 米。现存房屋三间，为明间、北次间、北稍间，为单檐悬山顶、穿斗式梁架结构、小青瓦屋面、叠瓦脊，木质隔断墙体。上层庭院北侧厢房残存房屋梁架结构，腐朽严重；南侧厢房为后期修筑的砖混平房（图 1-1-6）。

根据解剖情况，该院落分为两期：第一期以现存中部庭院为正房台基。下层庭院为第一期庭院，两侧有厢房。龙门与桅杆石推测属于该期。第一期修建之前，该地属于坡地，尤其在庭院处落差较大，古人搬运大量黄土进行铺垫，庭院外部还使用了大量石块。第二期以现存正房为主体，将第一期正房改置为庭院，并在两侧增建厢房；另将第一期庭院补修，在第一期厢房之上重新修建厢房。第一期厢房有明显下陷迹象，导致地表不平整，第二期以石块铺垫平整后重新置压面石。

（二）中寨组建筑

中寨组布局十分紧凑，呈东南—西北向，包括 12 组院落建筑，分别编号为 F3～F14。中寨正前方为青龙岭，西部沟壑与坨里处水沟于青龙岭北端相汇。相汇处西侧修筑了哨亭，再接垣墙向中寨西南侧延伸，与中寨东南侧垣墙形成围合之势；垣墙原应围合，因后期不同程度的破坏，现部分垣墙已无存（图 1-1-7）。

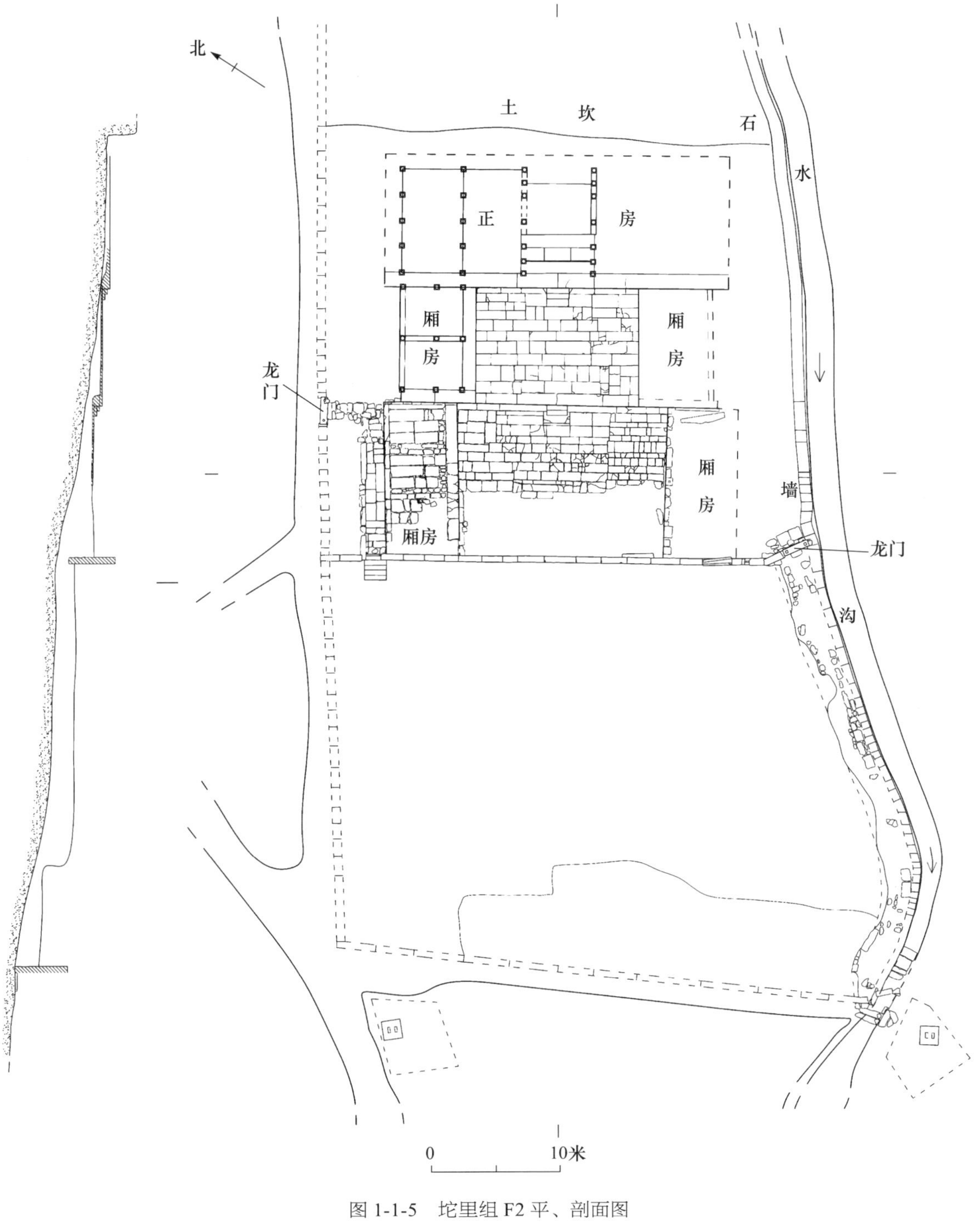

图 1-1-5　坨里组 F2 平、剖面图

该组凡四纵列，各列有一至四座院落。由东至西，自上而下，第一组院落分别编号为 F3～F6，第二组为 F7～F10，第三组为 F11～F13，第四组仅 F14 一组庭院。建筑布局顺应山势呈阶梯状向后逐步抬升，形成 6 排。石铺干道南北横向穿过中寨，与每组院落间的巷道相连，整体格局井然有序。建筑群东部残存垣墙一段，垣墙用方正石块干摆垒砌，残长约 53 米，墙宽 1.8、高 2.1 米。北侧三列建筑间两巷道砌石墙，上部为空斗式。

1

2

3

4

图 1-1-6　坨里组 F2 保存现状

1. 正视图　2. 左前旗杆石　3. 2012 年旧貌　4. 下层庭院右侧厢房叠压情况

该组建筑长期以来因各种原因遭受了不同程度的破坏。例如，F4 因 20 世纪六七十年代集体修建厂库被毁，现存地表均为当时铺垫；F5 荒废较早，受耕地、建设等活动破坏严重，保留部分台基；在近年开发利用中，F8～F10 号院落原悬山顶、穿斗式小青瓦屋面民居被拆除，部分台基被移动，原布局有一定变动，并于地表重建歇山顶三开间建筑。F3 及 F7 保存较好，格局未经改动，地表建筑为传统民居建筑。

1. F3 与 F7

F3 与 F7 位于中寨组东南角，台基并列一排，结构特征基本一致，组合成一开口式的三合院形式，故在此一并描述（图 1-1-8）。

F3 与 F7 基址位置靠后，后方有一采石点，当地人称“石场”；F3 厢房外侧为中寨垣墙，向东北及东南方向延伸；两建筑基址后方于原生基岩上用较方正石块垒砌高坎，原生基岩上采石痕迹明显，有楔眼多个，大小不一。

图 1-1-7　中寨组建筑布局（航拍图）

1　2　3　4

图 1-1-8　中寨组 F3 与 F7

1. F3 与 F7 航拍图　2. F3 与 F7 旧貌（2008 年拍摄）　3. F7 石榫卯结构　4. F7 现存匾额

F3与F7并排相连，但朝向不一，台基内收形成一定的夹角。两正房建筑外侧均置耳房；台基下接庭院，于南北两端各置一厢房。使两建筑形成一个整体，为开口式的三合院格局。

两院落正房房屋均面阔三间，进深两间。F3通面阔17.5、通进深10.58米，木质建筑为后期重建，为单檐悬山顶、穿斗式梁架结构、小青瓦屋面、叠瓦脊，木质隔断墙体。正房台基中部下置三级如意踏道，下接庭院，用方正石板铺设。耳房及厢房残存基础，现存木建筑为后期新建。

F7通面阔16.95、通进深10.6米。正房房屋为单檐悬山顶、穿斗式梁架结构、小青瓦屋面、叠瓦脊，木质隔断墙体；明间厅堂为六合双开门，门窗上均有雕饰，部分已损坏。门形制基本相同，上下障水版及中部腰华版作方框状，腰华版及下障水版素面无纹，上障水版框雕刻精致，以卍字锦纹作底，内侧镂空雕饰香草龙纹，中部雕饰以人物、花卉、动物等图案。正房台基中部下置三级单踏道；庭院中部以一边长为1.5米的方形石心，外侧再以规则的梯形条石围合，形成一层石圈，组合成一个边长3米的回字图案，当地人称“一颗印”。耳房多处腐朽，庭院西北侧厢房残存部分基础，木质建筑为后期新建。

2. F8

F8位于F7庭院下端，房址西侧有石墙向下延伸，围合至F10处，庭院台基下接F9。原东北侧亦有石墙围绕合，现无存。正房居上，下接庭院，庭院两侧置厢房，庭院前端砌筑空斗式院墙（图1-1-9）。

正房原应面阔五间，后重新翻建，基石多已移位，通面阔17.1、通进深9.7米。重建后为三开间两进房屋，为单檐悬山顶、穿斗式梁架结构、小青瓦屋面。庭院内侧用方正石板铺设，院墙用压面石和陟板石垒砌而成，中空，宽0.41、高1.26米。其中，分别对应明间及两次间的三块陡板石上雕刻着吉祥图案，由南至北，“天禄望月”石雕长0.85、高0.92米（图1-1-10-1）；中间一幅

图1-1-9　中寨组F8前部院墙

1

2

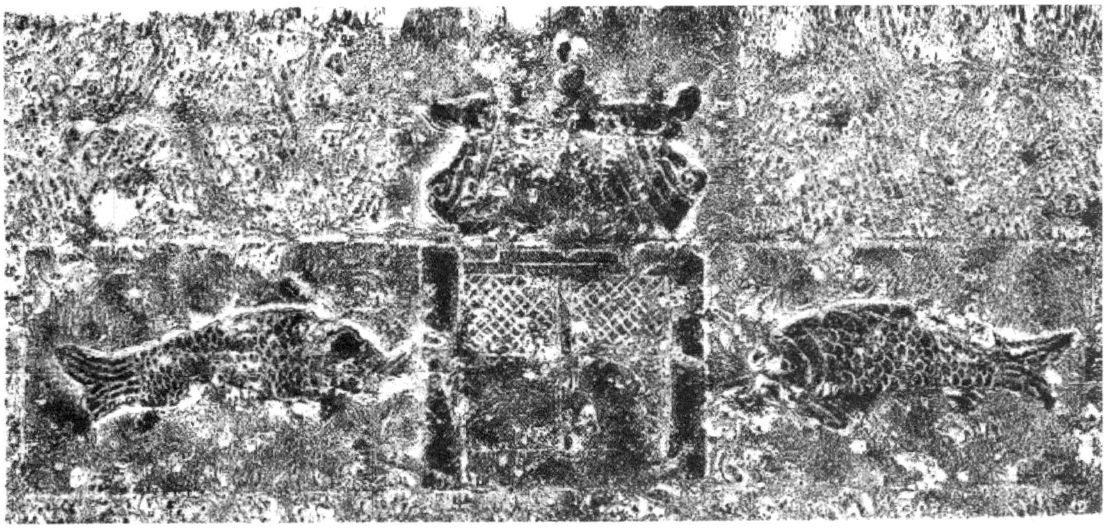

3

4

图 1-1-10　中寨组 F8 院墙及雕饰拓本

1. 院墙左侧“天禄望月”图　2. 原 F8 太平缸“鱼跃龙门”图　3. 院墙右侧“鱼跃龙门”图　4. 院墙中部“麒麟献瑞和松鹤延年”

为“麒麟献瑞和松鹤延年”的组合图案（图 1-1-10-4），长 1.96、高 0.92 米；“鱼跃龙门”石雕长 0.88、高 0.92 米（图 1-1-10-3）。

庭院两侧残存厢房基石，现有建筑为现代重建，为重檐悬山顶、穿斗式小青瓦屋面。由东北侧厢房过道进出庭院。

该组建筑尽管经过现代改动，但其院墙保存较为完整，是唯一一组保存了石雕饰的院落。其雕饰题材主要为传统常见的功名类及长寿类题材，以居中的“麒麟献瑞和松鹤延年”组合图最富代表，构图巧妙，内涵丰富。该图以松树居中，左、右分别饰麒麟与仙鹤，麒麟口吐玉版，寓意“麒麟献瑞”；仙鹤与松树组成“松鹤延年”，寓意长寿；树底精妙地雕琢一金蟾。整体布局妙趣横生，耐人寻味。

一般情况下，为了预防火灾、解决用水短缺等情况，古人会在院落里设置太平缸。该组院落现存太平缸系近年所造，原太平缸废弃被移用为地板，其中一块正面雕饰“鱼跃龙门”图（图 1-1-10-2）。在下寨一清代旧宅中，同样保存了一太平缸，正面雕饰百花图（图 1-1-11）。

图 1-1-11　下寨朱伟旧宅太平缸正面雕饰拓本

3. F10

F10 位于 F9 庭院台基下，当地人称“空屋基”，早年有人迁至此居住，后又重新翻修。据房主描述，原正房位置处基础多已变动，其余地方变动较小，局部进行修缮。原正房面阔三间，东北侧有踏道向上接 F9 厢房位置处，踏道外侧为石砌地面，石面加工较精细。正房台基面阔 21.05、进深 11.14、高 0.94～0.97 米。庭前台基下接庭院，中部置单踏道。庭院内为方正石板铺设，前端立砌陡板石作护栏。西南侧为厢房，残存基础部分。庭院前端台基下为中寨主道。正房及厢房西南侧有石墙围合，外侧为道路；庭院东北角置台阶接巷道及中寨主路。右前方设石朝门，现存长方形基址，今人常称此为“轿亭”（图 1-1-12）。

现有木质建筑为现代翻建，重建后正房为面阔三间、进深两间的房屋建筑格局，为单檐悬山顶、穿斗式梁架结构、小青瓦屋面。

1

2

图 1-1-12　中寨 F10 现状及旧貌

1. 现状　2. 2008 年原貌

4. F13

F13 位于中寨组西北部，小地名“墙那边”，与 F10 相邻。正房后部及东北侧为中寨主要道路，东北侧道路与正房台基间有院墙相隔，院墙前端设台阶进出庭院。西南侧及前端临沟壑。正房台基居上，原有木质建筑已毁，残存台基，后期修筑有两间砖混小平房建筑。基址面阔四间，面阔 22.9、进深 10.45、高 0.91 米。根据增修情况，第一期面阔三间，后于西南侧增修稍间（图 1-1-13）。

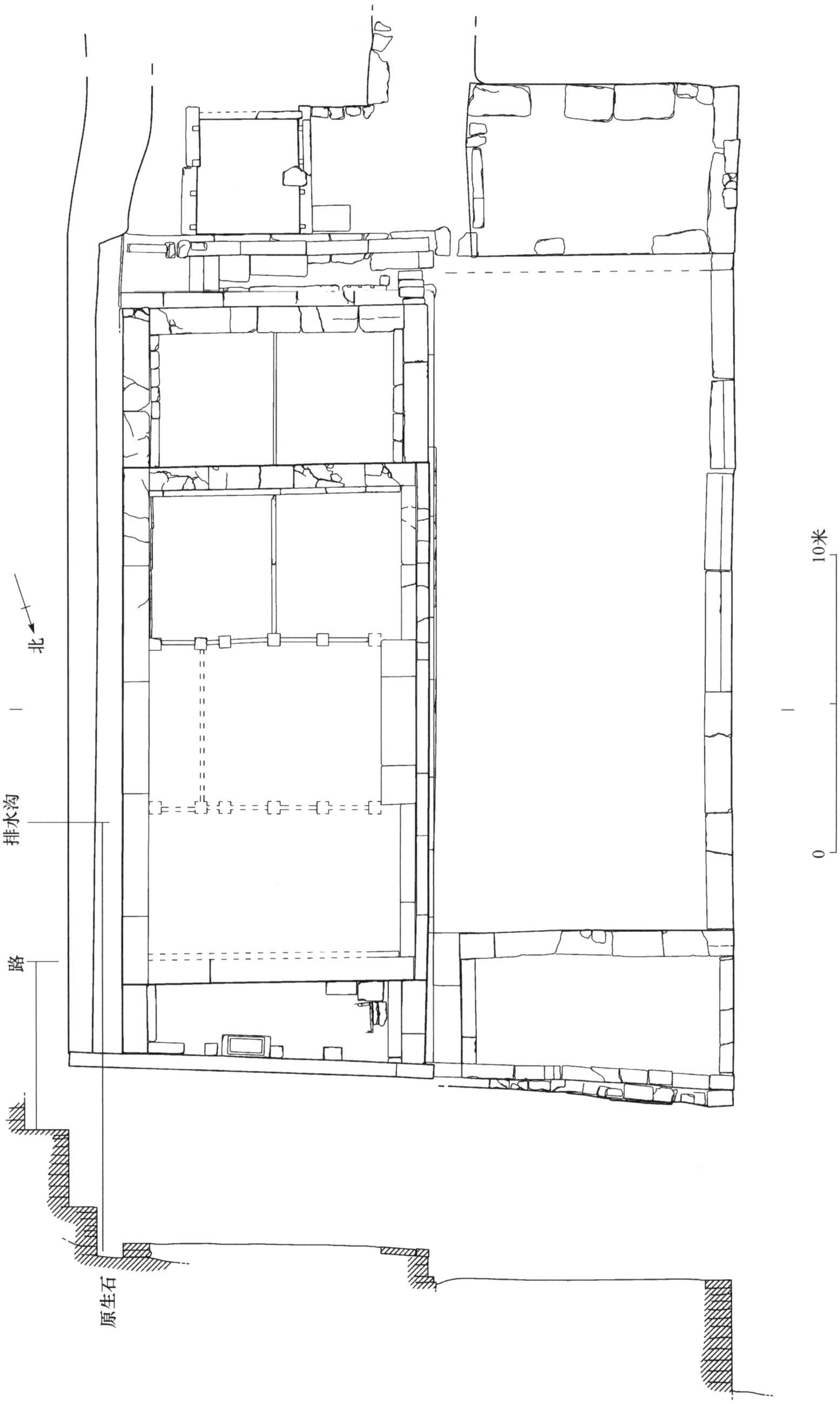

图 1-1-13　中寨 F13 平、剖面图

正房前端台基中部原有台阶，可见台帮上残存石灰黏合痕迹。庭院内铺地石板已佚，仅基础轮廓保存较好，左右两侧厢房残存基石。西南侧厢房位置处有台阶延伸至水沟内，沟内侧壁有一石砌水井，现已荒废。庭院台基下端有一空地，石块干摆垒砌石坎，作用不详，或用于防御。

据传该组院落系清代中期朱正荣之住宅，其庭院以一块整石板铺成。

5. 其他院落

F6、F9、F12 三组建筑，其建筑形制与其他院落基本相同，为三合院式的建筑格局。F6 位于中寨下部，中寨主道石坎下，西南侧道路上通中寨，下接石桥至青龙岭。东北侧垣墙接厢房石墙，其房后中部有一方形石井，至今可用。正房原面阔三间，后于两侧新增基石，添置稍间。整体面阔 24.26、进深 10.4、高 0.78 米。庭前单踏道接庭院，庭院两侧残存厢房基石（图 1-1-14）。

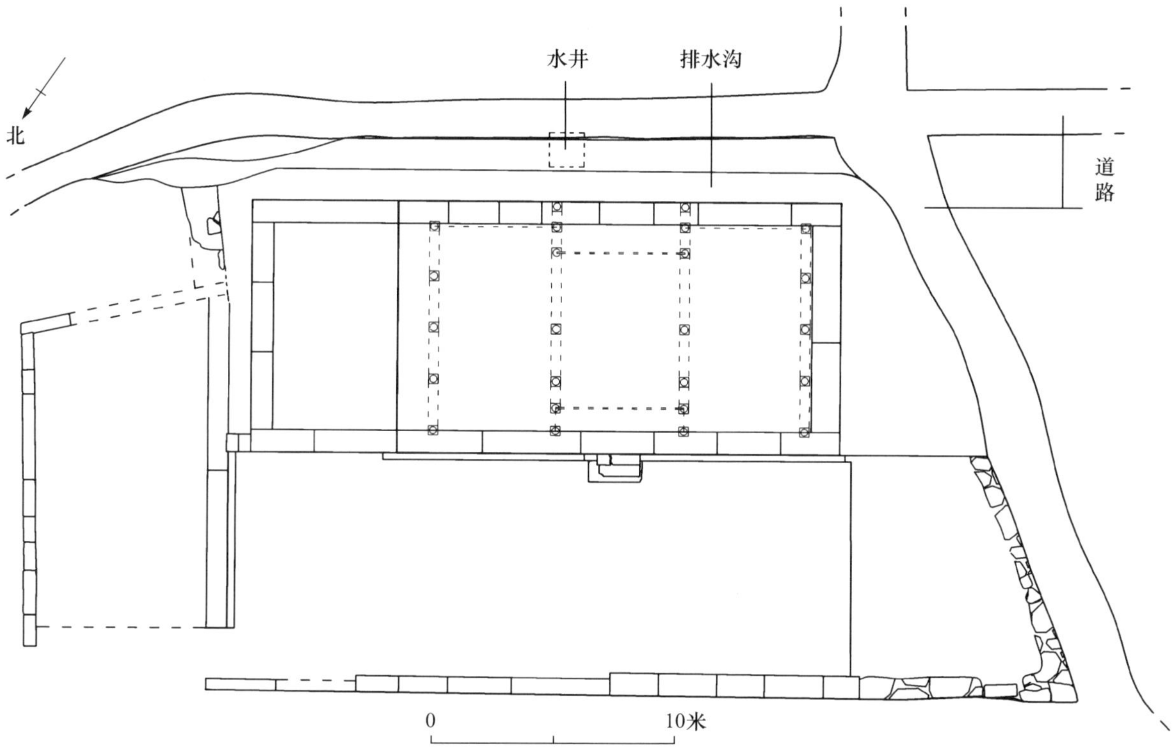

图 1-1-14　中寨 F6 平面图

F9 基址保存较好，后期局部修缮，现木质建筑为现代翻建。正房基址内可见土袱及方形石础，柱础边长 0.35 米；原五间，面阔 23.5、进深 9.64、高 0.46 米。台基下接庭院，庭院两侧又置厢房，东北侧厢房处有仿木式石门道进出，旁侧又有踏道接 F10 庭院（图 1-1-15）。

F12 格局清楚，部分基石有移动迹象，房后采石痕迹明显；正房面阔三间，台基长 16.1、宽 9.5、高 0.46 米。东北侧厢房处有踏道供上下，接巷道。

F5、F11、F14 三组建筑格局不甚清晰。F5 与 F14 残存部分基石，正房及庭院痕迹明显，正房面阔三间，庭院两侧有无厢房暂不清楚（图 1-1-16）；F11 位于中寨上部，正房原面阔三间，后于正房两侧新增基石修建房屋，庭前置一级台阶接庭院，庭院两侧有无厢房暂不清楚。F4 在 20 世纪

图 1-1-15　中寨 F9（2006 年拍摄）

图 1-1-16　中寨 F5

六七十年代集体修建粮仓时被毁，原基址或叠压于现铺地石板下。坊间流传，F14 即是朱正身旧居。

除上述两组较为集中院落建筑之外，尚有少量分散建筑。

F15 东北侧院墙及正前方石坎保存较好，院墙前端有仿木式石门道，正房及庭院台基均已被毁，现为菜地，原建筑格局不明。F16 位于坨里组及中寨组相交位置处，当地人称此处为“街上”，传为早年赶集场所，现为耕地，于土埂上可见部分台基，残长 7.6 米。

（三）采集和解剖出土遗物

德江旋厂遗址群采集和解剖出土遗物简述如下。

1. 采集遗物

中寨及其附近虽然保留了较多明清时期遗存，但在地表踏查中发现遗物十分少，且保存较差。采集器物主要有铜钱和瓷器两类。铜钱仅 1 枚，为“同治通宝”；瓷器可分为白釉瓷、蓝釉瓷、青花瓷，共有 63 片，可计 28 件。可辨器形有碗、盘、杯、盖、缸等，青花瓷器所饰纹饰有白描缠枝莲托喜字、缠枝花卉、梵文、过墙龙纹、菊纹、灵芝茶花、山水人物、云气、夔龙纹等。

采：1，同治通宝。圆形方孔，局部锈蚀。直径 1.7、穿宽 0.6 厘米。

采：2，青花山水人物纹碗。敞口，弧腹微鼓，圈足，足沿涩胎。器内纹饰残甚，或为鹤纹，近口沿处饰锦纹一周，外壁绘山水人物纹。复原口径 15.6、足径 5.6、高 6.4 厘米（图 1-1-17-4）。

2. F2、F13 清理与解剖出土遗物

为了厘清院落结构，我们对 F2、F5、F13、F14 等表层进行了清理，并对 F2 天井内（TG2）、左侧厢房（TG1）及第一阶空地（TG3）分别做了解剖。

F2 天井内出土器物有瓷器和瓦砾残块。瓷器均为残片，可分为青花瓷器和粗瓷器（图 1-1-17-5）。青花瓷残片共 68 片，计 23 件；可辨器形有碗、盘、杯、盖等，碗最多，盘次之；纹饰有灵芝茶花纹、白描缠枝莲纹、菊纹、梵文、法螺纹、青花釉里红灵芝蝙蝠纹等。粗瓷器残片 19 片，可计 6 件；胎质较粗，器形偏厚重，多施酱釉，器形以碗、罐为主。这些遗物年代主要处于清代中晚期，青花法螺纹碗残片显示出明代遗物特征。

TG1 出土瓷器有白釉、蓝釉、青花瓷和粗瓷，白釉瓷和蓝釉瓷各 1 件，分别为盘和缸（图 1-1-17-1）。青花瓷经统计共有 82 片，可计 25 件；器形有碗、盘、杯，纹饰有灵芝茶花纹、蓝地白花夔龙纹、白描缠枝莲纹、梵文、凤纹、过墙龙纹、菊纹等。部分瓷器内底刻有铭文，如“余”“之”等。粗瓷残片共 90 片，可计 17 件；器形有碗、钵、罐，部分残片上印同心圆纹、网格状纹、叶纹等。

TG1②：1，青花灵芝茶花纹盘。敞口，弧腹，矮圈足，底心微下塌，足沿涩胎。器内绘两组灵芝茶花纹，底心绘螺旋状纹，刻有“玉记号　珍”字样；外壁绘一组灵芝茶花，足底青花双圈内绘双方框花押款。口径 15.1、足径 8.7、高 2.6 厘米（图 1-1-18-2）。

TG1②：2，青花灵芝茶花纹盘。敞口，弧腹，矮圈足，内底上拱，底心微下塌，足沿涩胎，粘有窑砂。器内绘两组灵芝茶花纹，底心菊瓣内绘茶花纹。外壁残甚，纹饰不详，足底心青花双圈内绘双方框花押款。口径 15、足径 8.8、高 2.6 厘米（图 1-1-18-1）。

TG1②：4，青花缠枝花卉纹碗，残底。腹壁内收，圈足，足沿涩胎，足底心乳突明显。内底胫部饰青花弦纹，弦纹下涩圈一周，涩圈上可见叠烧痕迹，底心纹饰较残，或为花卉，边上刻

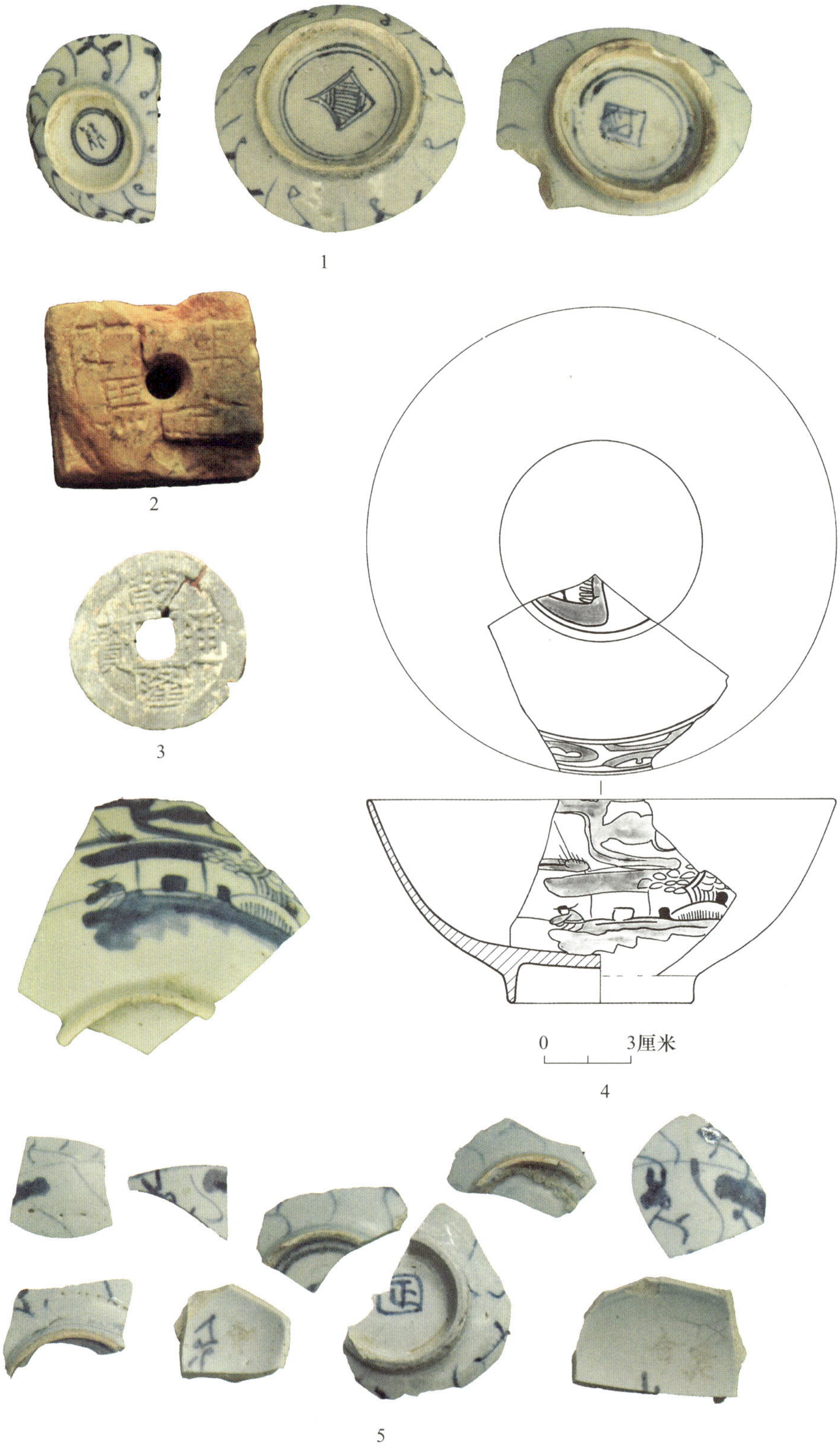

图 1-1-17　旋厂遗址居址区出土及采集遗物

1. TG1 出土瓷器　2. 石器残块（TG2 ②：3）　3. 乾隆通宝（TG2 ②：2）　4. F1 采集瓷碗（采：2）　5. F2 天井解剖出土瓷器

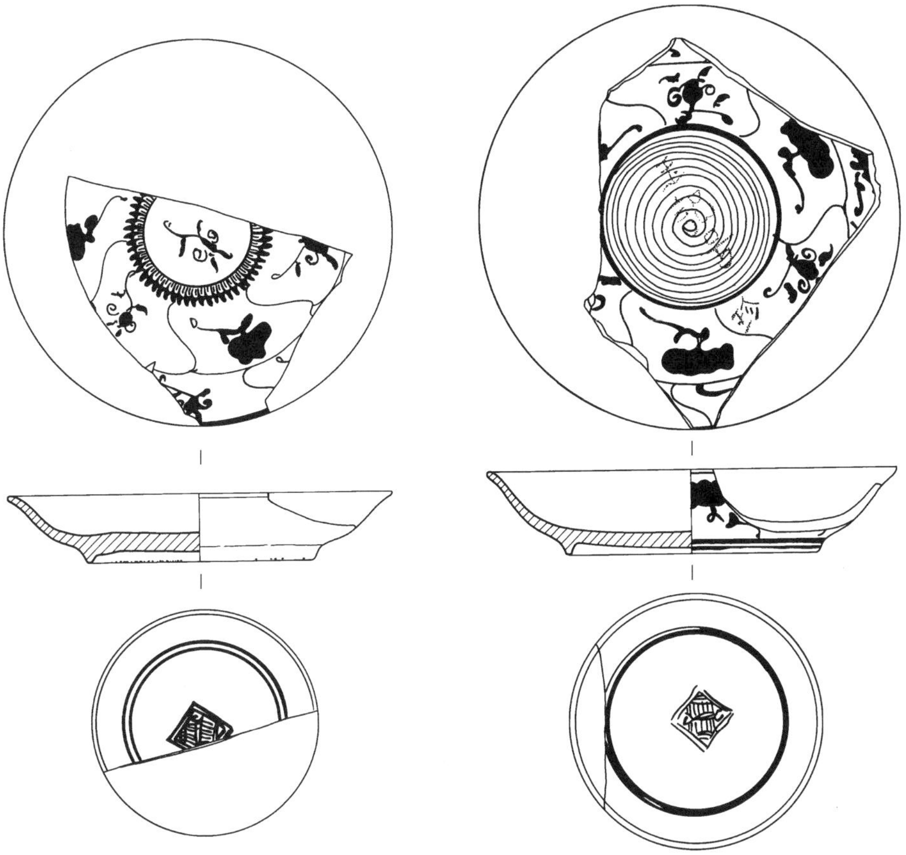

1　　　　　　2

0　　6厘米

图 1-1-18　F2 解剖 TG1 出土瓷盘

1. TG1②：2　2. TG1②：1

“之”字。足径 6.9、残高 5.2 厘米。

TG1②：5，石弹。泥灰岩，砂石质，人为加工而成。直径 1.7 厘米。

铜钱共 4 枚，其中 2 枚分别为“乾隆通宝”“道光通宝”，另 2 枚锈蚀严重不可识别。TG1②：6，乾隆通宝。圆形方孔，宽郭边，锈蚀严重，背面满文不甚清晰。直径 2.3、穿宽 0.58 厘米。TG1③：1，道光通宝。圆形方孔，宽郭边，锈蚀严重。直径 1.8、穿宽 0.48 厘米。

TG1③：4，铁器残件，或为铁钉。锈蚀严重，泡钉状首，脚部弯折。

TG2 出土瓷器有白釉瓷器、青花瓷器及粗瓷，均为残片。白釉瓷片 2 片。青花瓷残片共 36 片，可计 12 件；器形有碗、盘，纹饰有灵芝茶花纹、缠枝菊纹、梵文白描缠枝莲托喜字、折枝花卉纹等。粗瓷残片共 16 片，可计 4 件；均为罐。

TG2②：1，青花折枝花卉纹碗。残底，圈足，足沿涩胎，粘有窑砂，内底心绘折枝花卉纹，足底心款识已残，可辨“明”字。残高 1.2 厘米。

TG2②：2，乾隆通宝。圆形方孔，宽郭边，锈蚀严重。直径 2.55、穿宽 0.6 厘米（图 1-1-17-3）。

TG2②：3，石器残块。方正石块，中部有一孔，一面刻网格棋盘状纹，另一面刻“仕、车、马、兵、卒、库”等字。长 3.9、宽 3.3、厚 2.1、中部孔径 0.6 厘米（图 1-1-17-2）。

TG3出土器物有瓷器、铜器和瓦砾残块。瓷器均为残片，其中青花瓷器残片共有31片，可计7件，器形有碗、盘、杯，纹饰有灵芝茶花纹、梵文、菊纹、缠枝花卉纹等。粗瓷共有9片，皆残，可计3件；多施酱釉，少量印网格状纹，器形以罐为主，碗仅有1件残底。铜扣佩，1件。圆形，背中部接一圆环形脚，正面模印花鸟纹，应为喜上梅梢。扣面直径1.5厘米。

F13清理中，在表土采集瓷器有青花瓷和粗瓷两类，青花瓷器残片共有24片，可计10件，器形有碗、盘；粗瓷有2件，1件为粗瓷罐，1件为粗瓷灯柄。另有1枚铜质纽扣，圆形，背中部接一圆环形脚，正面模印狮纹。扣面直径1.75厘米。

（四）院落的分期与年代

坨里、中寨共计16组院落建筑，仅F4、F16结构特征不详，其他14座院落保存较好。14座院落均为三合院式，整体特征一致，主要差异在于正房台基压面石规格大小及细錾装饰与否两方面。按此，我们可将正房台基压面石分为三类。

A类压面石整体规格较小，一般宽在0.4米左右，长2～3米。该类压面石为素面，且风化严重，部分存在被大火烧过的痕迹。见于F5、F8、F9、F15及F13等。

B类压面石规格较大，宽度在0.9～1米，长度一般在3～5米。以素面为主。书院台基属于该类，已出现细錾三角形装饰。见于F2早段、F6、F10和F13等。

C类压面石体量巨大，宽度超过1米，长6米有余；以细錾几何纹装饰，F2在吞口处饰细錾同心圆纹。主要以F2晚段、F3、F7为代表。

F13两侧增建稍间情况表明B类压面石晚于A类，同时，F2第一期台基压面石为B类，第二期压面石为C类，故可知A类压面石最早，次之为B类压面石，C类再次之。由此可见，旋厂中寨与坨里建筑压面石具有演变顺序，具体表现为压面石体量不断增大，至第二期末段出现细錾纹装饰现象，吞口部分也随着出现细錾圆形纹等。

据此，我们可将中寨及坨里院落建筑分为三期。F5、F8、F9奠定了中寨组院落布局的基础，在此基础上横、纵向地出现F10、F6、F12、F13、F14等，最后新建了F3与F7。此外，第二期台基高度较第一期有明显提高。每期建筑大致同时修建，但仍有先后之别，如F8与F9同属第一期，但F8空斗式垣墙在结构上比F9简单，推测F8修建年代早于F9。

关于各期建筑的绝对年代，可依据采集和出土遗物，结合文献、口碑进行推断。首先，F2天井下第2、3层均以清代中晚期遗物为主，表明F2第一期（属于整体分期第二期）修建年代不早于清代中晚期。同时，书院遗址压面石属于B类，并以细錾三角纹等装饰，表明其处于第二期末端。如若推测此为道光年间修建“朝阳义馆”（见后文）无误，则其年代处于道光二十一年（1841年），此时距当地红号军起义仅16年。结合咸同起义造成的社会巨大混乱，可推测第二期建筑延续至咸同号乱以前，整体处于清代晚期早段。而F13作为第一、二期建筑的过渡，同时存在两期建筑特征，表明第一期与第二期年代上是连贯的，可推测第一期处于清代中期，或略早。第三期的年代晚于第二期，F3、F7房屋所有者均表示该房屋建于号军起义之后，结合上述推断，该说法可信。即第三期处于同治七年（1868年）以后，主要建于光绪年间。

综上可推断，第一期建筑处于康熙至乾隆时期，第二期建筑可能早至乾隆时期，下限至咸丰年间号军起义时期，而第三期建筑年代为号军起义之后，或晚至民国时期。

二、防御工事

旋厂中寨修筑的防御工事，主要包括两类。一类为寨堡，即以石材垒砌垣墙环绕村寨，仅见于中寨；另一类为洞穴，利用天然溶洞具备隐蔽性的优势，对洞前或洞口进行改造，形成紧急情况下的避难场所。两者组成多元的防御体系。

（一）垣墙

垣墙均以石材垒砌。根据垣墙的功能，可分为内墙与外墙。内墙主要围绕单个院落，属于单体院落的附属设施，其防御功能并不突出，更多的是起到空间隔离、保护隐私的作用。外墙环绕中寨建筑群及青龙岭，其功能则是为了防御外敌侵扰。两者在石材加工及垒砌方式上存在明显差异。

1. 内墙

内墙主要分布于 F2、F7～F10、F14 等院落外围，以加工规整的石板、条石砌筑。根据垒砌方式可粗分为两类。

A 类以方正条石干摆垒砌，石材较为规整，体量较为一致，墙体规整。这类墙体主要见于坨里 F2 外围，现已被毁；其垒砌方式多见于石坎中（图 1-1-19-1）。

B 类以加工精细的石板砌筑，呈空斗式。墙体十分规整、美观。主要分布于中寨 F7～F9 左侧，宽 0.45、高约 2 米，总长 60 余米（图 1-1-19-2）。坨里 F2 及中寨 F10、F13、F14 也保存了该类墙体（图 1-1-19-3～图 1-1-19-5）。

2. 外墙

外墙所用石材规格不一，加工粗糙，墙体不甚规整。现存青龙岭西部及中寨建筑群东部两段。中寨东部外墙，位于 F3、F7 东部。呈弧状，以石块干摆垒砌。墙宽 1.8、残长约 53、最高约 2 米。根据墙体走势，原外墙顺延 F3 右侧向西北方向延伸，现已被毁，改造为道路（图 1-1-20-1）。青龙岭外墙主要残存两段，据悉在 20 年以前仍有 1 米之高，受居民耕作等活动，加之近年来修建观光道路带来的破坏，现仅存墙基部分。其中西侧一段保存长约 150、宽约 1.2、残高约 0.5 米，于中间有一豁口，宽约 0.6 米，两侧陡直，推测原为门道（图 1-1-20-3）。另一段位于“哨亭”南边，系墙体转角，转至朱明辉墓前约 2 米处（图 1-1-20-2）。

关于垣墙的修建年代，根据院落建筑布局，内墙的修建年代应与相应院落年代相当，其中空斗式砌筑方式还见于墓地茔墙之中，如三大窝朱士璜墓、马家田朱正亨家族墓地等，年代分别属于嘉庆及道光年间。

外墙采用石材较为随意，墙体较厚，其防御性较强。咸同年间，号军起义几乎席卷整个贵州，德江、思南等地受红、白号军侵扰，并在思南城头盖、荆竹园等地形成根据地。结合历史背景推测，外墙修建于咸同年间，其目的是防御号军侵扰。

（二）洞囤

旋厂一带属于典型喀斯特地貌，发育岩洞众多。部分岩洞空间开阔，洞口狭小，易守难攻，或极具隐蔽性，每逢世乱，常有乡民隐居于洞中。

1

2

3

4

5

图 1-1-19　中寨现存院墙

1. F2 外垣墙（该图为早年拍摄，张贤春等提供） 2. F8、F9 垣墙　3、4. F10 垣墙　5. F2 垣墙及门道

1

2

3

图 1-1-20　中寨现存外墙

1. 中寨东部外墙　2、3. 青龙岭石墙中寨与上寨之间即有一洞穴——凉风洞（图 1-1-21-1），位于上寨南部约 100 米，地处山谷边缘。因洞内常年有流动水，洞口凉风不断，故而得名。洞口处以规整青石砌筑石门，洞内面积百余平方米。丰林村洞囤（图 1-1-21-2），洞口开阔，居于半山，洞前以石块垒砌一台地。两洞至今仍存，人工砌筑石门、石墙、石坎等，反映了乱世之中村民对自然溶洞的有效利用。

1

2

图 1-1-21　旋厂现存洞囤遗址

1. 凉风洞（大清口附近）　2. 丰林村洞囤

另在旋厂东部山腰原有一山洞，当地人称此为“万人洞”，现已塌毁，坊间流传该地为中寨朱氏族人紧急避难之所，咸同号乱期间，号军夜袭中寨，朱氏族人连夜辗转躲避至此，后因消息走漏，号军将避难群众残忍地迫害于洞中，故而称此为“万人洞”。中寨地下为溶洞，居民亦称此为“凉风洞”。两洞系村民介绍得知，因洞口塌毁，未觅得入口。

三、门道、道路

（一）门道

根据结构差异，可将其分为两类。

A 类　当地人称“龙门”，即连接道路与庭院的石朝门，原设双开木门。当地相传该地共有 7 座龙门，现存 5 座，其中坨里 F2 两座、中寨 F9 一座、中寨 F14 一座、书院一座。根据形制差异，分为二型。

Ⅰ型　由门枕石、门槛、立柱、门楣、龙门枋组成。仅见坨里 F2 西部一座（MD1）（图 1-1-22），系 F2 侧门。

Ⅱ型　结构与Ⅰ型相似，由门枕石、门槛、立柱、龙门枋组成，不同的在于该类龙门两支柱顶部搁置一条石，外侧方正，内侧为波浪状，部分饰花蕾，以此仿作雀替。该类门道最为多见，包括

F2 左前侧门道（MD2）（图 1-1-23）、F9 右前侧门道（MD3）（图 1-1-24）、F14 右前侧门道（MD4）（图 1-1-25）及书院门道（MD5）。龙门枋顶部或凿长条形凹槽、圆形柱洞。

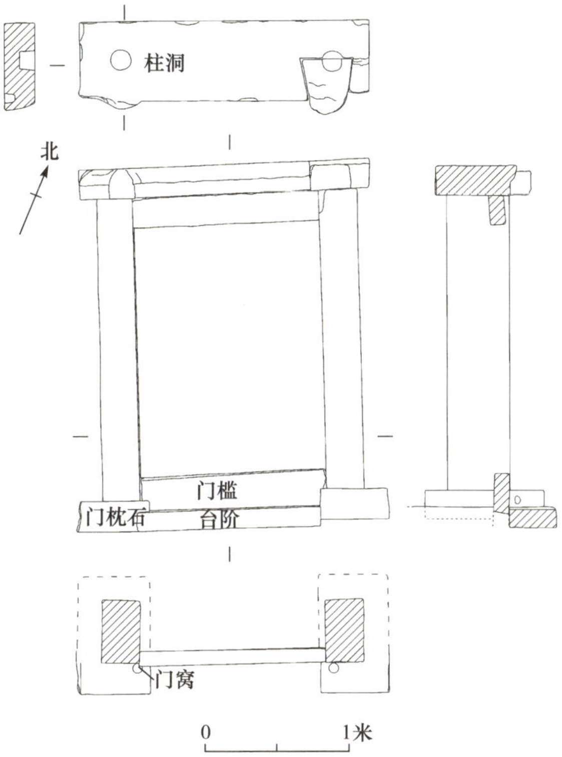

图 1-1-22　中寨 A 类Ⅰ型石门
（F2MD1）

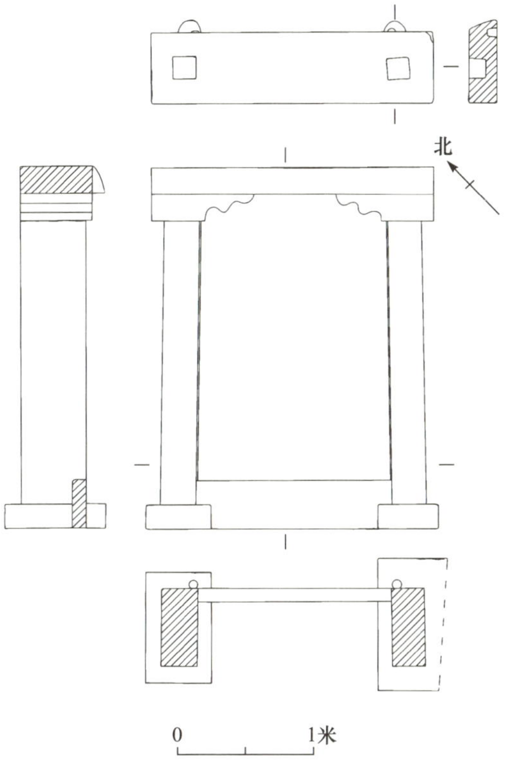

图 1-1-23　中寨 A 类Ⅱ型石门
（F2MD2）

B 类　即墙体间留一豁口，顶部情况不详，无立柱。该类门道较少，其一，位于坨里 F2 右前侧（MD6），有门槛，地表有柱洞，向内连接 F2 厢房外侧廊道。其二，即青龙岭外墙，仅见一宽约 1 米的豁口（MD7），该门道主要方便出入，同时为了便于防御，门道十分窄小。

据现场发现门枕石情况，F10 西侧原存一门道，通过该门道连接干道与通往 F10、F9、F8 等院落巷道。F10 庭院西侧尚存石砌长方形台基，参考一般民居院落，此处系一朝门。

（二）交通系统

1. 道路

道路系统分为两个层次，其一为寨落之外，主要是沟通寨落之间，或是其他活动空间，甚至

图 1-1-24　中寨 A 类Ⅱ型石门
（F9MD3）

图 1-1-25　中寨 A 类Ⅱ型石门
（F14MD4）

是更远区域的交通路网。其二为寨落内部的交通路网（图 1-1-26）。

（1）外向交通

现存古道路约数千米，多以石板铺筑。主要道路从上寨直下，经中寨西南部至下寨，再往赵家寨至石拱桥处，可至朝阳山永盛寺，向西经复兴至凤冈县。上寨沿山而上，可翻香炉山至思南县。该主线大部分均已翻修。

以各个寨落为中心，尚存诸多石板古道。保存较好者有中寨—石板溪段，连接中寨至石板溪东部耕作区，往北可至长岗岭（图 1-1-26-3、图 1-1-26-4）。中寨—杨家碾房段，是中寨耕作活动、加工农作物的主要通道（图 1-1-26-5）。下寨—龙家—大石盘碾房—中伙段，是下寨耕作活动、加工农作物的主要通道，往北越过溪谷、翻过重重山峦可至中伙村。

旋厂整体上处于香炉山北麓。上寨、长岗岭、中寨、下寨、赵家寨之间以沟壑相隔，各寨背倚崇山，面临溪谷，溪谷之北山势更为陡峭。上述道路均是各寨落间主要交通线路。

从更大空间范围来看，从思南县宽坪往东、德江复兴和煎茶两镇往西，地势较为复杂，崇山峻岭，沟壑纵横。表明该地较为闭塞，并非交通要塞。朝阳村旧称旋厂铺村，“铺”即邮铺，表明了该地曾处于驿道之上，但文献、方志之中未见记载。

（2）内向交通

仅以中寨为例。中寨以 F6、F13、F10 三者之间的西南—东北向道路为主要干道，另有巷道与该主道垂直分布（图 1-1-26-1、图 1-1-26-2）。其东侧共三条巷道，其一为通向 F4、F5、F8、F9，现今均遭翻修，直至 F3、F7。原 F10 旁存石龙门，现存一侧门枕石。另一巷道经 F8、F9、F10 西南侧至 F12。还有一巷道至 F14。西侧仅一条，从 F6 西侧直下，过石桥至青龙岭。

图 1-1-26　旋厂遗址现存部分古道

1. F6 东侧古道　2. F10 前部古道　3、4. 石板溪古道　5. 粽粑田古道

2. 桥梁

赵家寨石拱桥位于朝阳村西部赵家寨，西距永盛寺约155米。桥为石砌拱形石券。周边柏树众多，原有一棵柏树生长于桥上，经鉴定树龄约165年，桥头一棵柏树树龄约357年（图1-1-27-1）。

1　　2

3

图1-1-27　赵家寨古桥现状

1. 古桥现状　2. 北侧龙门石券脸　3. 西侧古道

道光《思南府续志》载："朝阳寺，城西一百二十里，安属寺最古，雍正十二年重修厅堂僧寮，下有溪渡，以石桥曲径通幽，竹柏交荫。又合朋、合水、旋厂均有朝阳寺，并志之。"[1]古桥西侧现存一段较完整的古道（图 1-1-27-3）。拱桥两侧龙门石券脸阴刻铭文，北侧记载："会□……朱正禄助银乙钱二，黄之玺助银乙钱二，何其英助银乙钱二，彭再宗助银乙钱二，高克广助银乙钱二，高文宣助银乙钱二，□示节助银乙钱二，杨昌儒助银乙钱二分。"南侧略（图 1-1-27-2）。

今香会时，常有村民至此焚香祭拜桥头土地庙。桥头之东立有一碑，惜已残，仅存部分文字，应是修桥功德碑。根据石券脸阴刻碑文，推测现存拱桥兴建于清乾隆至道光时期。

四、其他

（一）青龙岭

青龙岭位于中寨南部。据道光《思南府续志》记载："青龙岭，县治北一百里。在旋厂，蜿蜒迤逦、绵亘百里，中有香楠百余株。"[2]岭上植被成林，郁郁葱葱，其中不乏百年古树。树木种类有楠木、革叶槭、蓝酸枣、银杏、珊瑚朴、八角枫、天仙果等。青龙岭西部及北端现存外墙遗存、建筑基址、墓葬等。

据道光《思南府续志》记载："数十年前，合抱之木所在多有，今为土贩运售川境，斫伐无余。墟墓神坛间有存者，青桐、乌柏，居人以浓阴荫地，不便种植护蓄。亦稀木类虽繁，只供樵爨。"[3]而青龙岭得以保存至今，得益于当地居民世代的保护。

（二）石狮

旋厂现存石狮两只。其中一只位于中寨，与"哨亭"相邻、白虎岩相望；石狮前肢毁坏，面部风化（图 1-1-28-2）。另一只位于岭岗后山之上，距中寨约 1700 米，四肢已残，面部模糊（图 1-1-28-1）。两者形制一致，以砂石圆雕，颈系铃铛，身缠绶带。整体简练、粗犷而又厚重，面貌朴拙而又生动。

狮子约在东汉时期传入中国。随着佛教的传播，狮子逐渐成为人们信仰中的一种图腾，被视为辟邪驱恶的吉祥物，故有民谚言："摸摸石狮头，一生不用愁；摸摸石狮背，好活一辈辈；摸摸石狮嘴，夫妻不吵嘴；摸摸石狮腚，永远不生病；从头摸到尾，财源广进如水流。"

石狮出现于住宅中，通常结合风水、五行等布局，以此驱恶辟邪，守护当地平安、吉祥。旋厂石狮就属于"镇宅狮"，关于石狮的传说至今在当地口耳相传。

---

[1]（清）夏修恕等主修，萧琯、何廷熙纂：《思南府续志》卷三《营建志》，道光二十一年刻本，1966 年贵州省图书馆据四川省图书馆藏课本复制油印本。

[2]（清）夏修恕等主修，萧琯、何廷熙纂：《思南府续志》卷二《地理志》，道光二十一年刻本，1966 年贵州省图书馆据四川省图书馆藏课本复制油印本。

[3]（清）夏修恕等主修，萧琯、何廷熙纂：《思南府续志》卷三《食货志》，道光二十一年刻本，1966 年贵州省图书馆据四川省图书馆藏课本复制油印本。

1

2

图 1-1-28　旋厂现存石狮

1. 岭岗石狮　2. 中寨石狮

五、小结

本节将与生活密切相关的居住、交通、防御及基于风水观形成的设施等集中介绍，旨在呈现一个寨落集合了多种基础功能空间。古旋厂地处“山由香炉而来，水由合凤而去，四面环山”的封闭地理空间之中，涵盖了上、中、下等寨落，这些寨落主要分布于低谷地带，以自然冲沟为界，分割为多个相对独立的空间。我们在此仅以中寨为核心介绍了其生活空间的构建。

中寨布局紧凑，排列有序，形成井字形布局。以民居建筑为核心，形成了防御工事、巷道、排水系统、镇宅石狮等遗存。其民居建筑为“外石内木”的三合院格局，以石材建造房屋台基、围墙、朝门等，木结构建筑为单檐悬山顶、穿斗式梁架结构、小青瓦屋面、叠瓦脊。

内部交通纵横交错，而外部交通以村寨为原点呈放射状分布，连接其他村落和外围的生产、宗教等活动空间。

中寨的防御工事主要以外墙为主。咸同年间社会动荡，号军几乎席卷了整个贵州，各地民众自发地兴建屯堡、组织团练，朝廷号召“坚壁清野”，中寨的外墙正是这一背景之下的产物。

根据房屋台基特征，我们将中寨及坨里院落建筑分为三期，进而能了解中寨由清初至清末的形成轨迹。200 余年的发展历程中，寨落历经扩建、重建，均围绕着基础格局有条不紊地进行。

上寨并未发现院落建筑基址，而下寨尚存三座院落建筑，保存状况不一。参考中寨建筑特征，下寨院落建筑仍有第一至三期的特征，表明下寨寨落发展与中寨基本一致。

第二节　崇文之风

旋厂文教设施主要包括书院和塔阁式建筑两类。书院仅一座，地处中寨与下寨之间的王家林，在 20 世纪 50 年代仍有学生在此上学。塔阁式建筑遗存共四座，分别位于中寨和下寨西部。其中两座保留了碑文，据碑文内容，其性质为惜字亭。古人对于读书识字尤为看重，对写有文字的纸张充满敬意，不得随意扔毁，便修筑塔、阁一类建筑以专门焚烧纸张，体现了一个地方敬惜文字、备崇文风的儒家精神。

一、书院

书院遗址位于朝阳村下寨北约200米处的王家林处，今称“当门学堂”或“王家林学校”。书院坐东向西，面积约700平方米。遗址遭受严重破坏，大部分基石、柱础等被当地村民移走，但基本布局仍然可辨（图1-2-1～图1-2-3）。

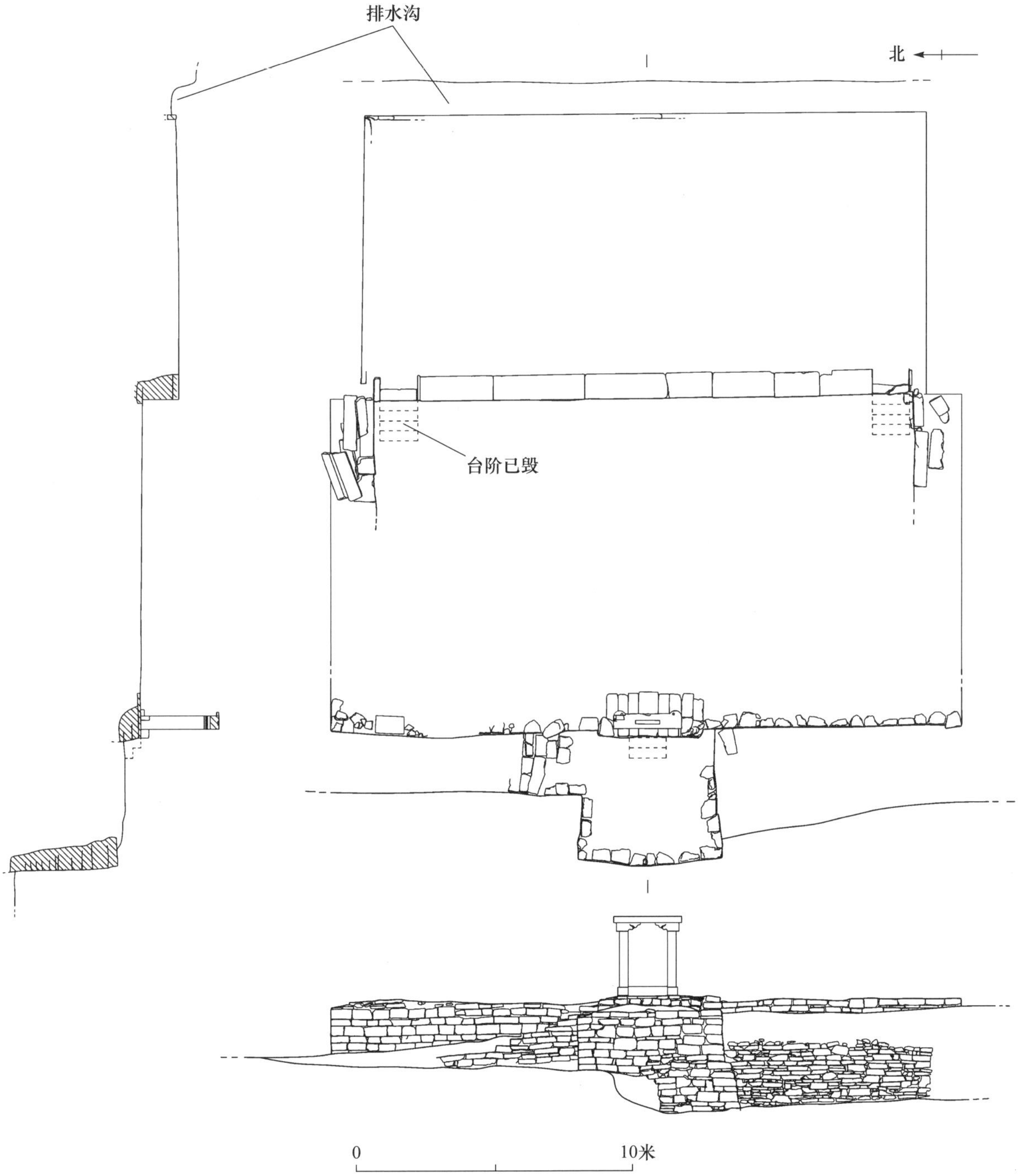

图1-2-1　书院遗址平、剖面图

图 1-2-2　书院遗址航拍图

图 1-2-3　书院遗址正视图

该书院一直延续使用至 20 世纪 50 年代，1958 年因火灾被毁而废弃。原存石碑及铜钟，现均已佚。20 世纪六七十年代曾在此依正房台基修建牛棚。

（一）建筑格局

书院遗址与其他建筑基址结构基本相同，由正房及庭院组成。正房为三开间，台基面阔 20.1、进深 10.65、高 1.38 米。正房台基两侧设台阶，宽 1.4 米，现已毁。庭院部分基石和铺地石板已毁，仅西部及南部基址保存稍好，面阔 21、进深 12.85 米。西部居中置一石质院门，保存较好，门道宽 1.8、高 2.96 米，槛高 0.35 米。

院门外为一石砌高台，北侧接台阶连通往中寨、下寨等地的道路。

（二）遗物

现场采集瓷器均为残片，分青花瓷和粗瓷两类，青花瓷器残片共 18 片，可计 8 件。器形有碗、盘，纹饰有灵芝茶花纹、白描缠枝莲托喜字、菊纹、狮子戏球纹、梵文等。粗瓷残片有 10 片，可计 5 件。器形有碗、罐。部分施青釉和酱釉。另采集铜钱 1 枚，系“乾隆通宝”，圆形方孔，宽郭边，文字较清晰，背面满文。直径 2.25、穿宽 0.52 厘米。

今中寨仍收藏一匾，相传系书院匾额，宽 2.93、高 0.95 米。题“玉堂宝书”四字（图 1-2-4）。

图 1-2-4　现存“玉堂宝书”匾拓本

据道光《安化县志》载：“朝阳义馆在旋厂。”[1]道光《思南府续志》载：“旋厂义学，在旋厂，室三间。道光二十一年，知县郑士范岁拨朝阳寺租谷二十石以充修金。”[2]道光二十一年（1841 年），旋厂人氏朱燦、朱明山、周仲勋、杨正贵、赵宏光等人禀称，该处旋厂朝阳山庙每年所收租谷，除僧人食用及焚献之外，每年可余市石谷三十石，希望能以此为赀在该庙设立义学。政府许，命其名为“朝阳义馆”。碑文见朝阳山永盛寺“昭示来兹”碑（见后文）。马家田朱母吴氏墓碑文记载“岁庚戌余[3]主讲朝阳书院”。

结合出土遗物，遗物均为清代，明确的最早为“乾隆通宝”，瓷器主要为清代中晚期，故推测王家林书院遗存可能是清代的朝阳义馆。

二、塔

（一）塔 1

塔 1 位于青龙岭北端，当地人又称“哨亭”，平面呈方形。该塔修筑于基岩之上，下临沟壑，虽地势较陡，但获取石材便利（图 1-2-5）。

---

❶（清）郑士范：《安化县志》卷二《建置志》，《安化县志校注》，中国文史出版社，2013 年，第 34 页。

❷（清）夏修恕等主修，萧琯、何廷熙纂：《思南府续志》卷五《秩官志》，道光二十一年刻本，1966 年贵州省图书馆据四川省图书馆藏课本复制油印本。

❸ 指己亥科举人、栋选知县陈光荣，系吴氏墓墓志撰写之人。

1

2

图 1-2-5　中寨“哨亭”现状
1. 远景　2. 近景

台基可分三层：底层以粗加工石材垒砌而成，垒砌高度最高约 2.6 米，形成一个宽约 11 米的方形平台。中间一层，在底层平台中部偏西再垒砌边长约 8.5 米的平台，表面铺以较为规整的石板，石板厚 0.2 米左右，整体边长略宽于表层。表层以两重条石垒砌，其中外侧边长约 8.5、残高 0.95 米，其条石较为规整，体量较大，正面有清晰、规整的斜向錾纹，一般长 2.3～5.2、宽 0.8～0.9、厚约 0.3 米；内侧条石规格较小，加工更为简单。内部以泥土回填，表面再覆盖厚约 0.4 米的砂砾。

在第一层台基之上生长着一棵革叶槭，经年轮测定树龄为 235 年，说明其修筑年代不会晚于 18 世纪 80 年代，处于清代中期。

（二）塔 2

塔 2 位于中寨西部，东距青龙岭约 100 米。平面呈正六边形，边长 1.32、残高 1.33 米（图 1-2-6）。石碑现存于下寨，碑板宽 0.54、高 0.86 米（图 1-2-7）。碑文抄录如下：

幅图呈显谛几缄，大启三爻卦，画苞符，朕兆[1]堪窥」。泄龙潜鬼哭之精固，由苍颉擅鸟迹虫形之变，原自」未襄。敷陈则偏及而无遗，纪载则长垂而不朽。稠众」皆宜尊往制，吾侪敢不重先分也哉。余等婺建分支」，吴黔衍□，累□之英华省萃，同根之瓜瓞绵延，福享」乡□。皆借□毫之力，继披□耜亦资拂素之勋。愚夫」妇冒昧无知，巨多践踏；古圣贤声灵所寓，当倍钦崇」。兹者□守旧积□文，藉以新修□□，名可同夫多宝」，字当惜若精金。行见岩□虎榜之间，菁莪聚数；岭积」龙章之处，□□咸林。玉镜

❶ 即“征兆”。

图 1-2-6　中寨惜字亭现状

并开，黜□□□偕归坦荡」。炉香袖满，瞻郅[1]盛而共坐祥和」。

皇清光绪四年岁官戊寅季八月天□之节立」。

据碑文记载，该塔建于光绪四年（1878 年），为一座惜字亭。据村民介绍，此塔为中寨朱氏修建。

（三）塔 3

即今下寨文峰塔，旧称“惜字亭”。位于下寨西部，距居民区约 200 米。仅下部两层为早期所建，上部两层为现代补修。平面为正六边形。下部两层高约 5.5 米。与塔 2 形制一致，底部平铺石板，继而砌筑塔身。最底层以规整青石垒砌为六边形，边长 1.89、高 1.15 米；上部再以砂石板砌筑，正面饰灰塑及壁画，灰塑分上、下两排，分别为福禄寿及八仙，四周绘祥云纹（图 1-2-8）。

塔身嵌两石碑，即惜字亭碑记及功德碑，分别介绍如下（图 1-2-9）。

1. 碑记

两侧立柱浮雕花卉。碑板宽 0.66、高 1.34 米。碑文抄录如下：

旋厂惜字亭碑记」。

余游田野间，窃见山由香炉而来，水由合凤而去，四面环绕，中建一亭，人间之美」哉。亭也，其谁作此乎？予曰姻兄所造，有由然矣。上古之世治以结绳，后之圣人」易

[1] 通“至”，极。

图 1-2-7　中寨惜字亭碑文拓本

1　　2

图 1-2-8　下寨惜字亭
1. 全景　2. 灰塑

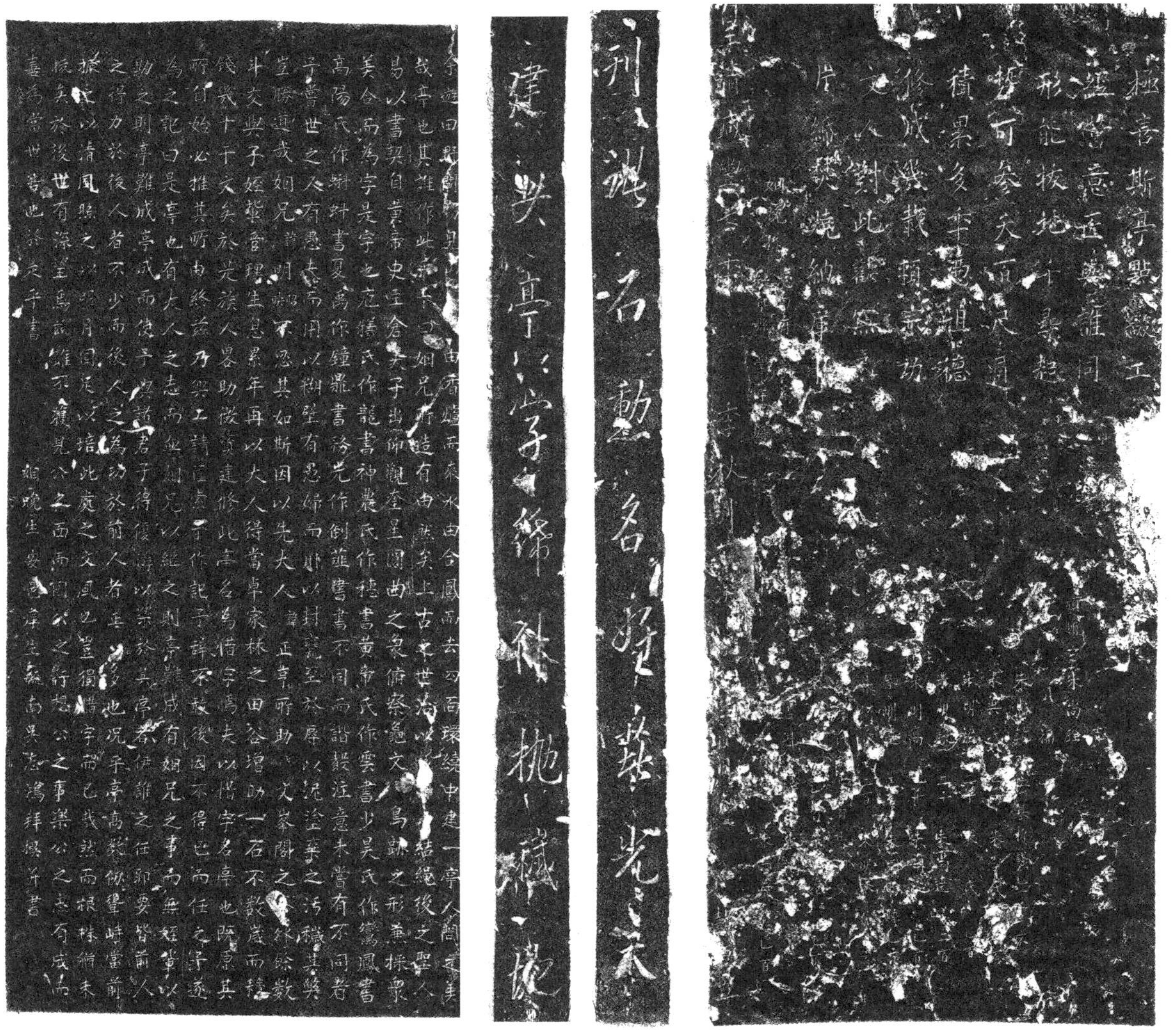

1　　2　　3

图 1-2-9　下寨惜字亭碑文拓本

1. 惜字亭碑记　2. 功德碑楹联　3. 功德碑

以书契。自黄帝史臣仓夫子出，仰观奎星圆曲之象，俯察龟文鸟迹之形，兼采众」美合而为字。是字也，庖犧氏作龙书，神龙氏作穗书，黄帝氏作云书，少昊氏作鸾凤书」，高阳氏作蝌蚪书，夏禹作钟鼎书，务光作倒韭书，书不同而谐声，注意未尝有不同者」。予尝世之人，有愚夫而用以糊壁，有愚妇而用以封瓮，至于辱以泥涂，弃之污秽，其弊」岂胜道哉。姻兄讳明昭、映，不忍其如斯，因以先大人讳正亨所助文峰阁之□外余数」斗，交与子侄辈管理，生息累年，再以大人得当卓家林之田谷增助一石，不数岁而积」钱几十千文矣。于是族人略助微资，建修此亭，名为惜字焉。夫以惜字名亭也，既原其」所自始，必推其所由终，兹乃兴工请匠，索予作记，予辞不敢，后因不得已而任之，予遂」为之记。曰：是亭也，有大人之志，而无姻兄以继之，则亭难成；有姻兄之事，而无侄辈以」助之，则亭难成。亭成而使予与诸君子得优游以乐于其亭者，伊谁之任耶？要皆前人」之得力于后人者不少，而后人之为功于前人者正多也。况乎亭高数仞，耸峙当前」，振之以清风，照之以明月，固足以培此处之文风也，岂独惜字而已哉！然而根株犹未」拔矣，于后世有深望焉。兹虽不获见公之面，而因公之行，想公之事，乐公之志，有成而」喜，为当世□也。于是乎书」。姻晚生安邑庠生毓南吴志鸿拜撰并书」。

2. 功德碑

两侧立柱阴刻楹联："建此亭字纸休抛秽地，刊诸石勋名好茈光天。"碑板宽 0.65、高 1.36 米。碑文抄录如下：

极喜斯亭点缀工」，经营意匠与谁同」；形能拔地千寻起」，势可参天百尺通」；积累多年凭祖德」，修成几载赖宗功」；文人对此欢无尽」，片纸焚烧纳库中」。

领頔：亡朱尚志、朱尚铨、朱尚福、朱尚乾助宏基折钱一千文；朱吴氏助钱二千；朱明诏二千；朱明镜二千；生员朱明高一千；朱明□三百；朱尚氏二百；朱李氏一百；朱□氏一百；朱占槐三□□□□；朱李氏助钱一百；朱氏一百；朱尚达二百；朱明□二百；朱明□一百；朱明□□百；朱明文一百；朱尚寿一百；朱尚恒一百；朱尚荣一百。

姻晚孙思南府学庠生慎溶，安化县学庠生赓□」。

皇清咸丰七年季秋月□□吉旦立」。

据碑文记载，该塔修建于咸丰七年（1857 年），原名惜字亭，为朱明诏（昭）、朱明映兄弟二人以其父朱正亨修建文峰阁所余钱财，加上卓家林所收一石田谷，族人又"略助微资"，修建此塔。

（四）塔 4

塔 4 位于下寨西部，与惜字亭相距约 20 米。平面呈正六边形，边长 4.76、底部边长 4.8、残高 0.86 米。该塔规模较大，保存情况一般，风化严重。内部可见三块不规整青石，青石下垫碎石，或为磉墩，分别对应六边形塔基一角。塔基逐层修筑，每一层完成后再内部填土，再相继向上修筑，故每层填土间夹杂着较多修整石料留下的碎屑（图 1-2-10～图 1-2-12）。

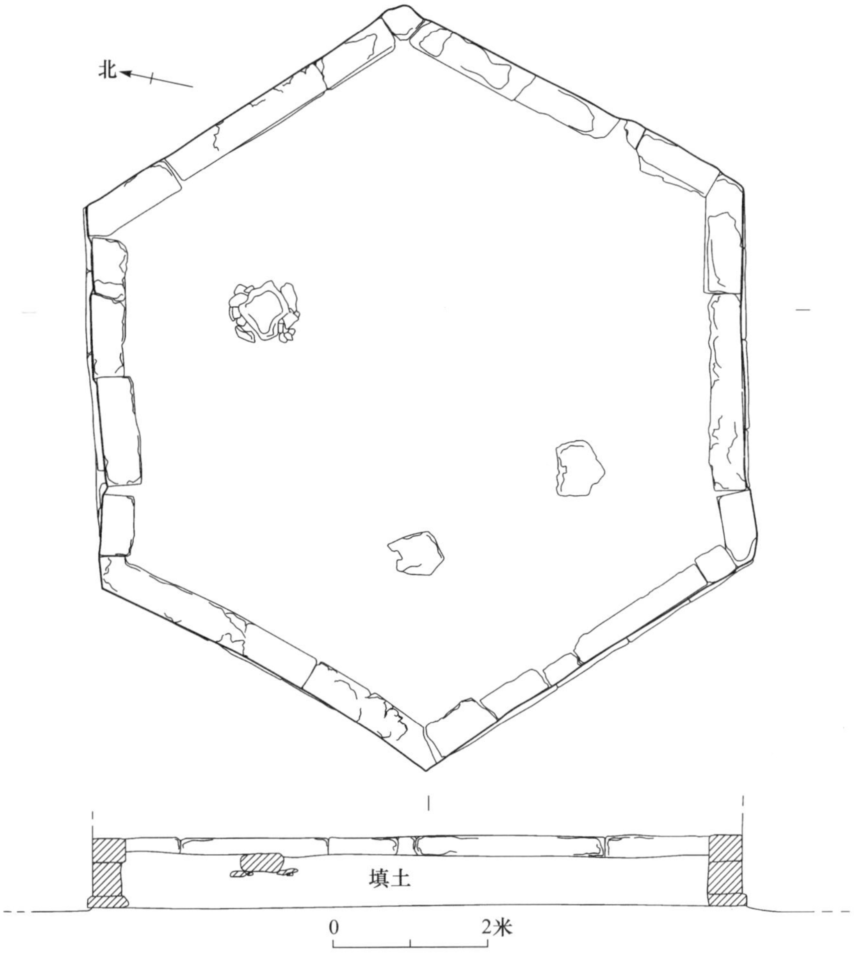

图 1-2-10　下寨文峰阁平、剖面图

地表采集和解剖出土器物均为瓷器，瓷器有青花瓷、粉彩瓷、粗瓷三类。粉彩瓷仅 1 片，绘花卉纹饰。青花瓷器残片共有 37 片，可计 8 件。器形有碗、盘、杯，以碗最多，纹饰有灵芝茶花纹、梵文、龙纹、狮纹等。粗瓷残片有 24 片，可计 11 件。器形有碗、钵、罐、缸、碾钵等。多施酱釉，部分残片上印同心圆状纹。出土遗物均系清代，其中明确者最早为清代中期，表明该塔修建年代不早于清代中期。据惜字亭碑记记载："先大人讳正亨所助文峰阁之□外余数斗，交与子侄辈管理，生息累年，再以大人得当卓家林之田谷增助一石，不数岁而积钱几十千文矣。于是族人略助微资，建修此亭，名为惜字焉。"推测该塔或为朱正亨所助修之文峰阁。结合朱正亨墓碑文记载，朱正亨生于乾隆二十九年（1764 年），卒于道光二十八年（1848 年），推测该建筑修建、使用时间处于乾嘉时期至道光年间。

三、小结

旋厂现存塔阁式建筑共 4 座，是当地敬惜文字、备崇文风的产物。塔 1 和塔 2 位于中寨附近，而塔 3（惜字亭）和塔 4 位于下寨，两者相邻。中、下两寨各有两座，均为一大一小。塔 1 及塔 4 体量较大，年代大致处于乾隆时期；塔 2 和塔 3（惜字亭）形制、体量基本一致，分别为光绪四年

图 1-2-11　下寨文峰阁航拍图

图 1-2-12　下寨文峰阁侧视图

（1878 年）和咸丰七年（1857 年）。乾隆至道光时期该地区鼎盛繁荣为这类建筑的出现提供了物质基础，而该时期当地屡屡出现庠生、贡生等，则与修建该类建筑的初衷相契合。

随着当地的兴盛发展，教育条件的落后难以满足当地居民。道光二十一年（1841 年），在里人朱燦、朱明山、周仲勋、杨正贵、赵宏光等的倡议之下，政府以朝阳山永盛寺所余田谷为赀修建学院，并命名为“朝阳义馆”。

书院遗址及惜字亭等遗存作为旋厂遗址群重要组成部分，反映了当地居民对文化教育的重视和敬仰。

第三节　信 仰 之 地

寺庙作为民众宗教信仰活动的主要场所，汇集了地方多样的历史文化。古旋厂地界内分布着两座古寺。其一名为雷震寺，地处香炉山顶部深山丛林之中，距旋厂诸寨约 5 千米。如今已是残垣断壁，破败不堪，鲜有人迹。其二为旋厂西部的朝阳山永盛寺。据传该庙曾经十分壮观，有上、中、下殿及山门，庙内香火旺盛。至今仅存上殿，系 20 世纪 90 年代于旧基址之上重建，仍有皈依之人常住庙中，四周村寨居民时常到此烧香拜佛。两寺均保留了丰富的碑刻。这些碑铭不仅记载了庙宇的兴衰历程，还反映了旋厂一带的历史文化。

一、雷震寺

雷震寺位于朝阳村东部香炉山顶部，海拔 1000 余米，最高处海拔超过 1200 米，地势陡峻。属于思南县宽坪乡地界。道光《思南府续志》云“香炉山，城西一百里，系思、石、松、安四属之地，山顶摩云，奇石纵横，古树交映”[1]，盖指此地（图 1-3-1）。

寺庙由正殿、厢房、天井等构成，占地面积约 400 平方米。地表建筑已毁，尚存基址，两侧及前部现存石墙，最高处 4 米有余，整体残破不堪。前部居中置石山门。进入山门，左右两侧设厢房，中部为天井。通过阶梯进入正殿。正殿明间以石板垒砌龛座以供奉佛像。庙内现存一长条石板，长 3.14、宽 0.4 米，正面浮雕“双龙戏珠”（图 1-3-2-1），推测系原建筑梁枋类构件。寺庙外部以规整石板垒砌一焚香池，平面呈正方形，其中两块条石表面浮雕动物及古钱纹图案（图 1-3-2-2、图 1-3-2-3）。香炉山顶距寺庙约 300 米，顶上天然巨石林立，居中者四周以石块垒砌为一个近方形的平台，边长约 4 米。台上原有建筑，现不存。

碑刻

按道光《思南府续志》载“香炉山，县治一百里。在旋厂，山势巍峨者，人留题甚多”[2]。如今，在断壁残垣之中仍可见石碑 20 余块，其中有少量残碑。这些碑文为我们提供了研究当地历史

---

❶（清）夏修恕等主修，萧琯、何廷熙纂：《思南府续志》卷二《地理志》，道光二十一年刻本，1966 年贵州省图书馆据四川省图书馆藏课本复制油印本。

❷（清）夏修恕等主修，萧琯、何廷熙纂：《思南府续志》卷二《地理志》，道光二十一年刻本，1966 年贵州省图书馆据四川省图书馆藏课本复制油印本。

1

2

3

图 1-3-1　香炉山远景（航拍图）

1. 香炉山全景　2. 雷震寺现状　3. 香炉山顶部

图 1-3-2　雷震寺雕饰拓本

1. 梁枋类建筑构件“双龙戏珠”　2. 庙前焚香池上鹿纹　3. 庙前焚香池上古钱纹

的文字资料，现将石碑分别介绍如下。

1.“铭刊不忘”碑

碑板宽 0.76、高 1.26 米。碑文抄录如下（图 1-3-3）：

铭刊不忘」。

今将头人朱正玺、所化功德人名序刊于后，以昭不朽」。

张维德，五千文；杨昌礼，二千二百文；杨胜桂，二千二百文；张维贵，二千二百文；倪应星，二千二百文；黎安黎，一千八百文；李周文、何龙氏、刘应福、张维鹏、杨国祥、伍正高，此后六人各一千二百文；张维榜、杨美、袁方松、袁世禄、袁世坤、袁茂龙、杨文氏、杨应先、杨应富、赵宏才、袁世邦，以上各助钱八百文；张天来，一千二百文」。

嘉庆二十四年六月吉日立」。

该碑立于嘉庆二十四年（1819 年）。朱正玺，上寨人氏，朱大佑之孙，据朱大佑妻李氏碑文载，朱正玺系生员。该碑记载了朱正玺作为头人，募化功德一事。

2.“香炉山序”碑

碑板宽 0.8、高 1.36 米。碑文抄录如下（图 1-3-4）：

香炉山序，并将条欵详载于后」：

苦哉众头人也，募化□劳，千辛万苦。益哉信善人也，不惜锱铢」，欣然乐助。斯

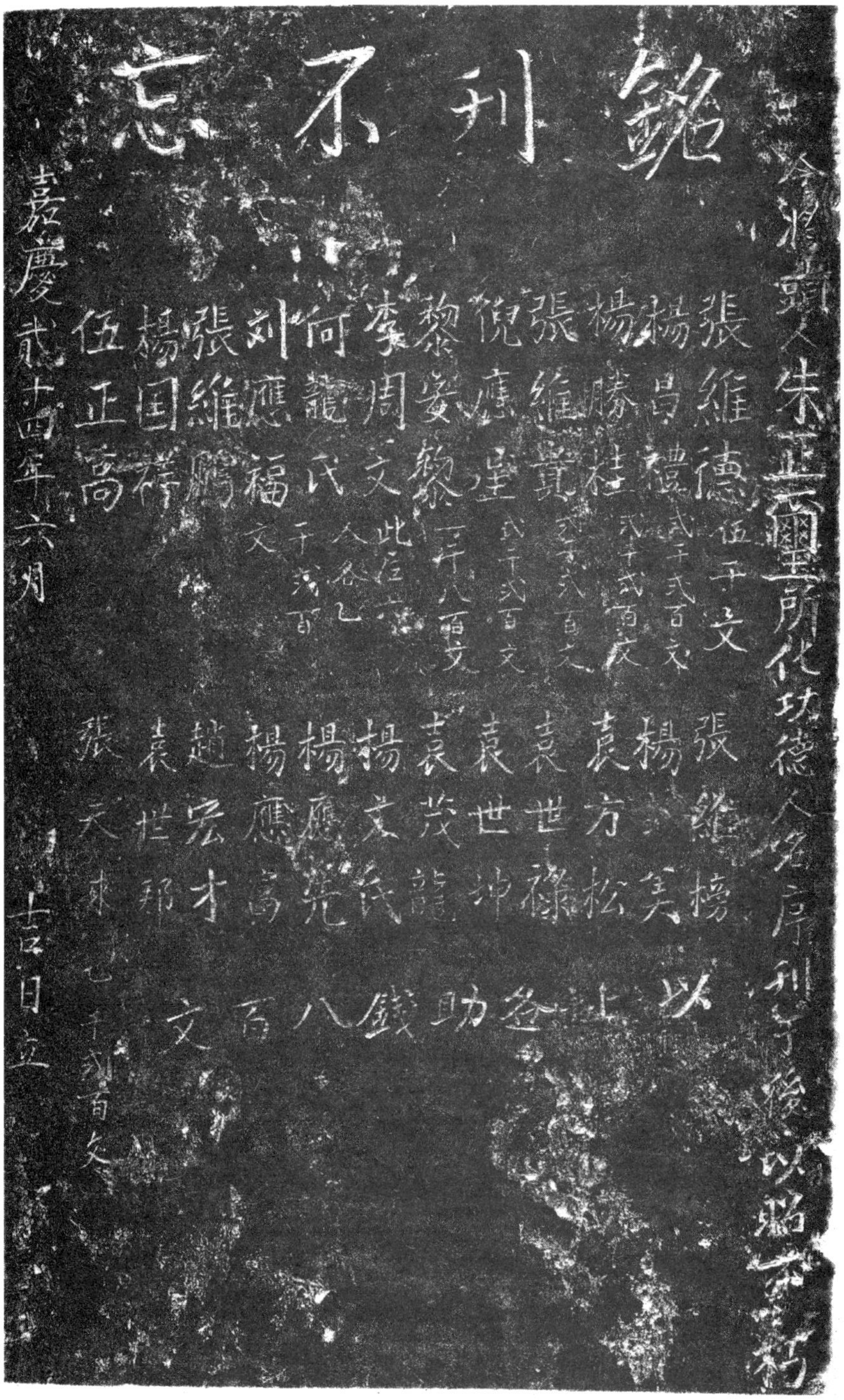

图 1-3-3　雷震寺“铭刊不忘”碑拓本

特幸庙□可观常住顿有。然欲绵后世于不朽，须将条欵」列于」此后。此有僧人原住者，□□□□招单只许师徒二人世輩□□」。一此山住持僧人不得无事入庄，裕（与）人户交接，取此，违者追出」。一僧人当留心常住，不得远近□借银钱，将常住作抵，违者追出」。一僧人毋□食费，头人公议多寡，议□□□，如嫌少者各自退出」。一□□

图 1-3-4　雷震寺“香炉山序”碑拓本

邻佑俗人不得无事入庙。混杂□及茶□□常住」。一此□□朝拜，凡男左女右进出，毋得□外□分□□施主不得」此上数条，□当遵依后辈　此任者□□始其□营□毋忍」。

朱正山公议立」。

碑文中未介绍具体立碑时间，据其“朱正山公议立”，推测大致处于道光年间。碑文记述了寺庙诸多条例。

3.“纳田碑记”碑

碑板宽 0.62、高 1.1 米。碑文抄录如下（图 1-3-5）：

图 1-3-5　雷震寺“纳田碑记”碑拓本

纳田碑记」。

信善蒲家山陈本华之子陈天寿，纳地名乌坪小地名横头」秧地田一丘。系是得买彭李氏之叶水田一丘，载卖」银五十五两。在粮八合[1]，帮合陈姓完纳，永作」香炉山焚献

❶ 合：容量单位，10 勺等于 1 合，10 合等于 1 升。

之资。住持僧净性现刊天寿木主于庙内，故复」刊碑，以志不忘」。

见舍头人：朱正山、朱正富、朱明综。

黄应珍二百四；黄廷炳、刘正坤、谭大经、刘正仁、刘正国，各一百二；张四爷，一百六十文；赵王氏，助□三千；史登朝助木材；陈文赦捐□四千」。

大清道光八年戊子岁十二月中浣日吉旦」。

据碑文所载，该碑立于道光八年（1828 年）；记述了陈天寿以其乌坪横头一丘田地纳予寺庙；另买了彭李氏一丘田土，卖得五十五两；加上八合粮食，作为寺庙焚献之资。

4. 道光“永垂不朽”碑

碑板宽 0.47、高 1.16 米。碑文抄录如下（图 1-3-6）：

永垂不朽」。

盖闻□□□，此理宜肃静，况酗酒闹事尤为泄渎神人，亦□…」年六月□□进香朝拜之期，有黄正锡与杨秀王逞酒□伤□□安…」□大才□□□□□勒石刊碑，日后永不准□□人等于进香朝拜。……」□□复出山前买酒，罚□十千，培修香山。以是□为序」。

杨□富；□□□；杨□□；□□□；杨登□；□□□；杨□□；杨胜才；杨胜□；杨□□；杨胜元；杨南光；□□□；□□□；□□□；□□□；□□□；□□□」。

道光二十六年六月中浣□□立」。

图 1-3-6　雷震寺“永垂不朽”碑（道光）拓本

该碑立于道光二十六年（1846 年）。记载恰逢进香朝拜之期，黄正锡与杨秀王二人酗酒闹事，泄渎神人。故永远禁止此二人（或是酗酒之人）进香朝拜，于山前买酒者按例罚款。

5.“永垂亘古”残碑

碑板宽 0.73、残 0.61 米。碑文抄录如下（图 1-3-7）：

永垂亘古」。

安邑旋厂候补巡……」朱老爷讳正拔，即……」年修培此山杀[1]费苦……」安庙宇渐

[1] 应为“煞”。

图 1-3-7　雷震寺“永垂亘古”碑拓本

渐毁坏……」无奈住持无人，本……勤俭。朱君遗……」（思）南府……」已所□……」名花竹……」在此山……」神灵焚献之……」有赀何莫……」。

时」道光廿九年□……」。

该碑立于道光二十九年（1849 年）。该碑已残，在残壁断垣之中寻得三部分，虽未知全文，但残留部分文字对于认识旋厂社会十分重要。其一载“安邑旋厂候补巡……”，表明该地与官府直接的联系；其二称朱正扳为“朱老爷”，表明其身份的特殊性，在地方上具有突出地位；其三是补修此庙。

6. 光绪“永垂不朽”碑

碑板宽 0.58、高 0.86 米。碑文摘抄如下（图 1-3-8）：

永垂不朽」。

尝读书曰：莫为之前虽美弗彰，莫为之后虽□弗傳。前代施主简登龙」将大土纳在香炉山，以为佛祖之业。道光卅年，黄长应葬其祖金□阴地」一穴，山明水秀，人□财兴。从前之功无有碑记可考，今日有住持僧全光」折雕圣像十尊，黄长应自愿助钱六千文，以成其美。日后黄姓修补」坟墓，他僧无得尔来苦化，简姓毋得异言阻裳[1]。□□前美以彰后□」，以传与会光之功勋，同绿[2]之众善，俱□力于百世文」。

黄长应助钱六千文；王嘉斌助一千二百文；张许氏助七百八十文；杨明珠助六百

❶ 意为“阻挠”。

❷ 同“禄”。

图 1-3-8 雷震寺“永垂不朽”碑（光绪）拓本

文；朱岁步、杜永春、杜永仲五百文……」。

光绪二十年孟夏月上浣日公正」。

该碑立于光绪二十年（1894 年），记载了简登龙曾向寺庙捐纳土地。在道光三十年（1850 年），黄长应葬其祖先于此，但无碑记记载此地归属，时住持僧全光“折雕圣像十尊”，黄长应愿捐纳六千文钱。此碑宣告，日后黄姓补修坟墓，僧人、简姓均不得有异言、不得阻挠。

7.“保安贞吉”碑

碑板宽 0.81、高 1.68 米。碑文抄录如下（图 1-3-9）：

保安贞吉」。

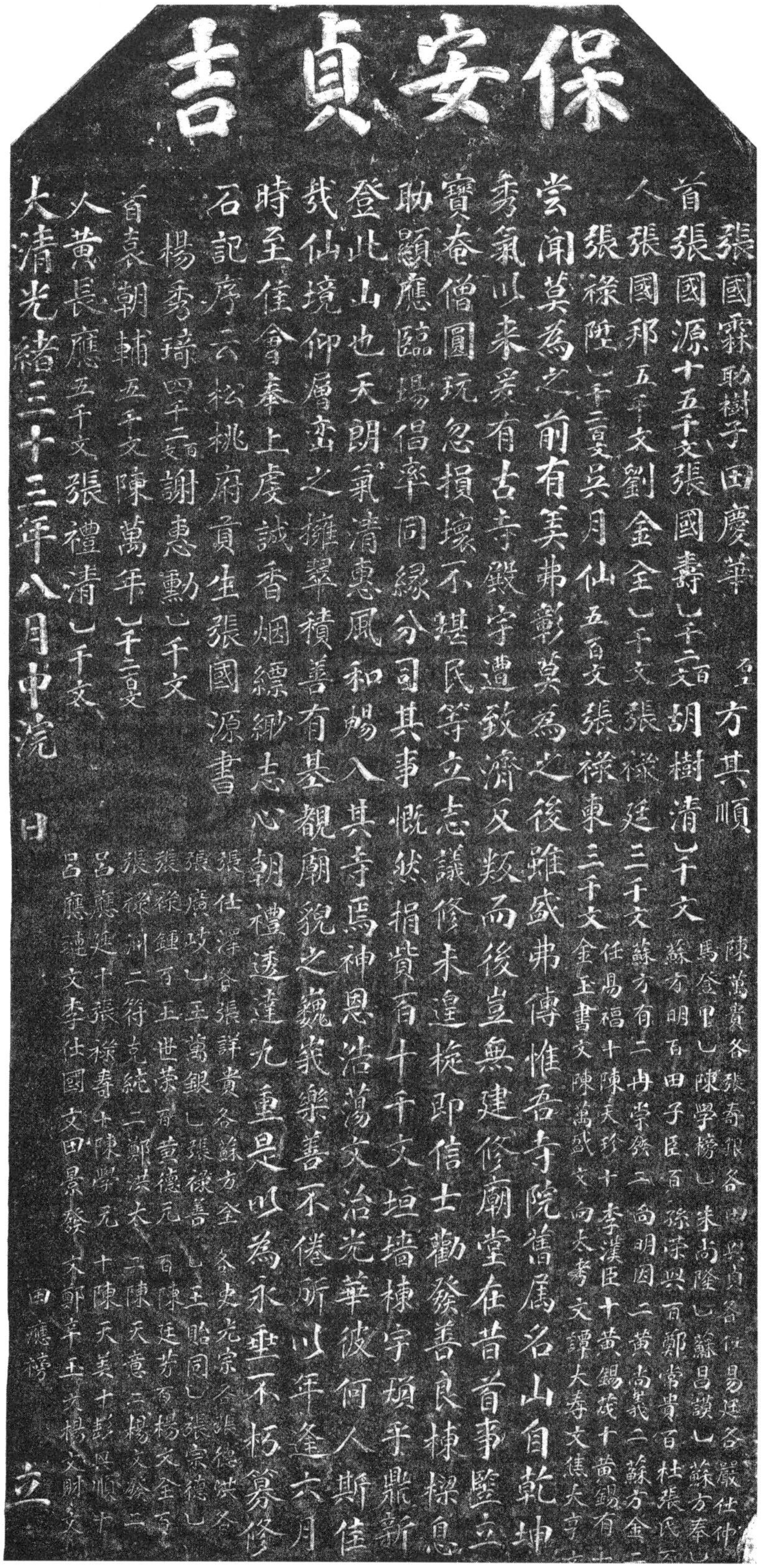

图 1-3-9　雷震寺“保安贞吉”碑拓本

首人：张国霖助树子；田庆华；石工方其顺；张国源十五千文；张国寿一千二百文；胡树清一千文；张国邦五千文；刘金全一千文；张禄廷三千文；张禄升一千二百文；吴月仙五百文；张禄東三千文。

陈万贵、马登甲、苏方明、苏方有、任易福、金玉书，各一百二十文；张寿银、陈学榜、田子臣、冉崇发、陈天珍、陈万盛，各一百二十文；田兴贞、朱尚隆、孙荣兴、向明因、李汉臣、向太考，各一百二十文；任易廷、苏昌谟、郑常贵、黄尚义、黄锡茂、谭大寿，各一百二十文；严仕仲、苏方奉、杜张氏、苏方金、黄锡有、焦大亨，各一百二十文」。

尝闻：莫为之前有美弗彰，莫为之后虽盛弗传。惟吾寺院旧属名山，自乾坤」秀气以来，爰有古寺。殿宇遭致济反叛，而后岂无建修。庙堂在昔首事竖立，」宝奄僧圆玩忽，损坏不堪；民等立志议修，未遑[1]，□即信士劝发善良，栋梁息」助，显应临场，倡率同缘，分司其事，慨然捐赀百十千文。垣墙栋宇焕乎鼎新」。登此山也，天朗气清，惠风和畅；入其寺焉，神恩浩荡，文治光华。彼何人斯，佳」哉仙境！仰层峦之拥翠，积善有基；观庙貌之巍峨，乐善不倦。所以年逢六月」，时至佳会，奉上虔诚，香烟缥缈，志心朝礼，透达九重，是以为永垂不朽。募修」石记序云。松桃府贡生张国源书」。

首人：杨秀琦四千二百文；谢惠勋一千文；袁朝辅五千文；陈万年一千二百文；黄长应五千文；张礼清一千文。

张仕泽、张广岐、张禄钟、张禄洲、吕应廷、吕应琏，各一百二十文。张详贵、王万银、王世荣、符克纯、张禄寿、李仕国，各一百二十文；苏方全、张禄善、黄德元、郑洪大、陈学元、田景发，各一百二十文；史光宗、王贻同、陈廷芳、陈天意、陈天美、郑辛玉、田应榜，各一百二十文；张德洪、张宗德、杨文全、杨文发、彭兴顺、杨文财，各一百二十文」。

大清光绪三十三年八月中浣日立」。

该碑立于光绪三十三年（1907 年），记述了该庙在咸同年间被致济团起义破坏，长期未得重修。在首人张国霖、张国源等人倡议下，乡民们“分司其事，慨然捐赀”，此庙得以“焕乎鼎新”。同时立“集福迎祥”碑，仅记录乡民功德，不再赘述（图 1-3-10）。

8.“万善同缘”碑

碑板宽 0.84、高 1.68 米。碑文摘抄如下（图 1-3-11）：

万善同缘」。

尝闻名山者，降灵之主；庙宇者，积福之区。然非增修，无以壮名山之胜景；非乐助，何由教庙」宇之宏规。是以莫为之前，虽美弗彰；莫为之后，虽盛弗传也。如我香炉山，本尖茶、秀水、宽」乌二坪一带之□山，原有古寺在绝顶，因白巾一炬，悉为灰烬。虽神佛有灵，而庙址荒□」。诚有心人所为击目而生慨也，矧□升平日火，百废宜兴，欲为一方

[1] 未遑：没时间顾及。

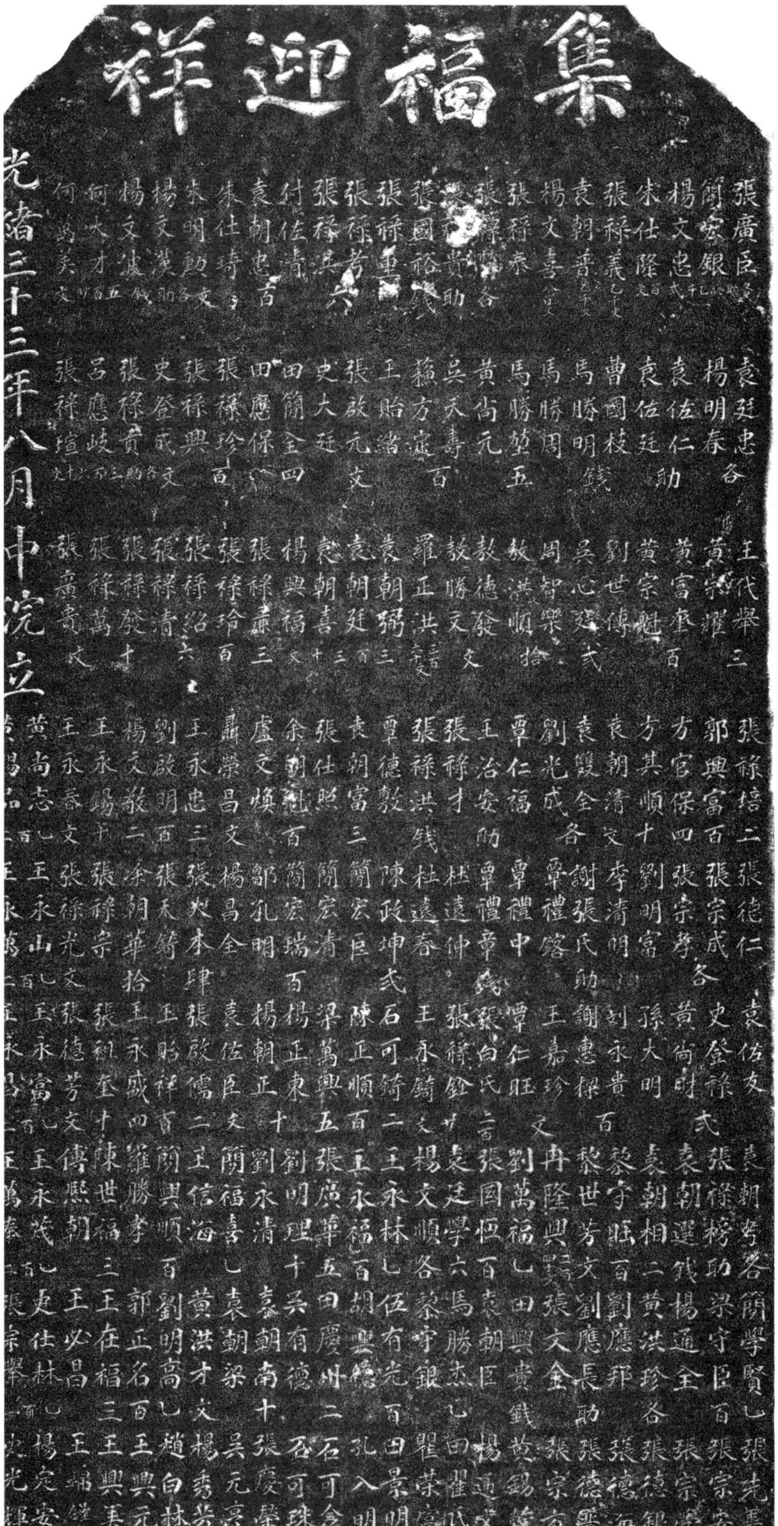

图 1-3-10　雷震寺“集福迎祥”碑拓本

图 1-3-11　雷震寺“万善同缘”碑拓本

起人文作福趾，坐令」神无凭不得乎。僧虽无力，窃致思焉。爰约乐善君子，共袭盛事，已卜期于来年正月十九」日，监立殿尖，望积腋成裘，硕囊相助，庶三生有幸。庙貌维新，致令神佛所归，一带之钟」灵有孟；人才倍出，四方之寿福无疆。以是为序」。

头人：史登玉，一千文；史登□，五百；史登高，五百……张祖□、李达□、张组□、李□春，各一百廿」。

该碑立碑时间不详。据碑文记载，香炉山处于尖茶（煎茶）、秀水、宽坪、乌坪一带，山上原有古寺。咸同年间被白号军纵火烧毁，化为灰烬，庙址荒芜。于是当地乡民各捐数钱，重建此庙。

9.“助善同舟”碑

碑板宽 0.87、高 1.71 米。碑文抄录如下（图 1-3-12）：

助善同舟」。

补修香炉山雷震寺叙」：

大凡人心之变，梵宇之相摧，世界之浇漓，民心多散乱。近来寺院萧条，菩提变像，未有」焚香炳烛者不深可慨耶！如吾乡此宇，募前人创造，数有年也。因兵荒匪□（獗），首」等未能庆业。今值河清，首等游观石墙崩缺，佛像穿金，补继前人创修之始成功」不没，斯时好善乐施，同缅募化，于是卜□择老鸠工补垣于□土，而诸君子勋烈不与垣墙之巩固。同不□于万古哉聊叙」。

募化首人：曹国□、张□廷、张禄东、张万顺、张泽明、张德仁、张德□、张禄贵、刘会禄、张光普、袁于弗、彭臣元十九子。

袁张氏、□姜氏、张广铭、张广谟、张广仁、张禄兴、张广烈、王太和、王报和、杨石氏、马世臣、史大曹，各泽□□二千四百文；张廷裕、张广升、张广廷、张广位、张杨氏、张禄康、袁廷举、黄贞富、袁朝贞、张节贞、黄贞全、陈□，各二千四百文；张禄恩、张广祺、张广鳌、张广森、张广亮、张禄恺、张禄厚、张禄发、王协和、张国廷、张国明、吴汉清，各一千二百文；袁廷儒、张国栋、覃仁元、杨兴仁、杨兴义、王永昌、张广贵、龙大才、文佐廷、史广恒、陈如元、陈法科、史光洪，各捐钱一千二百；张杨氏，一千三百；史光龙、郭启□、王修真、张孙氏、袁普安、袁朝林、袁廷梁、陆修成、梁桂圆、胡金魁、刘陈氏、刘成福、刘世才、萧福真、□明□、李□□、刘世□、马世德、马世昌、安曾□、马胜杰、谭大□、刘金榜、□张氏、覃周氏、覃老二、田修直、覃伍廷、刘福真，各捐三百二十文」。

中华民国十六丁卯岁暑月廿四日张俊之题，张广洪沐手敬书」。

该碑立于民国十六年（1927 年）。记载此庙宇因兵荒马乱，萧条不堪，故里人组织重修此庙。部分碑文仅记录功德，故不再一一赘述。

根据碑文记载，香炉山寺庙遗存原名“雷震寺”，处于煎茶、秀水、宽坪、乌坪一带香炉山顶部。现存碑板最早者属于乾隆年间，为重修碑记，故该庙宇兴建时间早于乾隆时期。嘉庆、道光年间寺庙香火旺盛，补修、重修等次数较多。号军起义期间，雷震寺毁于一炬，一度荒芜。至光绪年

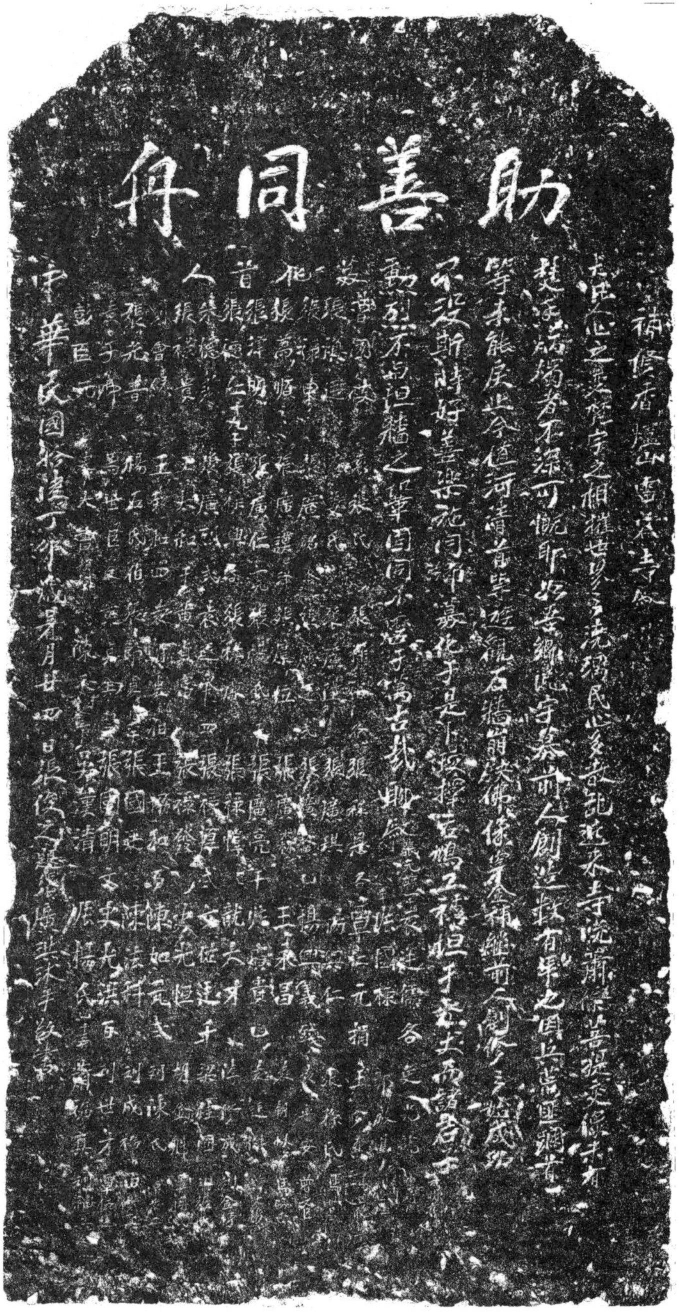

图 1-3-12　雷震寺“助善同舟”碑拓本

间，当地民众于旧址重建此庙。碑文所见最晚一次补修于民国十六年（1927 年）。如今该庙残破不堪，墙体倾倒，一片荒芜。当地乡民在正殿上搭建简易棚，神龛之上供奉菩萨。

二、永盛寺

永盛寺位于朝阳村朝阳山北麓。现存建筑占地面积约 1300 平方米。原分上、中、下殿及山门等，各殿及天井依山势逐层抬升。现存上殿基址，包括正殿、厢房、天井。原上殿木质建筑为穿斗式悬山顶，共三层；20 世纪 90 年代拆除后，在原址兴建现存木构建筑。厢房面阔两间，穿斗式悬山顶，两楼。天井前后各三组踏步（图 1-3-13）。现存地表建筑构件仅见部分柱础和香炉残部，另于庙前竖立 8 块石碑，其中 5 块立于清代（图 1-3-14）。

图 1-3-13　朝阳山永盛寺现状

（一）现存碑刻

今存石碑 5 块，其中 2 块重复利用，两面刻不同时代碑文。现分别介绍如下。

1.“重修碑记”碑

碑板宽 0.78、高 1.65 米。碑文抄录如下（图 1-3-15）：

重修碑记」。

重修朝阳寺天井再立碑记：详观安化郊外所属丛林，名曰朝阳寺，□威洞烛品物，咸享群仰」金阙至尊之德，尽沐昊天无极之仁诚。三界之主宰，妙用难量，为众真之导师，灵机罔测。有古昔施主朱文启等率众枷修于前」，古碑虽存而字迹晦坏；今本山住持普度捐赀，重振于后天井落成，而新碣复鑴，仍将前后施主姓名与夫所舍水田、山土、园」林基址地，假以及丁粮二项详刊于后，故作是序云」。

一施主朱文启、文甫、文申舍水田，地名丁木椿蛋鸡卵。其界上齐周公甫田坎，下齐丁木椿周围无杂，河东河西俱在数内；其粮照」古碑五升成熟三升。一施主周榀舍田地名蛋鸡卵水濠下田三串，其粮系蛋鸡卵右手常住票内」。一施主朱文仲、苏序臣舍常住水田、山土，地名洗沙塘水田一坋，上双河口，下齐跟岩，直上赵文华土坎，横过鱼泉

1

2

3

图 1-3-14　朝阳山永盛寺香炉残件及残碑拓本

1、2. 香炉正面及侧面　3. 上殿前部残碑

水濠为界」；载原粮二升一合成熟一升。一施主朱文甫、（朱文）仲舍水田，地名□漕井独脚井，并河东河西；载原粮八合成熟四合」。一施主赵文华舍寺基山土，其界自乾溪沟沿路直过本山门者，直下宝珠岩沿岭，直上土主庙登岭，直上梨树坪，横过齐沟，直」下坟岭坎，直下乾溪沟为界。一施主杨宗高舍山土，在玉皇观右边，其界右齐乾溪沟，左齐赵俸廷土坎，直下抵河为界」；其差银照依舍白三分上纳。一施主简登龙舍山土，地名上汪家坪右边半股，其界自周家坟沿路直过土地堂，齐塄坎直」上车盘沟石巷，当沟直下寒风□，直上林纂山顶小丫，直下石巷右角，横过塄坎，直下土坪、石磊山、琵琶树，跟沟直下周家」坟为界；册载土丁五旬；简登龙又舍汪家坪下段，其土界上齐古路，下齐河左，齐周家坟右边水沟，直下河为界，右齐赵」家土地堂，直下河为界。系是悬岩陡坎，难于成差。一地名和尚塆，系是历来古常住，上齐项，右齐梨树坪，跟岭直下赵处」土坎，横过齐车盘凹跟岭直上顶为界。一寺前土台幅，系本山住持昔年将枹桐塆右常住与赵正普掉明」。如有诸人不信，佛法擅敢毁碑者，聍受诸经一藏。谨白」。

石匠周仲先、康耀伯、周禄先、康荣伯。

本山住持具戒比丘，普度徒通道，徒孙智伦、乘，曾孙慧德捐资重（修）。

本山住持智洪，徒惠云，徒孙清池，捐资重修。

施主朱德光公据舍白薰沐敬题」。

皇清雍正十二年岁次甲寅仲春月上浣吉旦」。

图 1-3-15　朝阳山永盛寺“重修碑记”碑拓本

该碑立于雍正十二年（1734 年），记述了此次重修情况，并将此前至今各位善人所捐土地一并镌刻于此碑。按碑文记载，该庙原为朱文启等率众修建，雍正年间仍保留着记述该事的石碑。

2.“阿弥陀佛”碑

碑板宽 0.85、高 1.65 米。碑文抄录如下（图 1-3-16）：

阿弥陀佛」。

众姓福果」。

大清乾隆五十六年辛亥岁九月初九吉旦立。石匠：隆奎先、隆兼人，共银一钱二分」。

切思上古之世，三教者无非劝人为善，示法开化，总归一体。历代以来，清、明两朝今经数百有余。自」开山师祖上性下通字惯一老和尚，创修旋场永盛寺，今朱、赵、周、杨、简五姓前人拾及常住田土，修理」山门，雕刻王祖供奉，有僧秉公孙目及心动，请师雕刻三宝、四圣、弥勒、观音、龙牌、上圣帝，朔望祝赞」万岁，祈风调并雨顺，国泰民安。故兹请众头人叩化诸公善人，助金完条，勒石刊碑，以垂万古不朽矣」！

住持比丘智乘损赀艮六两，众头人助艮人开列于后：

头人：朱士璜、朱士瑢、杨秀圣、杨国梓、杨秀九、赵仕彦、朱正亨、朱士珌、朱正学、朱正德、梁加福、周城……

信士……」。

本山住持具戒比丘，僧智乘，徒惠真，徒孙清莲、清霞、清性，徒末净义，徒息道成、道高立」。

该碑立于乾隆五十六年（1791 年）。碑文记述了开山祖师性通和尚于旋厂（场）开创永盛寺，朱、赵、周、杨、简五姓前人施舍田土，助寺庙修理山门、雕刻佛像等。

3.“大清嘉庆五年仲冬月中浣刊”碑

碑板宽 0.85、高 1.78 米。碑文抄录如下（图 1-3-17）：

大清嘉庆五年仲冬月中浣刊」。

永盛寺开山祖上性下通募化众□，有□本山披剃上通下玄座尧山寺，徒上鉴下广和尚座天台寺。至嘉庆三年本山众施主等迎请重修，嗣后僧家守法者座，不守法者行。□□」。

头人：李懋雍 李懋周……」。

闻之得人则□，失人则屏，得失之间大矣哉。遐稽永盛寺建设以来，未有若乾隆末年之凌替比即，其偷当常往事，窃买竹木及僧之亲眷，蚕食寺粟接踵不绝，以□牲财荡洗，庙宇荒凉，众寺目□□恢难忍坐规。于嘉庆元年」正月廿三日，具控安邑安主，二月廿七日蒙断前僧，下山仍着施主□招妥僧住持，然后寺中什物材产肃有攸归，其众寺扶持山门，悉皆化众帮助，未尝耗屏常住分文抆，将所助□钱姓名刊碑，本山永垂万古，愿□□」僧俗，寺恶则鉴□，善则奉行，亦志继述事之善，此矣□□序」。

控首募化头人：朱士瑢、朱春、朱正耀、朱正明、朱士琫、杨秀朝、朱士珩、朱正享、朱正富……」。

图 1-3-16　朝阳山永盛寺“阿弥陀佛”碑拓本

图 1-3-17　朝阳山永盛寺“大清嘉庆五年仲冬月中浣刊”碑拓本

开创施主朱文启、朱君巨、朱文甫、朱文申、朱仲、朱现、赵文华、简登龙、杨宗高、周榀、苏京臣箒施舍常住，化众修培，廷今仍前化修，已后施主众箒亦照前人培补，护□五宝者兴图利，常□者□□」。

该碑立于嘉庆五年（1800年）。记述内容较多：其一，开山祖师性通和尚之后，通玄和尚去了尧山寺，鉴广和尚去了天台寺。嘉庆三年（1798年），当地众人迎请重修该寺。其二，在乾隆末年，本寺和尚不受戒规，常有偷当之事，各寺庙僧人难以忍受，均前往安邑控告；在众人帮助之下，本寺恢复平常。其三，寺庙为朱文启、朱君巨、朱文甫、朱文申等人开创，并舍田土，募化修缮，后人应照此培补。

4. "昭示来兹"碑

碑板宽0.68、高1.43米，碑文抄录如下（图1-3-18）：

昭示来兹」。

贵州思南府安化县正堂加五级纪录十次郑为」。

晓谕事案，据义学首士朱燦、朱明□、朱明山、周仲勋、杨正贵、赵」宏光禀称，该处旋厂朝阳山庙岁收庙田租谷，除僧人食用、焚」献外，每年可余市石谷三十石。在于该庙设立义学，延师训课」，以作束修之资，禀请给额。示谕前来，除给朝阳义馆名目外，合」行出示晓谕，为此示仰该处附近士民人等知悉，尔等如有子」弟无力从师者，可赴朝阳义馆就学，务朝师长尽心训课，子弟」勤习诗书，异于地方风俗日有裨益。本县有厚望焉。切上特示」。

道光二十一年闰三月十九日示（方款）」。

该碑立于道光二十一年（1841年），时任知县郑示范重修为仁书院、中和书院。碑文记述了在此契机下，旋厂人氏朱燦、朱明山、周仲勋、杨正贵、赵宏光等人向政府禀称，旋厂朝阳山庙每年所收租谷，除僧人食用及焚献之外，每年可余市石谷三十石，希望能以此为赀在当地设立义学。政府许，命其名为"朝阳义馆"，并出示晓谕。

此事见于史料。据道光《安化县志》载："朝阳义馆在旋厂。"[1]又据道光《思南府续志》载："旋厂义学，在旋厂，室三间。道光二十一年，知县郑士范岁拨朝阳寺租谷二十石以充修金。"[2]

5. "众善同缘"碑

碑板宽0.72、高1.14米。碑文抄录如下（图1-3-19）：

众善同缘」。

此庙之设久矣。先年佛殿森严，禅房□杳，烺烺炳炳诚大观矣。自咸丰七年致和团

---

❶（清）郑士范：《安化县志》卷二《建制志》，《安化县志校注》，中国文史出版社，2013年，第34页。

❷（清）夏修恕等主修，萧琯、何廷熙纂：《思南府续志》卷五《秩官志》，道光二十一年刻本，1966年贵州省图书馆据四川省图书馆藏课本复制油印本。

图 1-3-18　朝阳山永盛寺“昭示来兹”碑拓本

□□□」同治七年始平。愚等仅仅一隅拒贼十余载，其间争战不已，聚散无常。此庙遂迭连□毁，其」不即于灰烬也。几希然而犹有存焉者。愚等初念推□従[1]新整理，照旧修培，一以表助神□」，一以光复我朱、周、赵、杨功德于弗□。无如庙因倾而益圮，僧复用不得宜败，栋□□□□□」落此诚势不得不暂为修补也。爰继众姓□及同人处处换移，方幸神人有

❶ 古同“从”。

图 1-3-19　朝阳山永盛寺“众善同缘”碑拓本

抚层□□□任」教风雨无忧。兹当工竣，用著碑铭，非敢曰我能，是是亦足矣。聊以志于翰，姓字于不朽耳。若」□焊煌如故、粉黛一新，仰赖神庥[1]则原有以俟诸异日。特序」。

募化头人：简明魁、简兴仁、杨正忠、赵天凤」。

简学资、张国瑄、杨正绪，各助七千文；简登顺，八百文；龙治琦，七百文；简兴春，七百文；张国印，六百文；杨通禄、赵天明、龙治昌、陈廷芳，各三百文；陈万镒、杨通富，四百文；简兴富、杜简氏、张简氏、赵天禄，各助五百文；邓正学、陈万朝、周廷开、张宗文、孙天晏、周仁亨、周仁生、余杨氏、赵申氏、赵天发、袁太国，各助力二百文；刘能孝、刘曰铭、刘明发、陈洪开、傅珍朝、王朝元，各助力二百文；杨通献，二百廿文；石可玉、石文高，各一百六十文；赵天贵、赵天芳，各一百十文；张维凤、袁佐臣、石文□、史登俊、杨正一、张朝臣、石可珠、谢敖氏、谭茂禄、张维元、杨文榜，各助力一百二十文；傅宗明、刘曰□、刘明德、刘曰有、刘曰信、刘曰盛、刘明道、刘明达、傅长元、杨正□，各助力一百文」。

光绪二年岁次丙子季夏月上浣」。

该碑立于光绪二年（1876年）。据碑文记载，咸丰七年（1857年）致和团起义，至同治七年（1868年）才平息。十余载间“争战不已，聚散无常”，寺庙受毁严重。光绪年间，当地朱、赵、周、杨等家族联合重修此庙宇。

（二）和尚墓塔

庙宇后山现存三石塔，分别为开山祖师性通和三十九世悟性、本静相之墓塔。另有一塔已毁，为性通徒孙寂明之墓塔（图1-3-20）。四塔年代处于康熙至嘉庆年间。西边现存四十一世道良禅师之墓，修筑于咸丰年间，形制与同时期世俗墓葬一致，雕刻石狮、“连升三级”、“一鹿衔枝”、牡丹、人物等图案。

1. 开山住持性通和尚之墓塔

六边形墓塔，塔身两层，底部为方形基座。地宫已被盗扰。上层正面阴刻“脱尘真镜”四字。下层正面刻碑文，抄录如下（图1-3-21）：

朝阳山永盛寺开山住持具成比丘上性下通和尚位」。

四川东□重庆府巴县干善乡新兴铺人氏，自幼投朝□□」。于思南府安化县地名旋场开辟荒山，募化功德，主喜舍。常」住地名蛋鸡卵，上齐堰沟，下齐河东，西住在内，左齐丁可椿，右齐上」磊井，原粮五升。又地名洗沙塘田土，并界上齐古路下齐□□」，左齐□右齐泉。原粮一升五合。地名纸槽□河东河西□□」串。原粮八合。寺基山土界至，上齐梨树坪顶，左值过简宅土界，寺左」齐宝珠井，右齐乾溪坎，寺基差银乙钱二分，田土□□□□」。

法徒海源，徒孙寂明，玄孙昭映、昭□、昭□，鲁孙普淳、普朝、普登、普佑、普□」。

---

[1] 庥，音xiū；庇荫，保护。

图 1-3-20　朝阳山永盛寺现存墓塔

山□朱学圣书」。

康熙三十五年岁次丙子桂月上浣吉旦」。

据碑文所载，该墓塔建于康熙三十五年（1696 年），墓主性通和尚为永盛寺开山住持，原系重庆巴县人氏，后至旋厂（场）开辟荒山，募化功德，兴建该寺，生卒年不详。碑文详细记载寺庙地界。

2. 三十九世本静相大和尚墓塔

系六边形墓塔，三层塔身。六边形基座，地宫完好。第二、三层三面阴刻碑文，分别抄录如下（图 1-3-22）。

第二层：

临济正宗第三十九世上本下静相大和尚之宝塔」。

申山寅向」。

嗣法门人：净融、道院、净性、道语、道圆、了见、通悟、愿□（深）」。

徒：净开、净□、净院、净崇、净空，已故徒：净月、净溢，徒孙：道□、道圆、道应、道语、道□、道□、道□，曾孙：德住、德盛、德念、德兴、德□、德修；徒末：圆应」。

第三层：

1

2

3

图 1-3-21　朝阳山开山住持性通和尚之墓塔及铭文拓本

1. 墓塔现状　2. “脱尘真境”拓本　3. 碑文拓本

1

2

3

图 1-3-22　朝阳山永盛寺本静相和尚墓塔及碑文拓本

1. 墓塔现状　2、3. 碑文拓本

□立业，虽百年而愈昭，继□」三教而莫异，时而地灵人杰」，□地灵皆独事之可验也。溯继」□宝庆黄氏之裔，习艺公□」□，看破红尘缘投尧□」□师丈下为徒，削发参禅□」□，至乾隆五十二年游西□」。□桂堂具足受戒，荣披袈裟」，□旋尖茶溪场住修禹王宫」。彰教坝何姓施主请住隆兴」，修培不惓。本山首领闻声，□」□年亲诣具请迎至朝阳山西」□，因此目击荒凉，奋志振修，□」□刊佛像，勷[1]买常产，焕然□」，开建丛林。住席方丈诸□」□戒宣明佛旨，皈依甚多。□」□□志气辉煌，力量浩大，□」□□念至老不衰，□今建创」□日全受荣归之设，予以笔□」□能达其高深，仅此俚言□」。

来兹。时二十三年戊寅夏月吉旦」。

安化县学庠生朱泰敬」。

墓主为永盛寺三十九世本静相大和尚，碑文仅载“时二十三年”，由于文中已经提及“乾隆五十二年”，故该处“二十三年”可能是嘉庆二十三年（1818 年），生卒年不详。

3. 三十九世悟性和尚墓塔

系六边形墓塔，三层塔身。六边形基座，地宫情况不明。第二、三层阴刻碑文，分别抄录如下（图 1-3-23）。

1

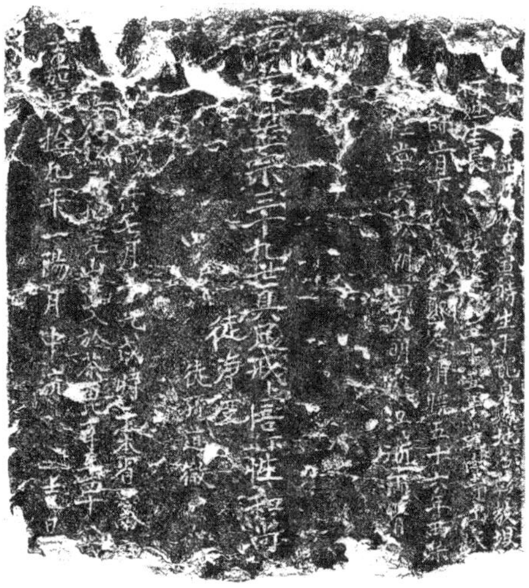

2

3

图 1-3-23　朝阳山永盛寺悟性和尚墓塔及碑文拓本

1. 墓塔现状　2、3. 碑文拓本

第二层：

灵济正宗三十九世具足戒上悟下性和尚」。

丁亥年正月初四寅时生于龙泉县地名彰教坝」何姓生长人氏。乾隆五十五年尧山

[1] 古同“襄”，助；辅助。

寺出家」，□师上月下松为徒，取名清晓，五十六年西□」。□柱堂受戒，朝回九明，游江浙两胥□」。□戌年七月十九戌时于本省思南府」安化县□地尧山寺入于荼毘，享年四十八岁」。

徒：净度。徒孙：道徹」。

嘉庆十九年一阳月中浣吉旦」。

第三层：

坤山」艮向」。

庠生朱泰题」。

该墓塔建于嘉庆十九年（1814 年），墓主为三十九世悟性和尚。据碑文记载，悟性和尚生于乾隆三十二年（1767 年），本龙泉县彰教坝何姓人氏，乾隆五十五年（1790 年）于尧山寺出家。卒于嘉庆十九年（1814 年），享年 48 岁。

4. 寂明和尚墓塔

墓塔已毁，残余一层塔身。碑文抄录如下（图 1-3-24）：

图 1-3-24　朝阳山永盛寺寂明和尚墓塔碑文拓本

朝阳山永盛寺具足戒僧上寂下明位」。

广□州府中南门三牌枋人氏」。

梓匠刘爱卿」。

法徒：照永、照远；法孙：普淳、普进、普朝、普登、普佑」。

康熙三十五年岁在丙子仲秋月吉旦」。

墓塔建于康熙三十五年（1696 年），据碑文所载，墓主寂明和尚，系广□州府中南门三牌枋人，生卒年不详。

根据碑文记载，永盛寺建于明朝万历年间，由里人朱文启等率众修建。按道光《思南府续志》载“永盛寺在朝阳山，万历时里人朱文启建，后有古塔”[1]，即 1572～1620 年创修。殿前雍正十二年“重修碑记”碑文载：“有古昔施主朱文启等率众刱修。”乾隆五十六年

[1] （清）夏修恕等主修，萧琯、何廷熙纂：《思南府续志》卷三《营建志》，道光二十一年刻本，1966 年贵州省图书馆据四川省图书馆藏课本复制油印本。

"阿弥陀佛"碑文载："开山师祖上性下通字惯一老和尚，创修旋场永盛寺。"

雍正十二年（1734年），重修天井、厅堂、僧寮，时名"朝阳寺"。殿前"重修碑记"碑文载："重修朝阳寺天井再立碑记：详观安化郊外所属丛林，名曰朝阳寺……"又据道光《思南府续志》载："朝阳寺，城西一百二十里，安属寺最古，雍正十二年重修厅堂僧寮，下有溪渡，以石桥曲径通幽，竹柏交荫。又合朋、合水、旋厂均有朝阳寺，并志之。"❶

乾隆、嘉庆期间，又复为"永盛寺"。道光年间再改名为"朝阳寺"。

咸丰七年（1857年），江家寨致和团首领何观益与旋家坝灯花教联合起事，即白号军。直至同治七年（1868年）平息。"十余载，其间争战不已，聚散无常。此庙遂迭连□毁，其不即于灰烬也，几希然而犹有存焉者。"光绪年间，朱、周、赵、杨等家族联合重修此庙。

"文化大革命"期间该庙遭受严重破坏。至20世纪90年代，由于木质建筑腐朽，当地村民将其拆除重建，即今日之面貌。

三、小结

雷震寺、永盛寺距旋厂诸寨数千米之内，其兴衰历程也折射了当地社会状况。根据碑文记载，两寺兴起于明代晚期，在乾隆至道光时期香火鼎盛，历经多次扩建、重建。

两寺碑文均记载了咸同年间号军起义对寺庙的冲击。永盛寺光绪二年（1876年）"众善同缘"碑文记载："自咸丰七年致和团□□□同治七年始平。愚等仅仅一隅拒贼十余载，其间争战不已，聚散无常。此庙遂迭连□毁，其不即于灰烬也。几希然而犹有存焉者。"雷震寺光绪三十三年（1907年）"保安贞吉"碑文记载："殿宇遭致济反叛，而后岂无建修。"又有"万善同缘"碑文载："如我香炉山，本尖茶、秀水、宽鸟二坪一带之□山，原有古寺在绝顶，因白巾一炬，悉为灰烬。"由此可见，咸同年间号军曾大举侵扰此地。

碑铭记载了地方家族势力，其中朱、周、赵、杨、简等五大家族较为突出。在乾隆年间至咸同起义之前，朱氏势力突出，碑文之中屡见朱氏组织寺庙重建、补修等。经号军起义，朱家遭受重创，光绪年间雷震寺、永盛寺碑文均少见朱氏身影，如雷震寺该时期基本以张氏主导重建。

第四节 生存之道

一、采石场

旋厂一带处于典型的喀斯特地貌，基岩裸露较多。多层积岩，岩石层理分明。调查之中发现采石点众多，旋厂范围内不计其数。

以中寨附近为例。一类位于院落后部，在F13、F6、F3、F7等背后均有采石痕迹。该类采石活动主要为了修建院落，一方面就地取材，另一方面也拓宽了建筑空间。另一类采石点位于冲沟内。例如，石板溪、青龙岭东部冲沟等处。这类采石活动主要为了修建石坎，同时疏通水道。还有

❶（清）夏修恕等主修，萧琯、何廷熙纂：《思南府续志》卷三《营建志》，道光二十一年刻本，1966年贵州省图书馆据四川省图书馆藏课本复制油印本。

一类采石场，主要为了修建碾房、墓葬、石坎等，如 3 号碾房、4 号碾房、6 号碾房附近均有采石点分布，还有一些分散的采石点，如大青口、青龙岭北端等。可见，各类遗存的营建行为，均将石料采集的近便与否作为一个重要考虑因素。同时，采石行为不仅单纯地获取石料，同时对建筑空间的拓展、防洪系统的整治等均考虑在内（图 1-4-1）。

1

2

3

4

图 1-4-1　旋厂现存部分采石痕迹

1. 房屋后采石痕　2. 中寨东部采石痕迹　3. 石板溪采石痕迹　4. 旋厂一带岩层

二、农田、灌溉遗存

（一）农田石坎

民国《铜仁府志》中以“跬步皆山，无数里平原，偶有坦平，率皆缘溪萦转”❶描述当地环境，而旋厂所处之地亦是如此。道光《思南府续志》载该府属地“非沃壤也，依山垦田，凡山间小坦夷处，胥辟治焉。冈陵之地有田矣，然不可以亩计，原隰之地有亩矣，然不可以里计……若山农耕土为生，有户无田者，有比比矣”❷。旋厂多数区域基岩裸露在外，十分不便于耕种。对此，旋厂居民发挥才智，因地制宜地开采石材，垒砌石坎，继而平整土地，即现代的“坡改梯”之举。当地现存石坎不计其数，矮者不足一米，高者三四米。主要集中于各村寨西部、南部，而东部因地势较高，石坎相对较少（图 1-4-2）。

1

2

图 1-4-2　旋厂部分石坎

1. 粽粑田农田石坎　2. 中寨石坎（2008 年摄）

（二）水利设施

对于农田的整治，并不能保障农业有条不紊的开展。灌溉是农业发展中的一大问题，尤其对于山区来说更为严峻。在旋厂存在诸多水利设施，主要有水塘、引水渠。

石板溪地处枫香林与坨里之间，因溪谷底部为巨大平整岩石而得名。两侧垒砌石坎，形成宽 2～4、深 2～3 米的水沟。沟内采石痕迹明显；部分原生石上凿凹槽作踏步，两侧阡陌纵横，形成行人来往与农业耕作的重要交通路网。沟内每隔数十米即凿引水渠。现今基本保持原状，这些水渠保证了石板溪两侧农田的正常耕种。

居住区西北缓坡地带，是该地主要农田区。当地古代居民依山势开凿引水渠，从冒水河上游引水灌溉。原有水渠三条，上部一条如今以混凝土重修。中部者保存最好，从长岗组西部至龙家北

---

❶（清）于上华修，喻动、胡长松纂：《铜仁府志》卷二《地理志》，1946 年铜仁文献委员会铅印本。

❷（清）夏修恕等主修，萧琯、何廷熙纂：《思南府续志》卷三《食货志》，道光二十一年刻本，1966 年贵州省图书馆据四川省图书馆藏课本复制油印本。

部，总长度近1000米。逢地势险要处，以条石开凿凹槽用以引渡。该水渠不仅用于灌溉，还支撑了6个水碾房的运行。下部一条水渠现已荒废，长度不详。引水渠数量当不止此，多数已经荒废，其余的待日后调查工作中继续发现（图1-4-3）。

1

2

3

图1-4-3　旋厂遗址现存部分水渠

1. 石板溪上部水渠　2. 粽粑田水渠　3. 粽粑田杨家碾房水渠

三、加工作坊——碾房

旋厂遗址内碾房较多，分布较广。经访问，中寨、下寨附近有旱碾2处，水碾有10余处，部分已毁。实地调查核实水碾7处，分布于长岗岭、中寨、下寨、冒水河等。因遗址内水量较少，部分碾房较为集中，且多自上而下逐个分布。居上，先将水引至堵水塘蓄起来，上处碾房用过的水，流至下处堵水塘再蓄起来，下处碾房用后再引到他处；如此一接二，二接三，一处水可供四五处碾房使用，且部分碾房间相隔较远，较远者有300米左右，部分碾房所引水还需绕一两个山脊才能将水引到。所引之水，不尽碾房所用，可引作灌溉，又可蓄起来，以备旱时所需。

碾房间以石水槽和水渠来引水，部分于原生石上开凿水槽。碾房间道路交错，四通八达，可接长岗岭、中寨、下寨、赵家寨、中伙等。垒砌碾房的石料，多采于田间和沟壑里，就近开采。部分碾房使用年代不会太晚，有些早年便毁，后改作田地。当地五六十岁的人对此都不太熟悉。少数碾房于20世纪七八十年代仍在使用，后因打米机的普及而逐步荒废（图1-4-4、图1-4-5）。

四、小结

贵州特殊的喀斯特地貌对当地居民的生产、生活产生巨大的限制，同时也造就了本地特色的石质建筑文化。世居于此的居民因地制宜地发挥才智，运用超高的采石技术获取石材，进而修建

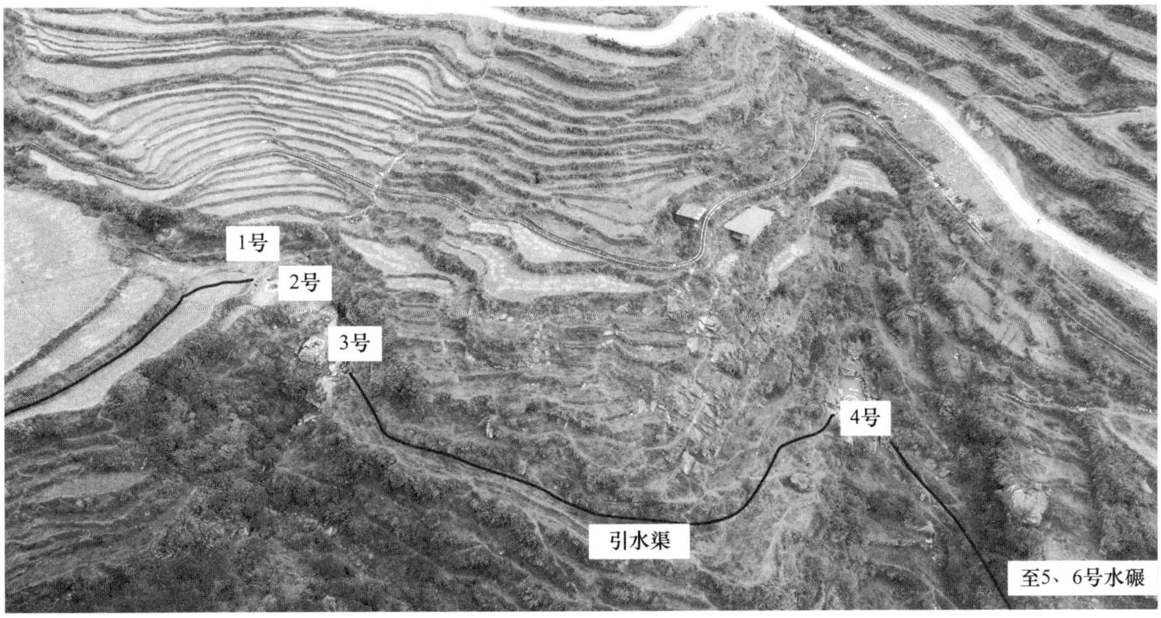

图 1-4-4　旋厂四引塘碾房分布情况

房屋、墓葬、道路、桥梁等，同时还能拓宽有限的生产、生活空间。旋厂遗留的房基、墓葬、塔、路、桥等均运用了大量石材，其中以房基采用石材最为精致，体量也最为惊人，有的长逾 6、宽逾 1、厚 0.2 米。直至如今，我们在中寨仍可见近 10 米的完整石柱。可见，旋厂居民采石及加工技术之高超。这种现象广泛见于贵州各地，是贵州地区的普遍民居特色。

旋厂随处可见的石坎、水渠，反映了农业种植是当地的主要生业。面临“山不尽童，水不尽奴，惟土性瘠薄，鲜有膏腴”[1]的情况，旋厂古代居民通过劳动与智慧，因地制宜，充分利用、合理开发自然资源。对田土的整治和水利设施的完善，提供了旋厂世代居民良好的生业基础。大量的碾房则是当地居民加工农作物的主要场所。

上述遗存反映了旋厂古代居民的主要生产活动，但并不意味其生产活动仅仅局限于此。在下寨，我们可以见到染布的石质工具散落于寨落之中，采访之中，也得知当地曾经种植棉花，售卖桐油也曾是清代当地的一种经济活动。

通过采石场、水渠、碾房等遗存，我们得以管窥古旋厂居民的主要生产活动，这有助于我们更为全面、准确地认识旋厂古代社会。

❶（清）夏修恕等主修，萧琯、何廷熙纂：《思南府续志》卷三《食货志》，道光二十一年刻本，1966 年贵州省图书馆据四川省图书馆藏课本复制油印本。无草木生长，曰童山；奴，《水经注》曰：“壅不流曰奴。”

1

2

3

图 1-4-5　旋厂部分水碾现状

1. 2 号水碾　2. 3 号水碾（杨家水碾）　3. 4 号水碾

第二章　托魄之地——明清墓葬遗存

本次调查共计发现明清墓葬150座，包括石室墓与土坑墓两类。这些墓葬散布于整个朝阳村，另有部分相关墓葬位于西边复兴镇、煎茶镇等。墓葬主要围绕居住区分布，多数以血缘关系为纽带形成家族墓地。典型墓地有马家田朱氏家族墓地、天子南朱氏家族墓地、高山朱氏家族墓地、桶井朱氏家族墓地、三大窝朱氏家族墓地、赵家寨赵氏家族墓地、高山龙氏家族墓地等。旋厂所见石室墓为明代遗存，土坑墓则为清代遗存。一些墓地中同时存在两类墓葬，表明墓地延续使用时间较长。

石室墓31座，包括单室墓、双室墓和少量多室墓，整体规格较小。多数墓葬均遭盗扰，为了了解墓葬结构及相关信息，我们对其中部分墓葬进行了清理。

土坑墓119座，形制多样，规模各异。墓冢平面形状包括圆形、方形、前方后圆三类；墓碑差异最为显著，对其进行类型分析有助于我们更好地认识该地清代墓葬，也为其他后续工作提供了基础。部分墓碑饰以精美繁缛的雕饰，主要分布于碑帽、立柱等处；装饰题材多为传统题材，如卷草花卉、人物故事、祥禽瑞兽等；该类墓葬主要集中于道光时期。

大量的墓葬碑文对于我们认识旋厂建筑遗迹大有裨益。由于朱氏家族是本次工作的核心对象，我们对大多数该家族墓葬碑文制作了拓片并进行了抄录，以此帮助我们在缺少族谱的情况下重新梳理朱氏家族世系，提供了我们认识旋厂重要社会阶层的线索。同时墓葬在各阶段的数量差异可以与社会背景相互照应。

总体而言，对调查发现150座墓葬的综合考察，是认识旋厂古村寨遗存的重要途径。这些墓葬反映了当地历史、丧葬习俗、经济状况、社会结构乃至社会背景等诸多方面，可以说这些墓葬全面地反映了旋厂明清时期的发展史。

第一节　规矩坊城——明代石室墓

石室墓一般沿山脊而葬。石材以青石为主，少量砂石。多数墓葬已被盗扰，墓门已毁，未盗扰墓葬仅6座。据当地居民反映，原本当地石室墓众多，多数墓葬因兴建房屋、道路等活动被毁。目前共发现石室墓31座（表2-1-1）。主要分布于中寨、下寨周边，赵家寨、三大窝也有一部分，其余零星散布。

表2-1-1　旋厂石室墓调查情况表

序号	墓号	位置	保存现状及形制	年代	备注
1	M1	位于枫香林	已被盗扰。双室墓，墓室内设后壁龛、藻井，每个墓室外设排水沟，沟内填充木炭。清理中出土粗瓷罐2件、铜簪3件，另有一些石构件	明代中期	清理
2	M2	位于枫香林，位于M1东部坡上，相距约30米	未经盗扰，处于地埂中。单室墓，清理后无葬具迹象，未发现随葬品	明代晚期	清理
3	M3	位于坨里，与朱明诚墓相距10余米	墓室裸露在外，已遭盗扰。双室墓，清理中仅发现少量人骨碎屑，无其他迹象	明代晚期	清理

续表

序号	墓号	位置	保存现状及形制	年代	备注
4	M4	位于坨里，与朱明诚墓相距约 20 米	三室墓。墓前两侧设八字墙，墙上部为抱鼓石，表面以阴刻线条装饰，下部置方正基座。左侧抱鼓石已佚。中间以石板铺垫拜台，外部塌毁。盖板之上重叠两块仿檐面石板。墓顶居中立两根立柱，原中间夹一块石板，上置一盖板，均已佚。墓门下部以条石垒砌，刻卷云纹。人骨保存较差，左、右室头部置瓦枕。未发现棺材痕迹及随葬品	明代晚期	清理
5	M5	位于桶井墓地	双室墓。墓前设拜台，拜台两侧原有八字墙。盖板上叠压两层仿檐面石板，顶部居中置立柱，中间石板被毁。墓葬已经遭受盗扰，封门已毁。右室发现了数块人骨及一棺木残骸，未发现随葬品	明代晚期	清理
6	M6	位于大青口墓地	双室墓。墓葬早年遭受盗扰，封门已毁。以平整石板铺满墓室底部。一层封门。清理之中发现少量铁质棺钉，另有少量晚期瓷片。人骨经扰动，仅残余少量	明代晚期	清理
7	M7	位于大青口墓地	双室墓。墓室未被盗扰。墓室前两侧以两块天然石板作八字墙。顶部居中横置一规整砂石板。经清理，人骨保存一般，在头骨下置瓦枕，无随葬品	明代晚期	清理
8	M8	位于中寨西北方向的粽粑田	四室墓。各墓室均被盗扰，封门均已被毁，顶部原置有牌匾。墓室内及墓前填土内见少量瓦块残片，瓦块应作瓦枕所用	明代晚期	清理
9	M9	位于中寨东部	四室墓。已遭盗扰。墓室底中部未铺石板，仅于墓室前部及墓壁石下用乱石平铺。墓室前部两端各置一抱鼓石，鼓面刻圆形线条简单装饰。墓顶上中部有一侧立素面碑板，两侧各有一立石固定碑板，上部有一盖板石。封门有两种形制，一类由一整块石板封闭，另一类由两块拼合封闭。墓室内头部位置处均有瓦枕。第四墓室内瓦枕位置处见 1 枚铁钉，墓室中部淤泥里见少量木梢，应为棺木痕迹	明代晚期	清理
10	未编号	位于中寨西北部约 100 米	单室墓。已被盗扰	明代晚期	未清理
11	未编号	位于粽粑田东部	双室墓。已被盗扰，墓室内填满浮土及乱石块	明代晚期	未清理
12	未编号	位于中寨东部	双室墓。未经盗扰。封门为两层，外侧封门已毁，内侧封门以两块素面石板组成	明代晚期	未清理
13	未编号	位于旋厂小学旁	双室墓。墓门已毁，下部掩埋	明代晚期	未清理
14	未编号	位于枫香林北部	单室墓。未被盗扰	明代晚期	未清理
15	未编号	位于枫香林北部	整体被掩埋，仅可窥的一角，形制不详	明代晚期	未清理
16	未编号	位于大青口玛瑙山后坡	单室墓。已被盗扰，墓室裸露在外，两重封门均已被毁，墓室内较为空荡，未发现随葬品和葬具、人骨等迹象	明代晚期	未清理
17	未编号	位于王家林，电塔前	已经被毁，原址现为茶林，仍可见两石柱底部，可能为华表。下寨现存该墓石质仿木结构门扇，阴刻如意云头纹、方格纹等。墓葬结构不详	明代晚期	未清理
18	未编号	位于下寨马家园子	双室墓。门外两侧设抱鼓石。已遭盗扰，墓门已毁，下部掩埋于地下	明代晚期	未清理
19	未编号	均位于赵家寨北部，三墓并排	双室墓。墓室前两侧置抱鼓石。已被盗扰	明代晚期	未清理
20	未编号		双室墓。已被盗扰	明代晚期	未清理
21	未编号		双室墓。已被盗扰	明代晚期	未清理
22	未编号	位于赵家寨寨中，一居民住房后	双室墓。顶部设匾额，阴刻文字“赵氏佳城，万历四十四年”。未经盗扰	万历四十四年	未清理

续表

序号	墓号	位置	保存现状及形制	年代	备注
23	未编号	位于龙家北部	单室墓。已遭盗扰，墓室前部裸露于地表。墓室内未发现葬具、随葬品等	明代晚期	未清理
24	未编号	位于龙家南部墓地中	单室墓。已遭盗扰，墓室内填满碎石	明代晚期	未清理
25	未编号	位于岭岗，朱正楷墓旁约 10 米处	双室墓。砂石石板构筑。处于地坎中，破坏严重，墓室残余一半	明代晚期	未清理
26	未编号	位于三大窝东区东部清代墓背后	单室墓。未遭受盗扰，墓前紧靠一清代墓葬	明代晚期	未清理
27	未编号	位于三大窝墓地东区东部清代墓背后	单室墓。已遭盗扰，墓室内部及四周堆满乱石	明代晚期	未清理
28	未编号	位于三大窝墓地西区，朱母李氏墓旁	双室墓。顶部置一砂石板，阴刻“日、月”“朱……母田氏……”“万代佳城”等，风化严重，难以一一辨别。已遭受盗扰，墓室前部为田土，基本掩盖墓室入口	明代晚期	未清理
29	未编号	位于三大窝墓地西区，朱尚选墓后	单室墓。封门已毁	明代晚期	未清理
30	未编号	位于三大窝墓地西区，据朱母李氏墓约 100 米	双室墓。盖板正面阴刻卷草纹。封门已毁，墓室内填满浮土	明代晚期	未清理
31	未编号	位于三大窝墓地西区，朱大经墓左前方	双室墓。两墓室均被盗扰，内部散布较多乱石	明代晚期	未清理

根据墓室数量，可将其分为单室墓、双室墓及多室墓。以双室墓为主，其次为单室墓，三室墓、四室墓极少。

一、单室墓

单室墓共计 9 座，其中枫香林 2 座、中寨 1 座、龙家 2 座、三大窝墓地 3 座、玛瑙山后坡 1 座。该类墓葬结构十分简单，由石板构筑墓室，无其他构件，玛瑙山后坡石室墓有两层封门。

仅对枫香林一座墓（M2）进行了清理，现介绍如下。

M2 位于朝阳村香林组北部枫香林，西南距 M1 约 30 米。墓向 236°（图 2-1-1）。单室石室墓，依地埂而建。墓圹平面近长方形，残长约 2.9、宽约 1.8、深约 1.1 米。以石板修筑墓室，底部仅在侧板之下及封门处置石板，墓底中部无石板。墓室长 2.34、宽 0.73、高 0.68 米。封土为灰褐色土。未见人骨及葬具迹象，无随葬品。

二、双室墓

双室墓共计 17 座，其中大青口墓地 2 座、赵家寨 4 座、三大窝墓地 3 座，岭岗、桶井、粽粑田东部、旋厂小学旁、枫香林、中寨东部、坨里、下寨马家园子各 1 座。分别对枫香林（M1）、大青口（M6、M7）、桶井（M5）、坨里（M3）5 座双室石室墓进行清理，现分别介绍如下。

（一）M1

位于朝阳村香林组北部枫香林处。墓向 246°。依地埂而建，墓圹平面近长方形，长约 4.1、宽

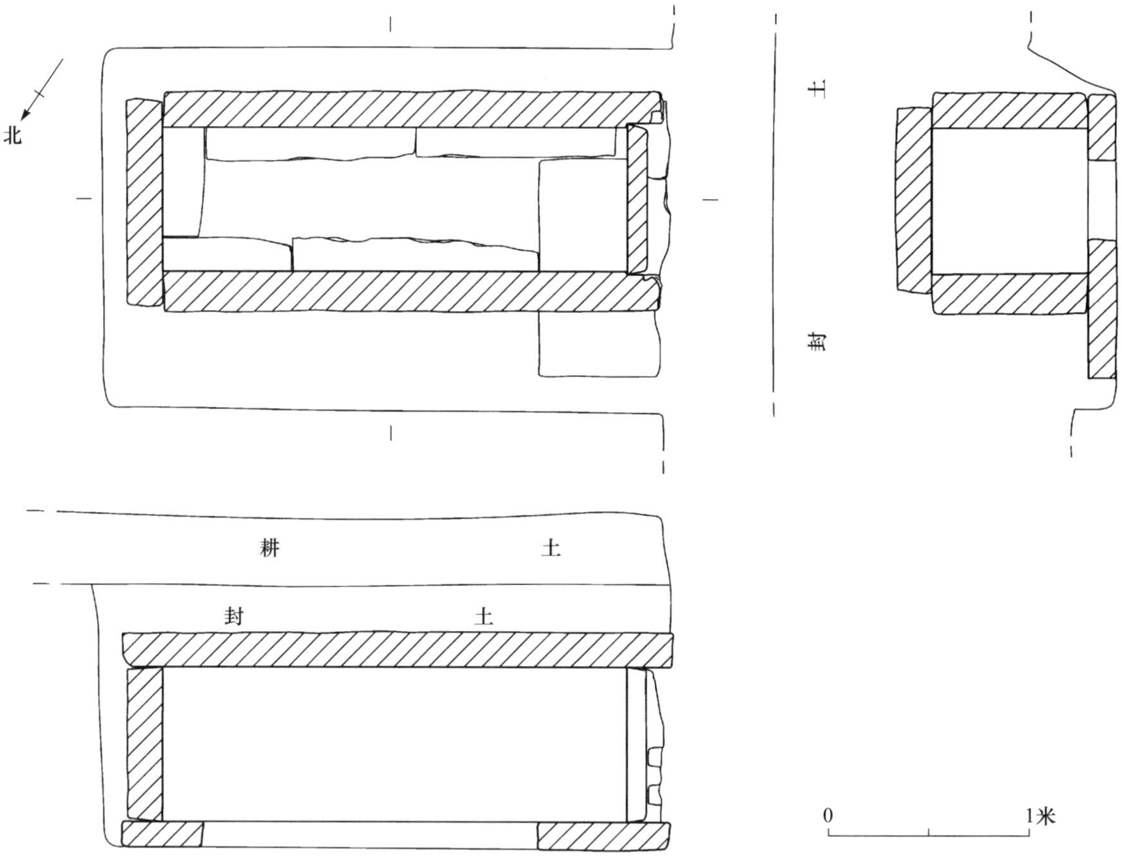

图 2-1-1　旋厂遗址石室墓 M2 平、剖面图

2.84、深 0.96～1.08 米。以大型石板修筑，墓门处设门槛，墓门已毁。长方形墓室，长 2.44、宽 1、高 1.5 米；顶部居中设藻井，长 1.07、宽 0.65、深 0.16 米；后壁龛高 0.66、宽 0.76、进深 0.3 米。门槛高 0.44、厚 0.12～0.18 米。墓室盖板厚约 0.15、侧板厚约 0.18 米。封土分两层，第一层为黄褐色花土，从填充墓室外墓圹之中，至墓室顶部；第二层系灰褐色土，覆盖于第一层填土之上，上至现地表（图 2-1-2、图 2-1-3）。

每墓室前各有一条排水沟，于墓圹外约 0.7 米处交汇。沟内填充木炭。右沟长约 2.2、宽 0.14～0.2、深约 0.1 米，左沟长约 2.34、宽约 0.16～0.2、深约 0.1 米。

此外，发现了一带条形凹槽石板及数块圆孔石板。现存凹槽石板长 0.73、宽 0.38 米，凹槽长 0.58、宽 0.08、深 0.04 米。另有 2 件饰圆孔石构件，圆孔直径 0.05～0.1 米；1 件饰方孔石构件，方孔长 0.25、宽 0.15 米。

墓葬已被盗扰。清理过程中发现了少量人骨残骸。扰土中有少量瓦片，推测系铺垫于头部。左室发现铜簪 3 件，右室出土 2 件可复原瓷罐，推测属于随葬品，分别介绍如下。

铜花簪　3 件。根据簪首差异，分为二型。

A 型　2 件。泡钉状簪首。M1∶1，顶部加工较细，錾刻成花卉状；柱状簪脚，末端渐细，锈蚀严重。通长 9、簪首直径 1.1 厘米（图 2-1-4-2）。M1∶2，簪脚较细长，锈蚀严重。通长 10.7、簪首直径 1.25 厘米（图 2-1-4-3）。

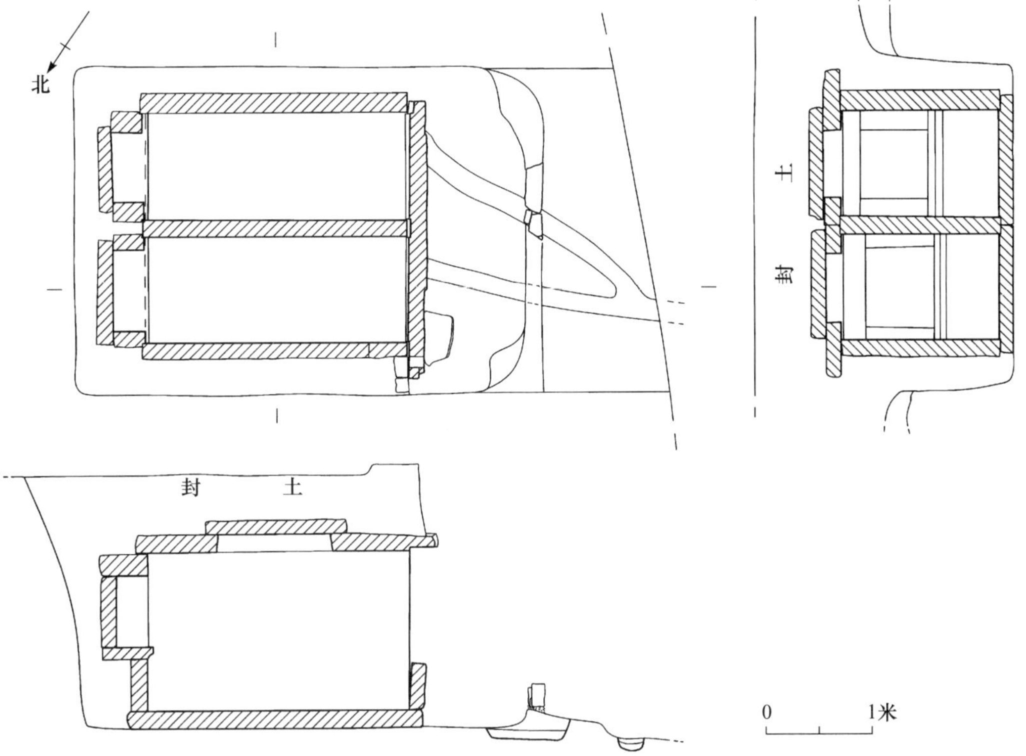

图 2-1-2 旋厂遗址石室墓 M1 平、剖面图

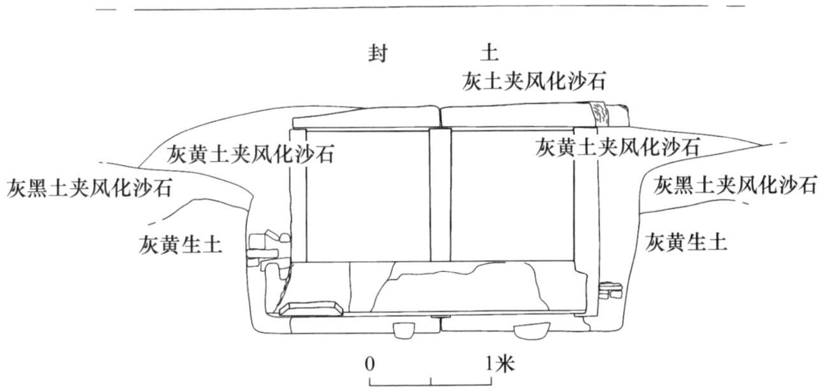

图 2-1-3 旋厂遗址石室墓 M1 立面图

B 型 1 件。扁平圆形簪首。M1∶3，扁平圆形簪首与簪脚垂直，柱状簪脚末端渐细，簪首与簪脚局部残损。残长 6.7、簪首直径 2.1 厘米（图 2-1-4-1）。

瓷罐 2 件。M1∶4，单耳带流罐。直口，圆唇，溜肩，鼓腹，小平底微内凹。器口一侧有一半圆形短流，对应的另一侧于器身原置圆条形执把，现已残损。器身上部内外壁施釉，呈灰色，釉层稀薄，露胎处呈黄褐色，内壁轮旋痕明显。口径 10、底径 7.2、高 18 厘米（图 2-1-4-4）。M1∶5，青釉四系罐。直口，圆唇，溜肩，鼓腹，平底。肩部两端置竖桥双耳。外壁口沿下施青釉不及底。口径 13.8、底径 10.6、高 19.4 厘米（图 2-1-4-5）。

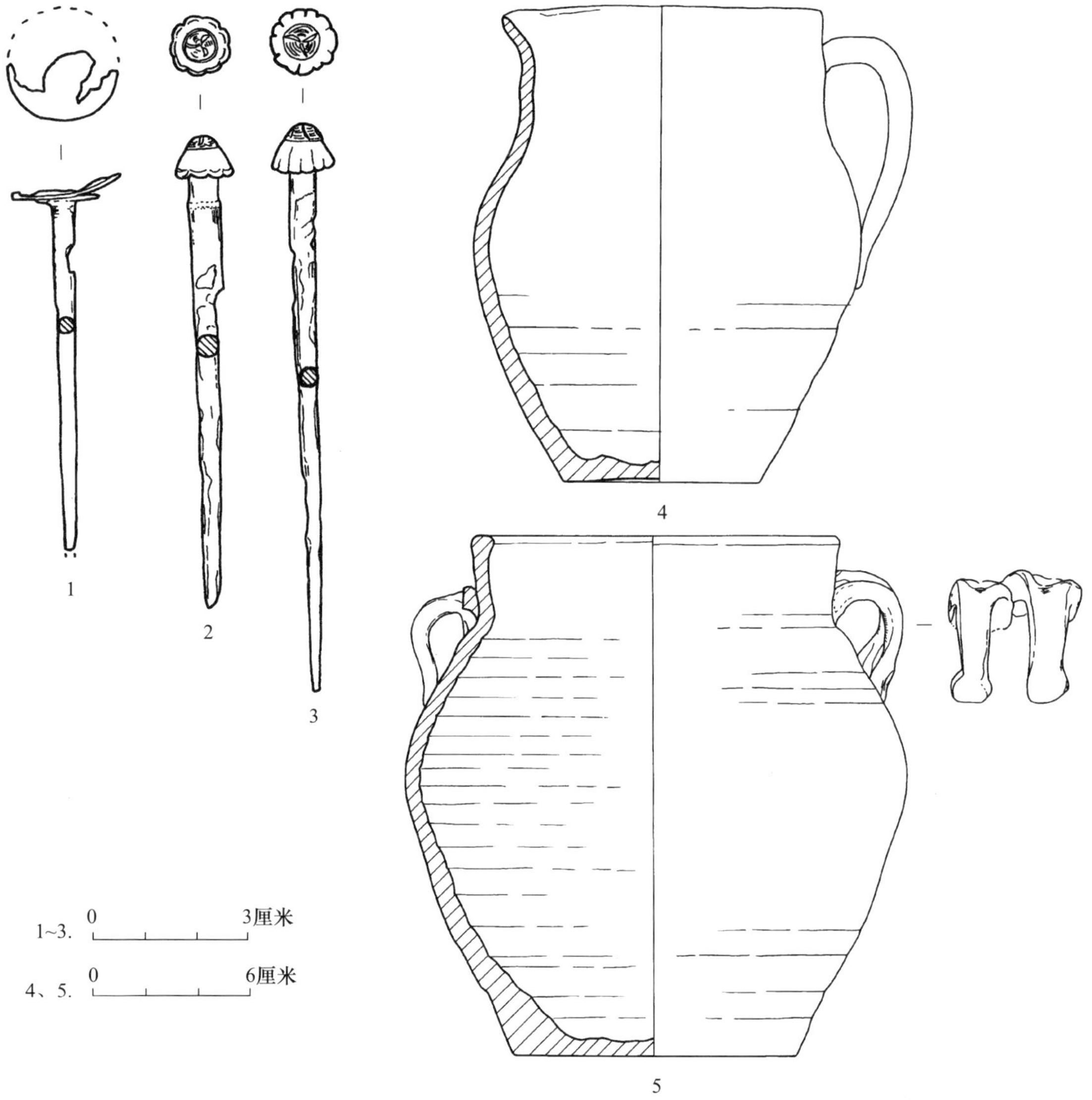

图 2-1-4　旋厂遗址石室墓 M1 出土随葬品

1. B 型铜花簪（M1：3）2、3. A 型铜花簪（M1：1、M1：2）4. 单耳带流瓷罐（M1：4）
5. 青釉四系瓷罐（M1：5）

墓前填土及扰土中出土了少量青花瓷器，有碗、盘，纹饰有法螺纹、缠枝花卉纹、兰草纹等。填土中发现青花兰草纹碗 1 件，底部残块，残缺较甚，圈足；足、底涩胎，胎体厚重，釉色莹润呈青灰色，内底心绘兰草纹；残高 2.4 厘米。系明初产物。

（二）M3

位于坨里组西北，距朱明诚墓 10 余米。墓向 315°。墓室裸露余外，两侧封土已被平整。墓室已被盗扰，分为左右两室，以大型石板修筑。底部以碎石板铺筑。墓室长 2.02、宽 0.7、高 0.78 米。侧板、盖板厚约 0.1～0.13 米，封门厚 0.02 米。人骨保存极差，未发现随葬品和葬具（图 2-1-5）。

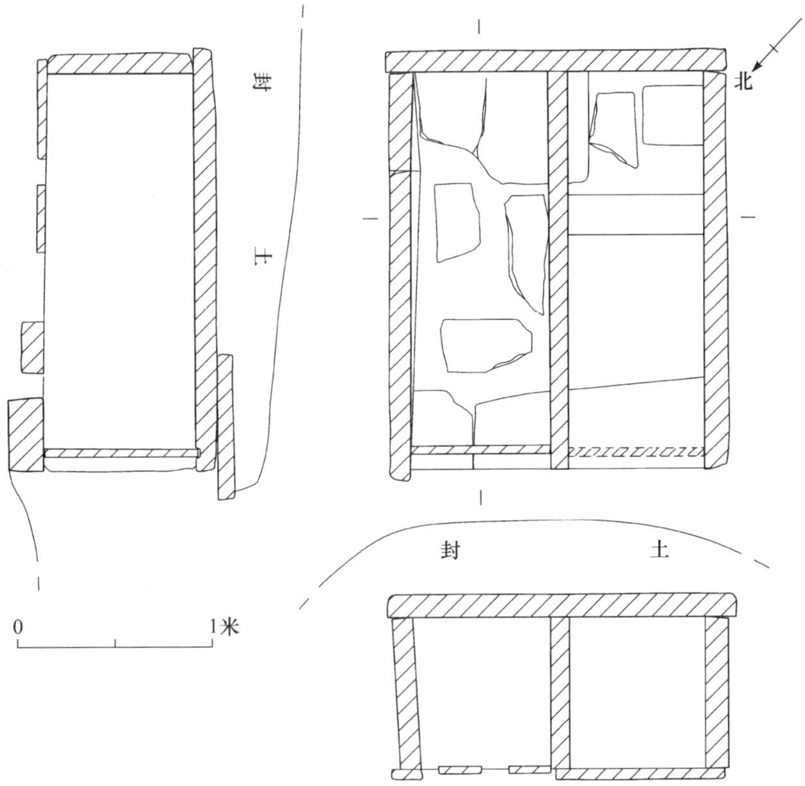

图 2-1-5　旋厂遗址石室墓 M3 平、剖面图

（三）M5

位于朝阳村青林组桶井墓地。墓向 12°。墓圹平面近长方形，长约 4.1、宽 2.84、深 0.96～1.08 米。墓葬长约 2.9、宽 2.84、通高 2.3 米。拜台两侧原有八字墙。盖板上叠压两层仿檐面石板，顶部居中置立柱，中间石板被毁（图 2-1-6）。

墓葬已经遭受盗扰，封门已毁。墓室长 2.56、宽 0.85、高 0.97 米。墓室盖板厚约 0.2、侧板厚约 0.22 米。

M5 右室发现了数块人骨及一棺木残骸，未发现随葬品。

（四）M6

位于朝阳村大青口墓地，与朱府（母）安氏墓、M7 相邻。墓向 305°（图 2-1-7）。

墓室暴露于地表上，顶部已无封土。墓葬早年遭受盗扰，封门已毁。墓室长 2.52、宽 0.78、高 0.97 米。以平整石板铺满墓室底部。墓室盖板由三块石板组成，前部为一长条形石板横置于两墓室之上，较为厚重，厚约 0.28 米；后部每墓室各一，厚约 0.23 米。侧板厚约 0.26 米。单层封门，封门厚约 0.06 米。

清理之中发现少量铁质棺钉，另有少量晚期瓷片。

铁钉共 6 枚，方形条状，钉脚渐细，头部多扁平弯折，呈三角形状。M6：1，锈蚀严重，钉上可见棺木腐蚀痕迹。长 11.1 厘米。M6：6，头部卷曲呈环形，钉首扁平。锈蚀严重，可见棺木腐

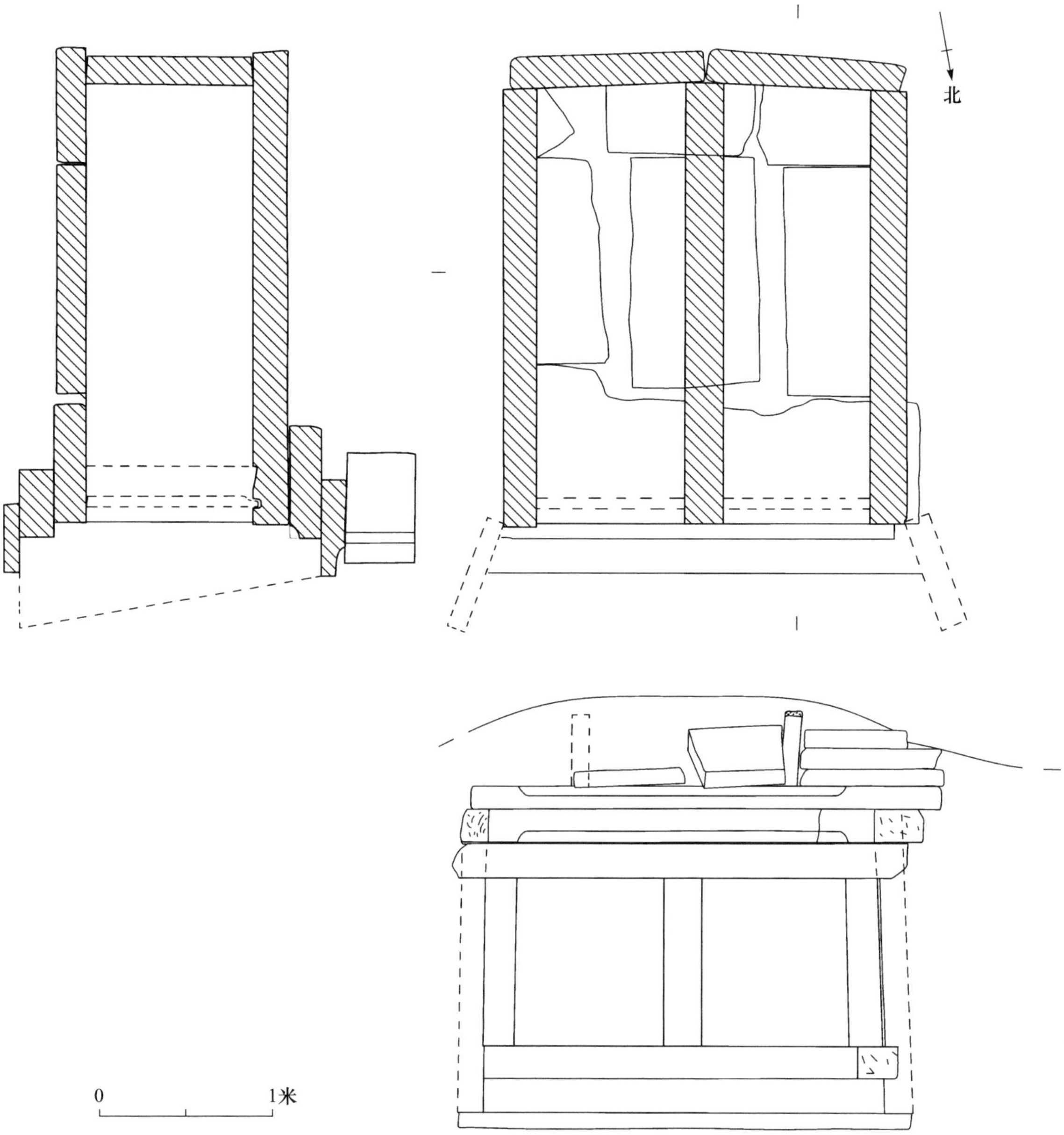

图 2-1-6　旋厂遗址石室墓 M5 平、剖面图及立面图

蚀痕迹。长 10.1 厘米。

扰土中发现瓷器有白釉瓷和青花瓷。瓷器残片共 5 片，白釉瓷 1 片，出土于左墓室扰土内，其余青花瓷片均出土于墓前扰土，器形有碗、盘，纹饰有缠枝花卉纹、梵文等。白釉瓷盘，可复原，敞口，弧腹内收，圈足。足沿涩胎，器身施白釉，釉层较厚、釉色浑浊，外壁见缩釉小孔。口径 13、足径 6.4、高 3 厘米。

（五）M7

位于朝阳村大青口墓地，与 M6 相邻。墓向 320°（图 2-1-8、图 2-1-9）。墓室前两侧以两块天

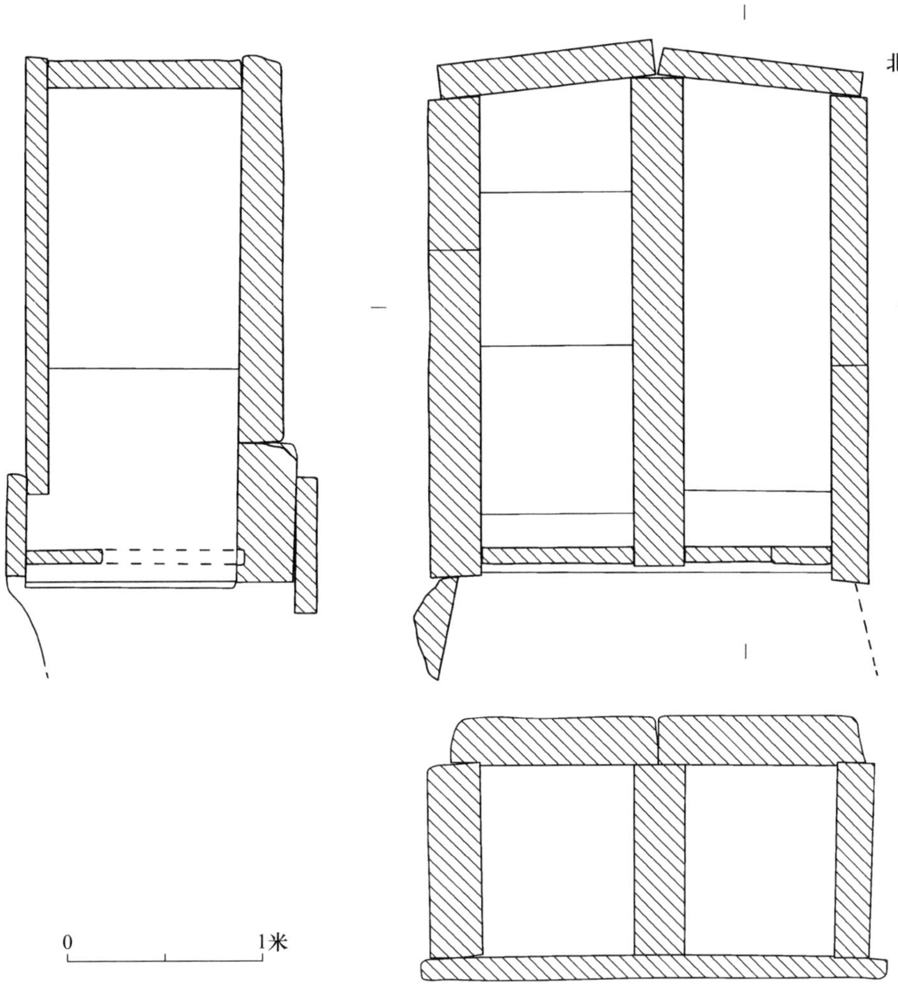

图 2-1-7　旋厂遗址石室墓 M6 平、剖面图

然石板作八字墙，右侧高约 1.5、厚约 0.18、宽 0.87 米。左侧高 1.06、厚 0.11、宽 0.78 米。分为左右两室，以大型石板修筑。顶部居中横置一规整砂石板。墓室长 2.42、宽 0.74、高 0.78 米。墓室盖板厚约 0.18 米，侧板厚 0.1～0.17 米。一层封门，封门厚 0.05 米，封门中部凿一圆孔，孔径约 0.03 米。顶部封土为黄褐色花土，现存高度约 0.46 米。

人骨保存一般，在头骨下置瓦枕，无随葬品。

三、多室墓

包括三室墓、四室墓，其中三室墓 1 座，位于坨里（M4）；四室墓 2 座，位于粽粑田（M8）和中寨东部（M9）。现分别介绍如下。

（一）M4

M4 位于朝阳村坨里西部。三室墓，墓向 220°（图 2-1-10）。由拜台、八字墙、墓室、顶部匾额、封土等组成。墓葬长约 2.5、宽 4.08、残高 2.68 米。墓前两侧设八字墙，墙上部为抱鼓石，表

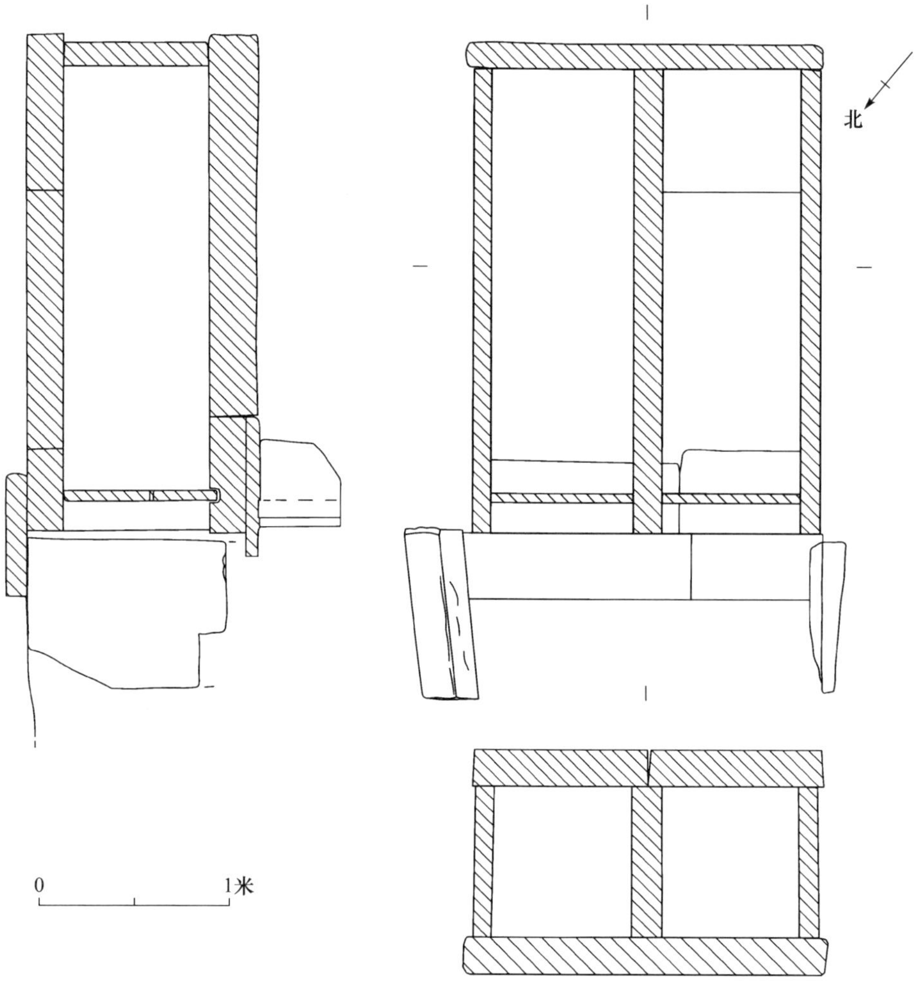

图 2-1-8　旋厂遗址石室墓 M7 平、剖面图

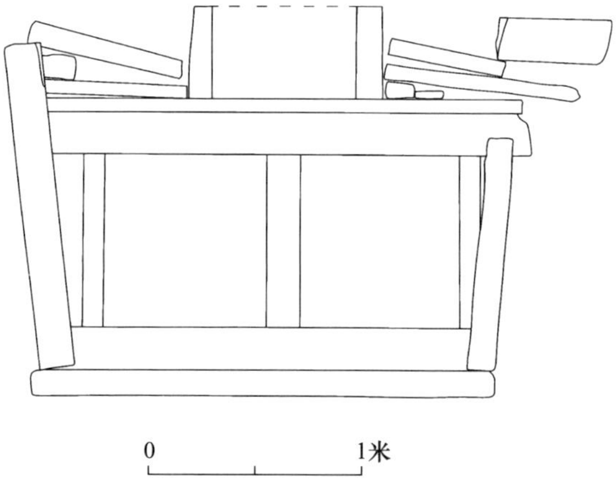

图 2-1-9　旋厂遗址石室墓 M7 立面图

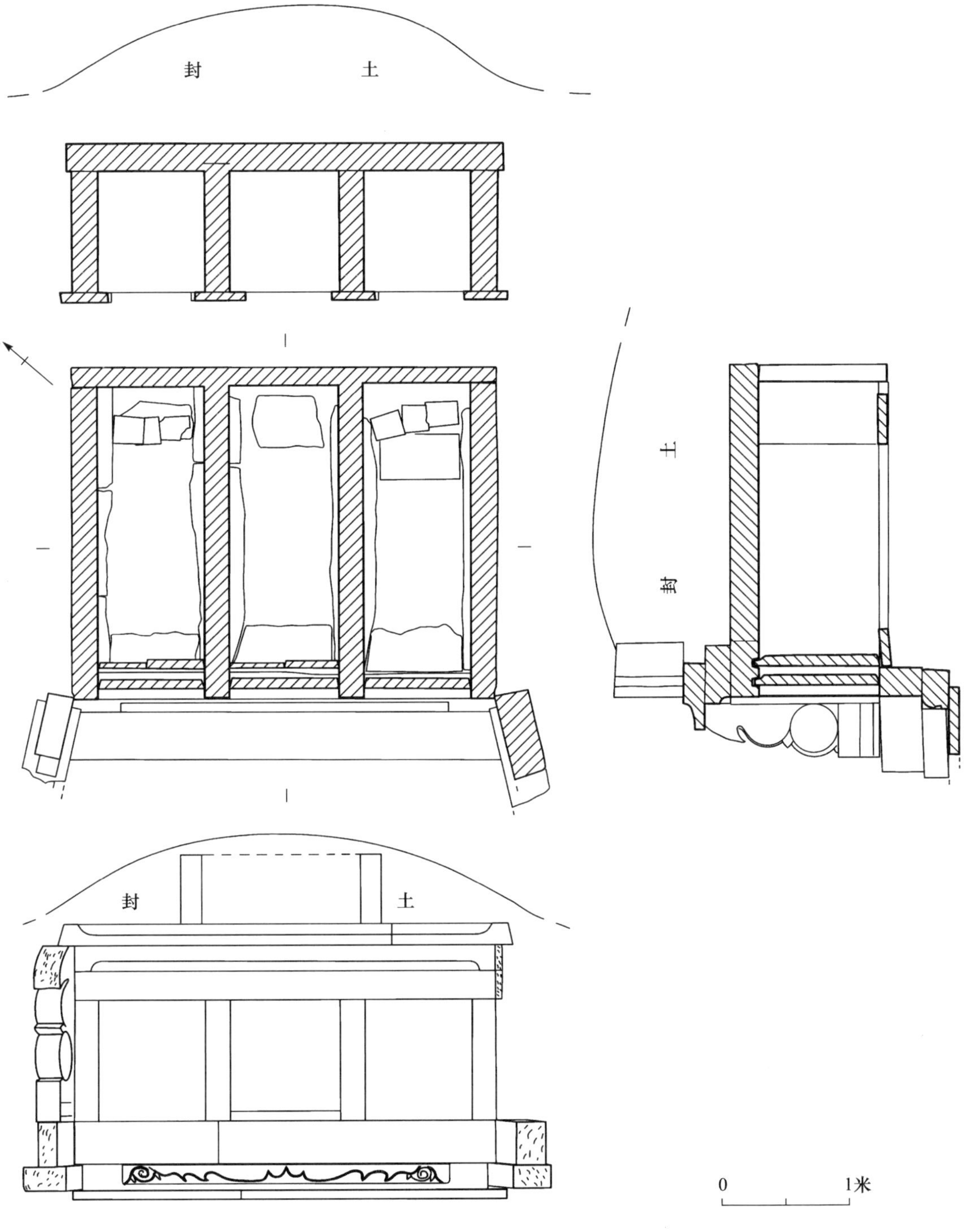

图 2-1-10　旋厂遗址石室墓 M4 平、剖面图

面以阴刻线条装饰，下部置方正基座。左侧抱鼓石已佚。中间以石板铺垫拜台，外部塌毁。盖板之上重叠两块稍薄石板，表面呈凹状，仿檐面。墓顶居中立两根立柱，原中间夹一块石板，上置一盖板，均已佚。墓门下部以条石垒砌，刻卷云纹。

分左、中、右三室，以大型石板修筑，大小基本一致，长约 2.48、宽约 0.84、高约 0.95 米。右、中两室封门为两层，第一层为整块青石板，第二层仿木质结构，以两块砂石板封闭墓室；左室仅见第一层封门。封门上部墓顶对应凿有凹槽。墓室内仅在侧板下、封门处、头部铺垫石板。封门厚0.04～0.08、侧板厚约0.18米。

左、中室人骨保存较差，右室更甚。左、右室头部置瓦枕。未发现棺材痕迹及随葬品。

（二）M8

位于朝阳村粽粑田。系四室墓，墓向204°（图2-1-11）。墓圹长3、宽4.2、深约1.3米，墓圹壁较陡直。墓口距表土厚0.2～1.4米，为后期堆积，改作田埂。墓圹内填花土，夹较多碎石块。

墓室长2.6、宽0.74、高0.9米。封土为花土，灰褐色填土夹较多的碎石块。封门均已被毁，为泥灰岩石质。墓室由粗加工的数块硕大石灰岩石块拼合而成，缝隙间用石灰浆勾缝，墓底用厚0.05～0.07米的2～4块石板平铺而成，铺至近封门处。墓顶石板外部有一宽0.06、深0.04米的凹槽，为封门卡槽。

墓葬于墓圹底部，平整生土后修筑，不见垫土及垫石。墓室内扰乱较为严重，仅见少量人骨。墓室内及墓前填土内见少量瓦块残片，瓦块应作瓦枕所用。

（三）M9

位于朝阳村中寨东部。系四室墓，墓向350°（图2-1-12）。墓室右高左低。整个墓室由粗加工

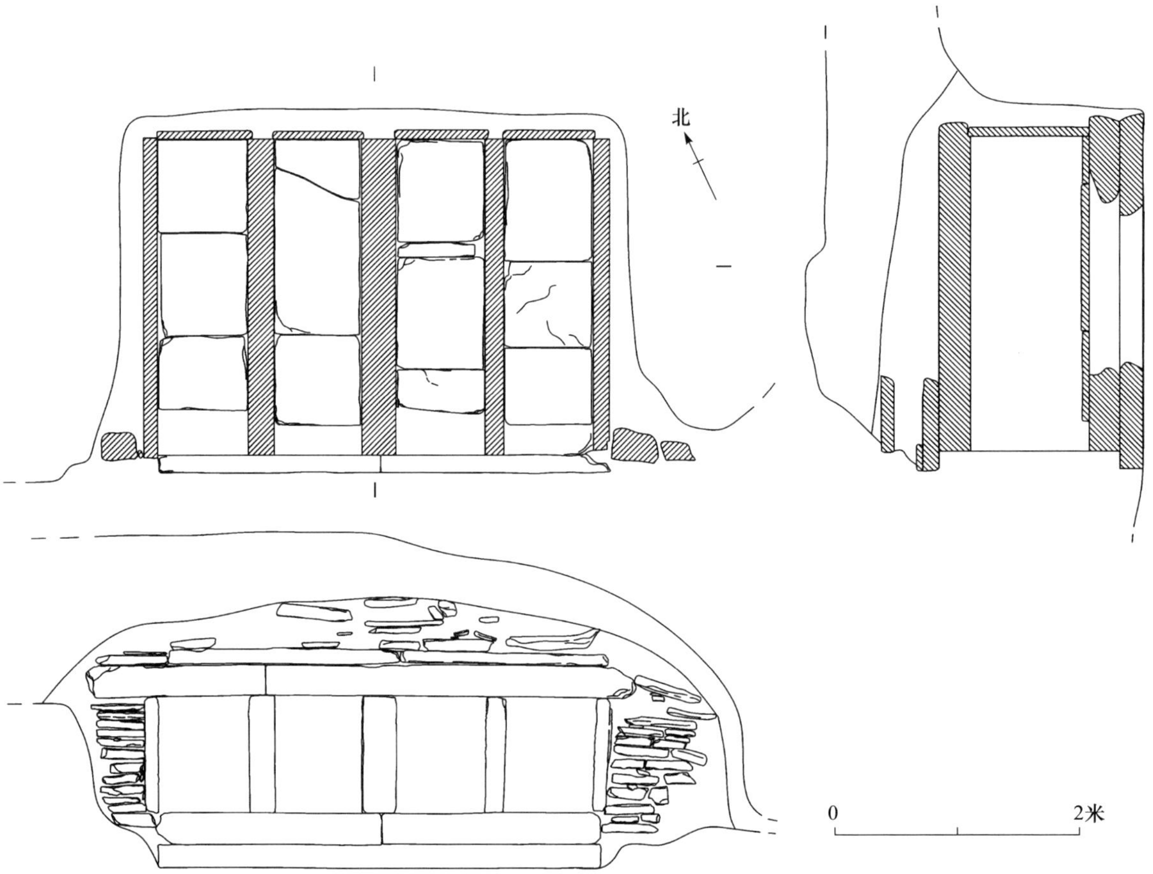

图2-1-11　旋厂遗址石室墓M8平、剖面图

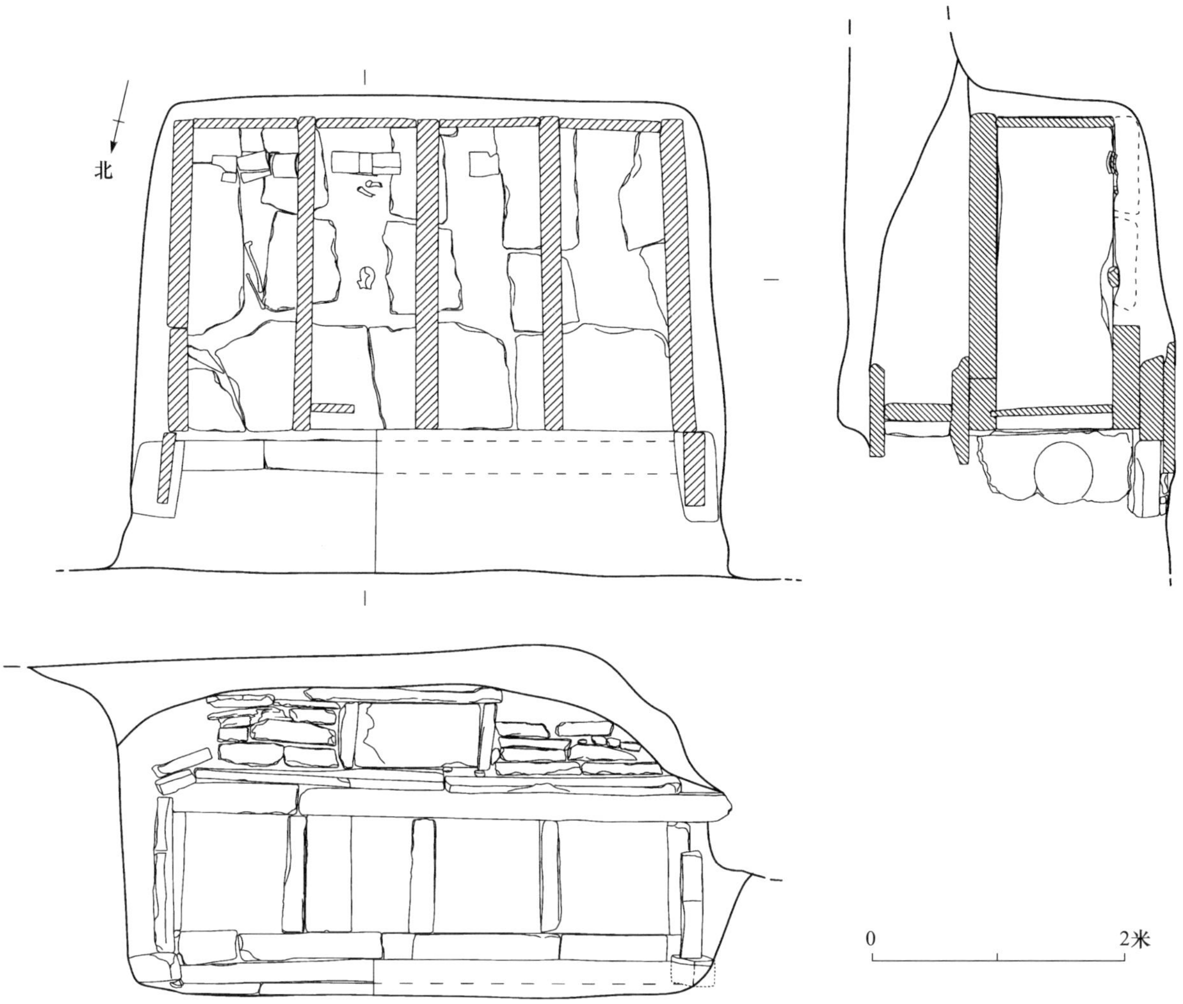

图 2-1-12　旋厂遗址石室墓 M9 平、剖面图

的石灰岩石块拼合而成，部分缝隙间见石灰浆勾缝，墓室底中部未铺石板，仅于墓室前部及墓壁石下用乱石平铺，用作基石。

墓室前部两端各有一抱鼓石与墓室口垂直，左侧抱鼓石上部已残，右侧抱鼓石保存较好，下部有底座。抱鼓石宽 0.58、高 1.24、厚 0.13 米。底座长 0.62、宽 0.38、厚 0.1 米。鼓面刻圆形线条。墓顶上中部有一侧立素面泥灰岩碑板，两侧各有一立石固定碑板，上部有一盖板石，碑板宽 0.96、高 0.5 米。再上为灰褐色填土，厚约 0.3 米。

四个墓室规格相当，长 2.39、宽 0.82、高 0.92 米。侧板厚 0.13～0.18 米。墓葬封门有两种形制，一类由一整块石板封闭，另一类由两块拼合封闭，宽 0.82、高 0.92、厚 0.06 米。四个墓室内头部位置处均有瓦枕，摆放方式均相同，两块瓦重叠横放居中，两端各横放一块，斜搭于中间重叠瓦的一侧。瓦身长 22、宽 19、厚 1.8 厘米。

仅于第四墓室内瓦枕位置处见 1 枚铁钉，墓室中部淤泥里见少量木梢，应为棺木痕迹。第三及第四墓室中部淤泥里见腿骨。在墓葬周围及晚期扰土中出土了瓷器和铜钱。瓷器均为青花碗残片，纹饰有灵芝茶花纹、云气纹、回纹等。铜钱系 1 枚“乾隆通宝”，圆形方孔，宽郭边，文字较清晰，背面满文。直径 2.3、穿宽 0.6 厘米。

四、小结

这些石室墓一般选址于山脊之上，沿山脊走势而葬，三面视野开阔。故而石室墓的分布往往呈线状，如枫香林 M1、M2 及其北部两座石室墓均是位于该山山脊之上，由东北向西南分布。而赵家寨北部坡度较缓，山脊并不突出，三座石室墓并排分布。

青石是石室墓采用的主要石材，31 座墓葬都采用了青石。而砂石则采用较少，且分布具有明显的规律。因砂石加工较为容易，且更为轻薄，故多数墓葬的封门及墓顶匾额多以砂石加工而成。

旋厂石室墓整体上较为简朴，少见雕刻装饰。王家林石室墓虽被毁，但现存一扇仿木结构门扇，为四抹隔扇式，隔心板阴刻方格纹，绦环板为素面，裙板减地平雕如意云头纹（图 2-1-13）。其他石室墓所见雕刻较少，主要见于 M4 台基及三大窝一座石室墓盖板正面。抱鼓石一般阴刻线条勾勒圆形石抱鼓。一些墓葬石板正面以细錾錾刻斜线三角纹。

多数墓已被盗扰，所见葬具迹象较少（图 2-1-14）。桶井 M5 右室内见棺材痕迹，大青口 M6 左室内出土了棺钉。另外，在枫香林 M1、坨里 M4、大青口 M7 等均发现头枕瓦片的现象。随葬品亦发现较少，仅在被盗扰的 M1 发现一些粗瓷片及 3 件铜簪。

图 2-1-13　王家林石室墓残存门扇（右图为早年拍摄，张贤春等提供）

图 2-1-14　旋厂石室墓保存现状

1. 枫香林 M1　2. 三大窝石室墓匾额　3. 坨里 M4　4. 粽粑田 M8

根据墓葬结构表现出的差异，可将石室墓分为三型。

A 型　墓室内空间较大，墓室底部以平整石板铺垫；墓室内设后壁龛、藻井，墓门处置门槛，墓室外有排水沟。仅枫香林 M1 一座。

B 型　墓室略小，室内平铺石板，多数墓室内仅仅是局部铺垫石板；墓顶仿屋面结构，多块石板叠压；顶上正前部居中置牌匾，牌匾多为素面，个别有阴刻文字。部分墓葬有抱鼓石。例如，坨里 M4、桶井 M5、大青口 M6、大青口 M7 等。有匾额者凡 7 座，其中赵家寨一座阴刻“赵氏佳城”“万历四十四年”等；三大窝一朱氏墓，顶部刻“日”“月”两字，两侧为“万代佳城”，居中阴刻墓主名及年代，但模糊不清，仅可辨“朱□□”“……母田氏”等内容。其性质接近于神主牌位、享堂。

C 型　结构简单，以底板、侧板、盖板、封门组成墓室，无其他构件。底板存在差异，或石板铺满，或仅铺垫侧板下部。这类墓葬几乎对应了单室墓，少量双室墓，以枫香林 M2、坨里 M3 等为代表。

王家林石室墓已被毁，现可见华表石柱底部，另现存一仿木石门。可见，其形制与上述三类略有差异，为诸多石室墓中规模最大、制作最精的一座，惜已毁。

石室墓在贵州地区分布广泛，乌江流域最为常见，一般称其为“生基坟”。这批石室墓具有明显的年代特征，属于明代。

根据墓葬形制差异，可将旋厂石室墓分为两期三段：

第一期：仅枫香林 M1，设壁龛、藻井，推测属于明代中期。

第二期：除枫香林 M1 以外，皆属于第二期，即明代晚期。该期墓葬可分为两段，两段区别主要在于墓室底部是否铺满石板，根据石室墓由繁到简的演变规律，底部未铺满石板者年代晚，同时石材较早段较轻薄。第二期早段的有大青口 M6、大青口 M7、桶井 M5 等，晚段的有枫香林 M2、坨里 M3、坨里 M4 等。

旋厂范围内分布石室墓众多，仅发现数量就达 31 座，尚有未被发现及被毁者，原有数量难以估算。但仅根据发现情况来看，最晚在明代中期，旋厂一带就有先民居住；明代晚期，旋厂数寨并立的格局就已经形成，居住规模已然不小。

第二节　毓秀钟灵——清代土坑墓

清代墓葬共计发现 119 座。该数据仅统计勒石刊碑者，这类墓葬能提供准确的年代、墓主等信息，即使缺少墓碑的情况下，其垒砌方式也具有明显的年代特征可供我们参考（表 2-2-1）。调查中所见大量仅保留土丘封土的墓葬，尽管推测其属于清代墓葬，但由于缺乏文字，并不能准确判断，故并未将其纳入统计范畴。勒石刊碑的墓葬 119 座，提供的大量信息帮助我们了解旋厂的历史与人群，同时在做必要的统计分析时也较为可信。

这些墓葬分布十分广泛，包括了朝阳村各个村民组，其中以中寨和下寨附近、山羊坡、长岗三大窝、赵家寨等地最为密集。多数集中分布形成家族墓地，如马家田墓地、山羊坡墓地、天子南墓地、三大窝墓地、赵家寨墓地等。年代上，所见墓葬最早至康熙二十七年（1688 年），以乾隆至道光时期最多，少量墓葬在民国时期重修。多为单人葬，合葬墓仅朱正鼎妻合葬墓、朱明堂夫妻合葬墓、朱正选姐弟合葬墓、朱□臣夫妻合葬墓、朱正芳夫妻合葬墓等几例。

表 2-2-1　旋厂清代墓葬调查情况表

序号	墓主	位置	年代	墓向	形制	备注
1	朱明诚	坨里建筑西部约 100 米	道光二十年	288°	两者并排，坐东向西。外围有茔墙；墓冢及墓碑构成；墓冢以规整条石围合，平面前方后圆。墓碑均为 A 型Ⅲ式，雕饰繁缛、精美	
2	朱母张氏		道光二十一年	291°		
3	朱正选姐弟墓	坨里建筑前	乾隆五十四年	331°	石砌方形墓冢，墓碑系 B 型Ⅰ式	
4	朱大佑墓	中寨北部	嘉庆七年	255°	石砌墓冢，前方后圆；墓碑系 D 型	
5	朱行二墓	中寨石狮旁	道光七年	259°	石砌方形墓冢，墓碑系 A 型Ⅱ式	
6	朱明辉	青龙岭北端	光绪八年	10°	石砌方形墓冢，墓碑系 A 型Ⅳ式	
7	朱大观墓	青龙岭北部	乾隆五十四年	340°	石砌方形墓冢，墓碑系 B 型Ⅰ式	
8	不详	青龙岭北部	不详		石砌方形墓冢，碑已佚	
9	朱正身	桶井墓地	道光二十一年	12°	外围茔墙，墓冢为土丘；墓碑系 C 型，饰蝙蝠、卍字纹等	
10	朱士瑾		嘉庆七年	12°	外围茔墙，墓冢为土丘；墓碑系无额枋牌楼式，次碑饰仿墓碑雕饰	
11	朱母张氏		道光六年	350°	由茔墙、墓冢、墓碑组成，墓碑系 A 型Ⅱ式	
12	不详		推测为乾隆时期	不详	石砌圆形墓冢，碑已佚	
13	朱明堂夫妻	中寨东南	光绪十九年	291°	石砌方形墓冢，墓碑系 A 型Ⅳ式	
14	朱□□	青林组 16 院落上部	已毁，仅见凌乱石材，推测为圆形墓冢；墓碑不详。村民介绍为朱姓墓葬			
15	康大□		乾隆四十三年	—	仅残余一横向墓碑。其余情况不明	
16	朱德恩	旋厂小学旁	雍正年间	258°	石砌圆形墓冢，墓葬下半部分被掩埋；墓碑系 B 型Ⅰ式	
17	朱文先	大青口北	雍正十年	268°	石砌圆形墓冢，墓碑系 B 型Ⅰ式	
18	朱母谭氏		乾隆四十七年	259°	石砌墓冢，前方后圆；墓碑系 B 型Ⅰ式	
19	朱正达		乾隆五十七年	269°	石砌方形墓冢，墓碑系 B 型Ⅰ式	
20	朱府（母）安氏	大青口墓地	光绪三十一年	300°	墓前有牌楼式园门，墓碑系 A 型Ⅲ式	
21	朱母张氏		道光二十一年	288°	墓冢系土丘状，墓碑系 C 型	
22	朱□臣夫妻	青林组南部坡上	乾隆五十七年	313°	推测为朱君臣夫妻合葬墓，墓碑系 E 型	
23	朱正显		道光十六年	296°	外围砌茔墙，墓碑系 A 型Ⅲ式	
24	朱正荣	高山山羊坡朱氏墓地高山组西边	道光十八年	283°	石砌墓冢，前方后圆；墓碑系 A 型Ⅲ式	
25	朱母卢氏		道光八年	294°	石砌墓冢，前方后圆；墓碑系 A 型Ⅲ式	
26	朱正柏		嘉庆二十三年	297°	石砌墓冢，前方后圆；墓碑系 A 型Ⅱ式	
27	朱母杨氏		光绪十四年	304°	石砌墓冢，前方后圆；墓碑系 A 型Ⅲ式	
28	朱母史氏	至高山路口处坡上	雍正十一年	316°	B 型Ⅰ式墓碑	
29	朱母邵氏	山羊坡半坡	乾隆五十年	307°	石砌方形墓冢，墓碑系 A 型Ⅰ式	
30	朱母冉氏		乾隆五十三年	311°	石砌方形墓冢，墓碑系 A 型Ⅰ式	

续表

序号	墓主	位置	年代	墓向	形制	备注
31	朱母冉氏	朱正荣墓西北约 160 米	道光四年	296°	石砌墓冢，前方后圆；墓碑系 A 型Ⅲ式	
32	朱正鼎夫妻		光绪九年	303°	石砌墓冢，前方后圆；墓碑系 A 型Ⅲ式	
33	朱正芳夫妻	邵氏墓后坡	咸丰四年	293°	B 型Ⅱ式墓碑	
34	朱士璧	史氏墓西边另一坡头	嘉庆七年	338°	外围砌茔墙；墓碑系 A 型Ⅱ式	
35	朱母陈氏	囚狱堡	乾隆五十四年	259°	石砌方形墓冢，墓碑系 A 型Ⅰ式	
36	朱母梁氏		乾隆五十五年	304°	石砌方形墓冢，墓碑系 H 型	
37	不详		推测乾隆时期	不详	石砌圆形墓冢，外围有茔墙；墓碑已佚	
38	朱母梁氏	囚狱堡北	乾隆时期五十五年	251°	石砌方形墓冢，墓碑系 H 型	
39	颜母朱氏	囚狱堡北	光绪十□年	342°	石砌墓冢，前方后圆；碑板已倒	
40	不详	天子南东南 70 米公路下	推测乾隆时期	—	石砌圆形墓冢，墓碑已毁	
41	朱母刘氏	天子南墓地下寨东约 250 米，中寨南约 260 米	道光九年	350°	圆形墓冢，前置两块墓碑（时代早者年代不详，系 B 型Ⅰ式碑；时代晚者系道光九年所立，系 A 型Ⅱ式碑）	
42	朱母管氏		道光九年	352°	石砌墓冢，前方后圆；墓碑碑板倾倒于一侧	
43	朱正东		已毁，村民回忆原位于管氏墓右侧			
44	朱明昌		咸丰三年	359°	石砌墓冢，前方后圆；墓碑系 A 型Ⅱ式	
45	朱明珏		同治十四年	355°	墓碑系“三蹬一帽”式，即 B 型Ⅱ式	
46	朱尚达		同治十三年	23°	石砌墓冢，前方后圆；墓碑系 A 型Ⅲ式，由素面抱鼓式立柱、碑座、碑帽、碑板组成，风化严重	
47	朱母熊氏		同治十四年	11°	墓碑系 B 型Ⅱ式	
48	朱尚魁	天子南西北 100 米	同治十四年	304°	墓碑系 B 型Ⅱ式	
49	朱母安氏	下寨北边墓地内，牌坊墓旁	道光二十六年	318°	墓碑系 B 型Ⅱ式	
50	朱尚寿		咸丰元年	343°	石砌方形墓冢，墓碑系 B 型Ⅱ式，碑板较小	
51	龙□□	王家林电塔前	乾隆年间	—	石砌圆形墓冢，墓碑系 B 型Ⅰ式	
52	龙□□		同治年间	—	墓碑系 B 型Ⅱ式	
53	朱路仲	王家湾	道光十一年	不详	外围有茔墙，石砌墓冢，前方后圆；墓碑系 A 型Ⅱ式	
54	张宗彦		光绪四年	—	墓冢为土丘，墓碑倾倒，系 H 型	
55	朱母龙氏	坨田墓地下寨南边，上元组南	嘉庆十五年	—	石砌方形墓冢，墓碑系 B 型Ⅰ式	
56	朱正元			—	石砌方形墓冢，墓碑系 B 型Ⅰ式	

续表

序号	墓主	位置	年代	墓向	形制	备注
57	朱母李氏	坨田墓地下寨南边，上元组南	民国五年	—	石砌方形墓冢，墓碑系 B 型Ⅱ式	
58	朱门母氏		光绪十六年	—	石砌方形墓冢，墓碑系 B 型Ⅰ式	
59	朱尚福			—	石砌方形墓冢，墓碑系 B 型Ⅰ式	
60	朱国臣	下寨寨子中	道光七年	—	H 型墓碑，外围砌茔墙	
61	陈登榜	下寨马家园子	康熙二十七年	不详	墓冢为土丘，墓碑于墓冢内发现，碑板较小	
62	朱母覃氏	马家田墓地下寨西部约 200 米处	光绪八年	330°	墓冢以条石垒砌，前方后圆；墓碑系 A 型Ⅳ式	
63	朱明映		光绪二十四年	331°	两者形制基本一致，墓冢矮小，前置墓碑，外围石砌茔墙；墓碑系 A 型Ⅲ式，雕饰内容也几乎一致	
64	朱正亨		道光二十九年	329°		
65	朱母吴氏		咸丰元年	322°	墓碑系 B 型Ⅱ式，由碑座、立柱、碑板、碑帽、抱鼓石等构成	
66	朱尚普	上元组南边坡上	光绪十八年	不详	石砌方形墓冢，墓碑系 B 型Ⅱ式	
67	朱母张氏			不详	石砌方形墓冢，墓碑系 B 型Ⅱ式	
68	苏墓陈氏	上元组南边茶园北部	光绪二十年	不详	石砌方形墓冢，墓碑系 B 型Ⅱ式	
69	朱母李氏	上元组南边茶园东部	嘉庆十九年	不详	D 型墓碑	
70	朱洪臣	登科组	道光二十一年	不详	墓冢为土丘状；C 型墓碑，倾倒于一侧	
71	周王志	赵家寨东南约 200 米	乾隆四十□年	—	石砌方形墓冢，不甚规整；墓碑系 B 型Ⅰ式	
72	朱明喆	赵家寨	光绪二十二年	—	石砌方形墓冢，墓碑系 B 型Ⅱ式	
73	?		墓碑已倒，碑文模糊，难以识别			
74	朱母张氏	赵家寨	乾隆五十八年（1793 年）	—	石砌方形墓冢，因今修建道路，墓碑下部被混凝土掩埋；墓碑系 B 型Ⅰ式	
75	朱母田氏	朱正亨墓西约 150 米	乾隆十八年	—	石砌圆形墓冢，破坏严重，大部分被掩埋；墓碑系 B 型Ⅰ式	
76	杨母□氏	赵家寨杨氏墓地	乾隆年间	未采集		
77	不详		推测乾隆时期			
78	杨门氏		道光八年			
79	杨母		乾隆年间			
80	杨□墓	赵家寨路边	光绪□年			
81	龙门吕氏	龙家	乾隆三十一年			
82	龙□□		乾隆年间			
83	朱大荣墓	四号碾房东北	嘉庆四年	—	以乱石垒砌墓冢，墓碑系 B 型Ⅰ式	
84	龙天翔	高山龙氏墓地高山组	乾隆年间	未采集数据，墓碑主要流行长条形		
85	龙大成		乾隆五十七年			

续表

序号	墓主	位置	年代	墓向	形制	备注
86	龙母何氏	高山龙氏墓地高山组	道光十年	未采集数据，墓碑主要流行长条形		
87	龙□		不详			
88	龙□□		不详			
89	朱明诏	高山组东400米	宣统三年	321°	墓冢以条石垒砌，前方后圆；墓碑系A型Ⅲ式	
90	朱母熊氏	高山组东北约350米	道光十一年	—	石砌方形墓冢，墓碑系D型	
91	朱门吴氏	枫香林墓地	嘉庆八年	228°	墓碑系B型，体量较大（0.64米×1.02米）	
92	朱文炳		嘉庆七年	甲山庚向，墓冢为土丘；墓碑倾倒，系E型		
93	朱士琬	岭岗墓地	乾隆五十四年	—	墓冢系石砌方形，较为简单；墓碑系B型Ⅰ式	
94	朱母田氏		道光十八年	—	墓冢系石砌方形，不甚规整；墓碑系B型Ⅰ式	
95	朱正楷	岭岗，朱士琬墓相邻右侧坡上	咸丰四年	—	两墓并排，墓碑风化严重，系A型碑	
96	朱□□			—		
97	朱母彭氏	位于朱正楷墓后山	咸丰五年	—	石砌方形墓冢，外围砌筑茔墙；墓碑系A型Ⅲ式	
98	不详	岭岗路口北上	推测乾隆年间	—	圆形石砌墓冢，掩埋于土坎中，不见墓碑	
99	朱德彰	覃家	道光九年	—	石砌方形墓冢，墓碑系B型Ⅰ式	
100	朱母许氏		道光二年	—	石砌方形墓冢，墓碑系B型Ⅰ式	
101	朱大用	位于长岗寨子中	嘉庆八年	214°	石砌方形墓冢，后部掩埋于土坎之中；墓碑系B型Ⅰ式	
102	朱母		嘉庆十二年	219°	石砌方形墓冢，后部掩埋于土坎之中；墓碑系B型Ⅰ式	
103	朱母聂氏	长岗东进寨子处	光绪八年	221°	石砌方形墓冢，墓碑系A型Ⅲ式	
104	朱大经	三大窝西部	乾隆十二年	不详	石砌圆形墓冢，掩埋于土坎之中；碑板倾倒于一侧，推测系B型Ⅰ式，墓向不详	
105	朱母梁氏	三大窝南部	乾隆十九年	306°	石砌圆形墓冢，掩埋于土坎之中；墓碑系B型Ⅰ式	
106	朱学修	三大窝墓地（西区）	乾隆二十一年	249°	石砌圆形墓冢；墓碑系B型Ⅰ式	
107	朱尚选		同治十三年	276°	石砌方形墓冢，墓碑系B型Ⅱ式	
108	朱母李氏		道光二十六年	272°	A型Ⅲ式墓碑，碑柱内侧有雕饰；外围有茔墙	
109	朱大华	三大窝墓地（东区）	嘉庆十年	179°	石砌方形墓冢，外围有茔墙；墓碑系G型，饰有“双凤朝阳”“野鹿衔枝”等雕饰	
110	谢府朱氏		光绪三十年	204°	石砌方形墓冢，墓碑系B型Ⅱ式	
111	朱母何氏		嘉庆八年	263°	两墓并列，外围三面围空斗式石墙；形制一致，石砌方形墓冢前置墓碑，墓碑为矮小的“三蹬一帽”式（B型Ⅰ式）	
112	朱士璜		嘉庆八年	259°		

续表

序号	墓主	位置	年代	墓向	形制	备注
113	朱母林氏	三大窝墓地（东区）	道光十八年	254°	石砌方形墓冢，墓碑系 B 型Ⅱ式	
114	朱母贾氏		同治十三年	257°	石砌方形墓冢，墓碑系 B 型Ⅱ式	
115	朱母李氏		道光十八年	228°	石砌方形墓冢，后部掩埋于填土中；A 型Ⅲ式墓碑，素面	
116	朱母胡氏		咸丰元年	230°	石砌方形墓冢，后部掩埋于填土中；A 型Ⅱ式墓碑，碑柱内侧浮雕古钱纹、弓箭等	
117	朱母陈氏	三大窝东，半边大田	道光十八年	242°	石砌方形墓冢，外围砌筑茔墙；墓碑系 A 型Ⅲ式，素面	
118	朱士瑢	三大窝东	嘉庆二十一年	—	两墓并排，形制一致；G 型墓碑，有简易雕饰	寿官，故立 A 型Ⅱ式墓前碑
119	朱母张氏		道光十三年	—		

注："—"表示当时未采集数据，"不详"表示无法采集（被破坏了）

一、墓葬结构及其差异

墓葬一般由茔墙、墓冢、墓碑、拜台等组成。部分墓葬外围以方正条石垒砌茔墙。一般前部不砌；两侧墙高为 1～1.3 米，顶部或作檐面；后部倚靠田坎，作弧状，墙高与土坎高度基本一致。茔墙与墓冢间隙平铺石板。茔墙垒砌方式不一，如三大窝朱士璜墓、马家田朱正亨墓等茔墙为空斗式，而其他多数为实体墙。墓冢多以条石垒砌围合，部分墓葬所用石材较为粗糙，也有部分墓葬墓冢为土丘状；条石垒砌者根据平面形状又分为几类，主要有圆形、长方形、前方后圆三种情况。圆形墓冢主要流行于雍正、乾隆年间。一般年代较早者，墓冢较矮，多为 0.7～0.9 米；中、晚期多在 1 米以上，多为 1.5～1.6 米。

墓碑或置于墓冢前，或嵌于墓冢前部居中；形制多样，部分墓碑施以精美雕饰。由于墓碑较为复杂，特征明显，是认识清代墓葬最为重要的资料，故下文专门进行讨论。

（一）墓碑形制差异

中国传统文化中一直延续着事死如生的习俗，甚至薄生厚死。古人常"以丧事为至大之事"，在修建墓葬方面毫不吝啬地耗费大量物力、财力。在清代，随着葬俗的变革，墓碑成为墓葬主要构成因素之一，其作用不仅是墓葬标识，还表达了后人对祖先的感恩之情、思念之情，也有昭显祖先功德之意；现实意义中，墓碑还是展示生者德行、修养、财富、地位的平台。故民间对修建墓碑极为热衷，不惜斥以巨资。

对墓碑的分类是认识清代墓葬的重要途径。曾有学者将墓碑形式分为单一结构、组合结构及复合结构三类，每一类又可以进一步细分，如单一结构包括签子碑、猪槽碑、令牌碑、立柱碑[1]。由

---

[1] 张兴文：《美轮美奂　蔚为大观——流传民间墓碑建筑艺术初探》，《民间石雕艺术·中国利川墓碑》，湖北美术出版社，2000 年，第 1～11 页。

于地域文化差异，墓碑的结构与称呼存在一定差异。罗晓欢在其《四川东、北地区清代墓碑建筑考察报告》中将墓碑分为单体结构和复式结构，其单体形式包括了神主碑、工字金碑、二升宫、轿子碑和四方碑等；而复式碑有“桃园三洞碑”、“桃园五洞碑”、拱山碑、牌楼式墓碑等[1]。

从墓碑结构来看，旋厂诸多墓碑虽繁简有别，但主要由四个部分组成，即碑座、碑板、立柱、碑帽。碑座是墓碑横纵延伸的基础，而碑板——神主牌位则是墓碑的核心，故两者几乎是必不可少的。一些墓葬则没有立柱、碑帽。

本书根据墓碑结构、形式的差异，将旋厂清代墓碑分为如下几个类型（表 2-2-2）。

表 2-2-2　旋厂清代墓碑类型特征表

墓碑分型分式		特征	典型代表	年代	备注
A 型抱鼓式	Ⅰ式	抱鼓整体瘦高，上下大小几乎一致，仅正面修饰乳钉纹	朱母陈氏墓、朱母邵氏墓、朱母冉氏墓	乾隆时期	A 型Ⅰ式仅见于乾隆时期，A 型Ⅲ式延续至宣统时期，但在号军起义后已经很少出现，A 型Ⅳ式有的轮廓还是接近 A 型Ⅲ式，但纹饰基本不见，典型者抱鼓简洁、轮廓分明
	Ⅱ式	抱鼓整体矮胖，一般无纹饰，上小下大，抱鼓下垂状，朱正柏墓甚至为单一抱鼓，上部作明显回勾状	朱士璧墓、朱正柏墓	嘉庆—道光时期	
	Ⅲ式	抱鼓整体比例协调，体量较大；碑座一般为几案式；多数雕刻精美图案，圆雕石狮等	朱正亨墓、朱明诚墓、朱正荣墓等	集中于道光时期，咸丰至光绪也有一些	
	Ⅳ式	抱鼓上下大小差异进一步缩小，不见精美雕刻，棱角分明	朱明堂墓、朱母覃氏墓等	同治—光绪	
B 型方正立柱式	Ⅰ式	体型较小	圆形墓属此类。部分方形墓，如朱文先墓、朱德彰墓等	雍正—乾隆时期	该类墓碑存在于整个清代，乾隆时期规格最小，逐步变大，以上述两个时期最盛
	Ⅱ式	体型较大，从 B 型Ⅰ式逐步变大	朱尚魁墓、朱尚普墓等	流行于咸同起义后	
C 型圆首式		有碑座、碑板构成，碑板为圆首	朱母张氏墓、朱洪臣墓、朱正身墓	道光时期	
D 型凸字形式		碑身为凸字形	朱大佑与其妻两墓、朱母李氏墓	嘉庆时期	
E 型抹角长方形式		长方形墓碑，上部抹角	朱文炳墓、朱□臣夫妇合葬墓	乾隆时期	
F 型条形式		碑板为竖立长条形	高山龙氏家族墓地	乾隆时期	
G 型二升宫式		两层出檐；庑殿顶；第二层内收，碑顶外加装饰	朱大华墓	乾隆时期	
H 型工字形式		由碑座、碑板、碑帽组成，无立柱，碑帽两侧突出，形成工字形	朱国臣墓、张宗彦墓、朱母梁氏墓	乾隆至咸丰时期	

[1] 罗晓欢：《四川东、北地区清代墓碑建筑考察报告》，《古代墓葬美术研究》（第三辑），湖南美术出版社，2015 年，第 173～308 页。

主要类型为神龛式墓碑，占 80% 以上。根据其立柱特征，分为二型。

A 型　以抱鼓式立柱为显著特征。该类墓碑结构并不复杂，同样是由碑座、碑板、立柱、碑帽组成。其突出特点在于将抱鼓与立柱合二为一，碑座、碑帽都相应扩大体量。根据抱鼓形态差异、纹饰等又将其分为如下几式。

Ⅰ式：抱鼓较窄小，上下宽度差异小，正面装饰乳钉纹，无其他装饰；碑座为长方形石板。典型代表有囚狱堡朱母陈氏墓和山羊坡半坡朱母冉氏墓、朱母邵氏墓。

Ⅱ式：抱鼓整体矮胖，一般无纹饰，上小下大，抱鼓下垂状，朱正柏墓甚至为单一抱鼓，上部作明显回勾状；碑座仍以长方形石板为主。典型代表有朱士璧墓、朱正柏墓。

Ⅲ式：抱鼓整体比例协调，体量较大；碑座一般为几案式；碑柱、碑座、碑帽通常刻精美雕饰。墓碑整体尺寸最大，制作最为精致。典型代表有朱明诚墓、朱正荣墓、朱正亨墓等。

Ⅳ式：抱鼓上下大小差异进一步缩小，不见精美雕刻，棱角分明；碑座为长方形石板。典型代表有朱明堂墓、马家田朱母覃氏墓。

该类墓碑的时代差异体现在多个方面，具体为：抱鼓形态由瘦高，逐渐演变为矮胖，比例逐渐较为协调；雕饰从无到有，从简到繁，最后消失，晚期也有一些抱鼓饰图案，但在工艺上、石材上都难以与中期相媲美；参见朱明映墓与其父朱正亨墓雕饰，甚至可以说晚期雕饰是一种复古行为。碑座早期多为长方形石板，中期流行雕刻成几案状，后期又回到简易的长方形石板，或作较为简易的几案状。

B 型　方正立柱式，即常称的“三蹬一帽”式，墓碑由碑座、立柱、碑板、碑帽组成，立柱为方正条石，或截面呈三角形、梯形。根据墓碑尺寸差异，可将其分为二式。

Ⅰ式：墓碑碑板一般较小，宽 0.4～0.5、高仅 0.7～0.9 米。典型代表有朱文先墓、朱德彰墓等。

Ⅱ式：整体尺寸增大，宽多为 0.7～0.8、高 1.5～1.7 米。典型代表有朱尚魁墓、朱尚普墓等。

在雍正、乾隆时期流行的一类圆形石砌墓冢前多置Ⅰ式墓碑，如天子南朱母刘氏墓、三大窝朱学修墓等。

此外，其他类型均较少见，在此一并介绍如下：

C 型　圆首单体墓碑，即令牌式墓碑。墓碑由碑座、碑板组成，碑板为圆首，仅朱正身墓载碑板及碑座上施以雕饰。典型代表有大青口朱母张氏墓、朱洪臣墓、朱正身墓。

D 型　凸字形墓碑，墓碑为一整块凸字形石板，嵌于石砌墓冢前部。仅见朱大佑墓及其妻子墓，另有玛瑙山后坡上朱母李氏墓。

E 型　抹角长方形单体墓碑，仅见朱文炳墓、朱□臣夫妇合葬墓。

F 型　长条形墓碑，见于高山龙氏家族墓地。

G 型　二升宫式墓碑，两层出檐，庑殿顶，第二层内收，碑顶装饰雕刻。典型代表有朱大华墓。

H 型　工字形墓碑，由碑座、碑板、碑帽组成，无立柱，碑帽两侧突出，形成工字形。典型代表有朱国臣墓、张宗彦墓、囚狱堡朱母梁氏墓等。

（二）墓碑时代特征

上文根据形制差异对墓碑进行了分类，墓碑形制多样，同时具有明显的时代特征：

（1）康熙至雍正时期，主要流行B型Ⅰ式墓碑。其他墓碑基本不见。

（2）乾隆时期，墓碑形制多样化，除了B型Ⅰ式墓碑外，还有缺少立柱的工字形墓碑、长条形墓碑、二升宫式墓碑、抹角长方形墓碑，A型Ⅰ式墓碑出现。

（3）嘉庆、道光、咸丰时期，墓碑类别最为多元，且多数较为精致。仍有少量B型Ⅰ式墓碑，个别尺寸已有较大增加；嘉庆时期出现凸字形墓碑；A型墓碑由A型Ⅰ式演变为A型Ⅱ式，相继出现A型Ⅲ式；另有圆首式墓碑、工字形墓碑等。

（4）咸同起义之后，墓碑形制较少，以B型Ⅱ式墓碑为主；抱鼓式立柱式微，少数墓葬沿用了A型Ⅲ式墓碑，出现A型Ⅳ式墓碑。

旋厂墓碑均属于单体结构，较为简单，不见复合型结构。圆首式墓碑、抹角长方形墓碑及条形式墓碑均只有墓碑的核心组成部分。其他型墓碑则在神主牌位基础上进行延展，增加立柱、碑帽。而A型墓碑在旋厂最为流行，亦最具特色，其特点主要是更多地借鉴仿木结构建筑，尤其是将抱鼓与立柱的融合最具特色。二升宫式墓碑虽少见，但同样是更多地借鉴仿木结构建筑，极大增强墓碑整体艺术感。墓碑结构的多元化与复杂化，不仅仅在造型上取得更强的艺术感，伴随墓碑构件的增加及空间的扩大，繁缛、精美的墓碑雕饰呼之即出。

二、旋厂墓碑雕饰

在匠人艺术创作力淋漓尽致地发挥下，墓碑形制不拘一格，更多的木结构建筑特色融于石质墓碑之中，楼阁式墓碑、牌坊式墓碑及各种复合式墓碑纷纷登场。为了极致地追求“丧不哀而务为美观”，匠人充分利用各个构件空间并合理规划，施以繁而有秩、美轮美奂的石刻雕饰，这些雕饰往往包含了人们对天下祥和、福祚绵长、官运亨通、长寿平安等美好愿景。

（一）旋厂墓碑雕饰概况

旋厂发现100余座清代墓葬中，近20座墓葬墓碑上有雕饰。正如前文所说，一般墓碑空间较大者更利于雕饰的布局，这些具有雕饰的墓碑均具有较大的体量及更多的平面空间。旋厂墓葬中以坨里朱明诚墓、朱母张氏墓，山羊坡朱正荣墓，大青口朱府（母）安氏墓，马家田朱正亨墓、朱明映墓、朱母吴氏墓，高山朱明诏墓及朝阳山道良禅师墓墓碑雕饰较为突出；另有少量墓碑雕饰仅是局部，或保存极差。现择精美者介绍如下。

1. 朱明诚墓

A型Ⅲ式墓碑。几案式碑座，四腿为兽足形；正面及两侧雕刻卷草纹，居中下部雕刻半朵向日葵；角处为兽首状，獠牙外露，面目狰狞。碑柱为抱鼓式。正面雕饰一致，均雕刻瓜藤及梅花，圆雕瓜果和树干。碑柱两侧均各有两组图案（图2-2-1）。

左碑柱外侧浮雕“野鹿衔枝”图，上部饰花瓶与花卉。内侧上部浮雕“天禄望月”图，天禄扭首回望，满月悬挂空中；下部为一身着袍服官吏，右手持笏，左手持一长条锦帛。一般锦帛之上书“一品当朝”四字。右碑柱外侧浮雕“松鹤延年”图，上部饰一株牡丹。内侧上部饰“麒麟献瑞”图，麒麟扭首仰视，口吐瑞气；下部为一天官头戴如意翅丞相帽，五绺长髯，身穿袍服，腰扎玉带，左手怀抱如意，右手持长条锦帛，锦帛或书“天官赐福”四字。

图 2-2-1　朱明诚墓雕饰拓本

1. 碑柱两侧雕饰　2. 碑帽雕饰（上：正面；中：右侧；下：左侧）　3. 碑柱正面雕饰　4. 碑座正面雕饰

碑帽正面饰“双凤朝阳”图。两侧饰卷草花卉。顶部为庑殿顶。四角雕刻龙首，口中含宝，以屋脊为身。宝顶已毁。

2. 朱母张氏墓

A型Ⅲ式墓碑。几案式碑座，与朱明诚墓一致。抱鼓式立柱。正面上、中部圆雕花卉，下部圆雕石狮，狮身已毁。

左碑柱外侧图中一白头翁立于竞相开放的牡丹花之上，构成“富贵白头”图。上部另饰花蔓。碑柱内侧下部浮雕四人物，居右者手持长矛，与一孺人扭首相望，居左者持如意于右肩身体左倾，一童子居前，四人均脚踏祥云、着圆领长袍，呈现出一副行走途中相互交流的场景。上部饰香草龙纹，龙身蜿蜒，香草交缠，雕刻细腻，线条流畅。

右碑柱外侧下部浮雕“松鹤延年”图，仙鹤悠闲立于松树之上，树枝稀疏。上部饰卷草花卉。内侧下部饰人物图，图中居右者双手托起一幼子，居中两童子共同搬运一瓮缸，另有一成人居左，戴冠穿簪，手举荷花，人物均着圆领长袍。上部为香草龙纹。

碑帽正面饰“双龙戏珠”图。两侧饰卷草花卉。顶部前端两角各圆雕一鸟，以屋脊为鸟尾，羽翼雕刻细腻，鸟身被毁。宝顶已残（图2-2-2）。

3. 朱正荣墓

墓冢前部两端雕刻香草龙纹及卷草纹。

A型Ⅲ式墓碑。碑座呈几案状，四角雕刻兽首，面部雕刻细腻，形神具备。

碑柱饰精美雕刻。左碑柱内侧雕刻“天官赐福”图和“麒麟献瑞”图，外侧为“松鹤延年”图。右碑柱内侧饰“加官晋禄”图与“天禄望月”图，外侧雕刻“野鹿衔枝”图。柱脚前部圆雕石狮，其中左侧石狮前肢上抬，抚握幼狮。左侧柱脚正面浮雕“喜鹊闹梅”图。碑柱正面雕刻卷草。

碑帽正面高浮雕“双龙戏珠”图，左、右侧面分别饰暗八仙（葫芦）及“双凤朝阳”图。底部浮雕太极图。

顶为翘角庑殿顶，宝顶作宝瓶状。后部两角各圆雕一鸟，以屋脊为鸟尾。整体构思巧妙，技艺精湛（图2-2-3、图2-2-4）。

4. 大青口朱府（母）安氏墓

（1）牌楼

三间、四柱、三楼石质牌楼。由柱座、立柱、枋、楼顶、靠背石等组成。四柱座均由四块条石铺垫而成，条石长1.93、宽0.47、高0.2米（图2-2-5、图2-2-6）。

立柱均为方形。中间立柱正面阴刻楷书楹联：“淑德群推真不媿（愧）女中极品，母仪共仰卓然为天下全人。”两侧立柱正面阴刻楷书：“慈竹永留千载节，高松不老万年春”，其中下部四字刻于抱鼓之上（图2-2-7）。立柱侧面以细錾錾刻“T”形纹及弧形纹。

立柱柱脚前后置靠背石。正面明间两侧靠背石立圆雕石狮，狮身作蹲距状，扭首对望，口含绣球，身缠绶带。居右者前肢及头部被毁，居左者口中石绣球已佚。其他靠背石作抱鼓状，规格不一，所刻纹饰繁简有别。右次间外抱鼓右侧上部饰寿字纹，下部饰三鱼同首，边饰卍字纹。其他抱鼓多数雕刻大、小古钱纹，中心饰花朵。部分抱鼓为素面（图2-2-8）。

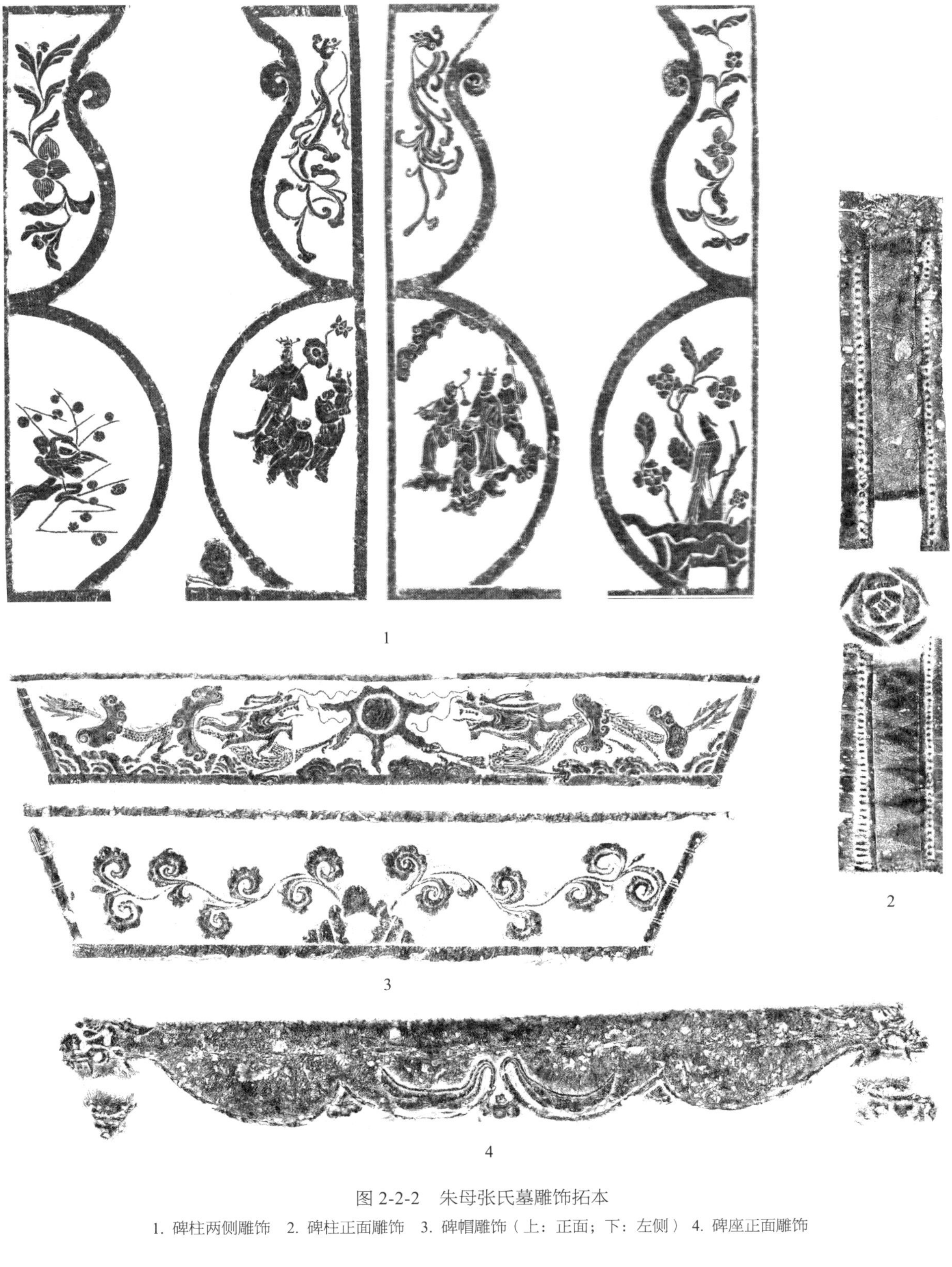

图 2-2-2　朱母张氏墓雕饰拓本

1. 碑柱两侧雕饰　2. 碑柱正面雕饰　3. 碑帽雕饰（上：正面；下：左侧）4. 碑座正面雕饰

图 2-2-3　朱正荣墓雕饰拓本

1. 碑柱两侧雕饰　2. 碑柱正面雕饰　3. 碑帽雕饰（上：正面；中：右侧；下：左侧）4. 碑座正面雕饰

图 2-2-4　朱正荣墓碑及雕饰拓本

1. 墓碑侧视　2. 立柱下部“喜鹊闹梅”图　3. 墓冢前端香草龙纹　4. 墓冢前端卷草纹　5. 碑帽底部太极图

图 2-2-5　大青口朱府（母）安氏墓全景

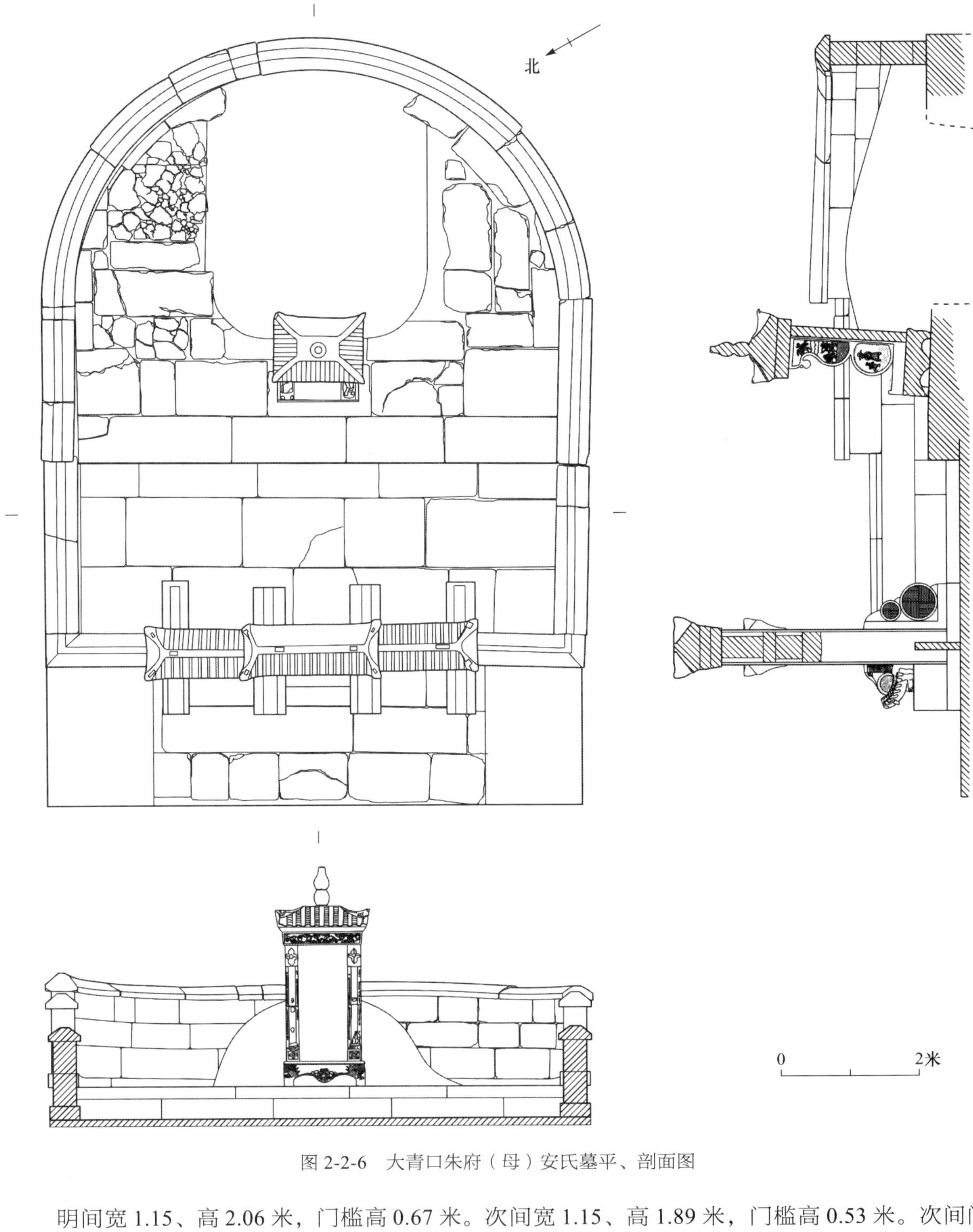

图 2-2-6　大青口朱府（母）安氏墓平、剖面图

明间宽 1.15、高 2.06 米，门槛高 0.67 米。次间宽 1.15、高 1.89 米，门槛高 0.53 米。次间门槛下部均整体留出排水孔。明间下额枋正面阳刻“双龙戏珠”图，下部雕刻太极图。花枋阴刻楷书“日升月恒”。中额枋浮雕“八仙贺寿”图。匾额阴刻楷书“彤管扬辉”。上额枋饰卍字纹。右次间下额枋阳刻暗八仙纹，以剑为主体。右侧另饰一小型暗八仙；左侧饰蹲坐状美猴王，手持如意金箍棒。左次间下额枋阳刻“双凤朝阳”图。主、次楼均为庑殿顶，脊饰已佚，原有吻兽。两次间花枋

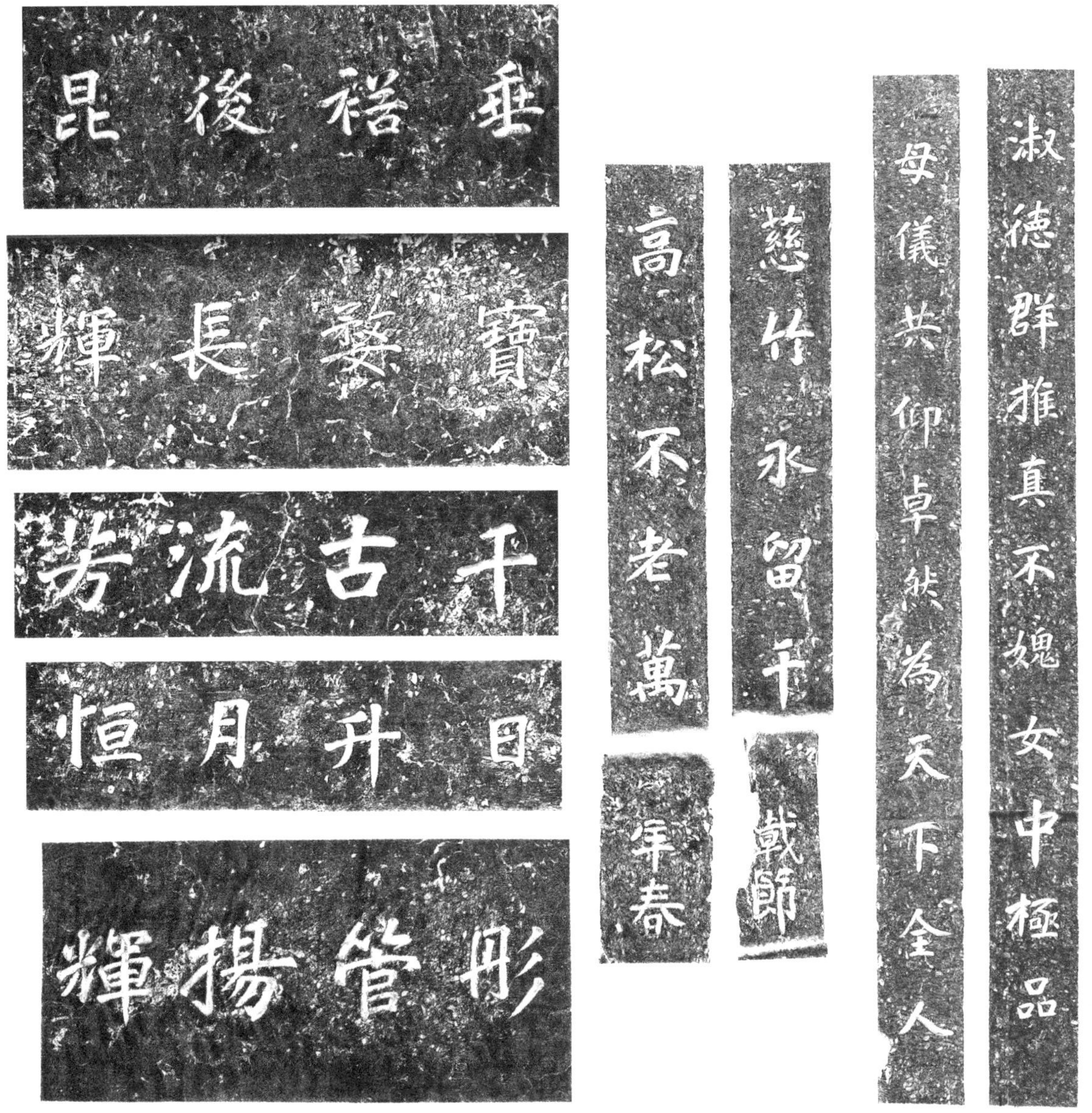

1　　2

图 2-2-7　大青口朱府（母）安氏墓牌楼拓本

1. 花枋拓本　2. 立柱楹联拓本

阴刻楷书墓志。花枋背面均阴刻楷书，明间为“千古流芳”“宝婺长辉”，左、右次间分别为“霞蔚云蒸”“垂裕后昆”。

（2）墓碑

A 型Ⅲ式墓碑。碑座呈几案式，正面形似垂幔，饰以卷草；腿部雕刻狮首，其五官、鬃毛等清晰可见，龇牙咧嘴，神态凶猛。

碑柱正面饰花卉及乳钉纹，下部圆雕石狮，石狮已毁。

左碑柱外侧饰香草夔龙纹及“野鹿衔枝”图，内侧上部对应外侧为香草夔龙，下部饰“天官赐福”图。右碑柱外侧“松鹤延年”图，内侧上部饰人物故事，下部刻“一品当朝”图（图 2-2-9）。

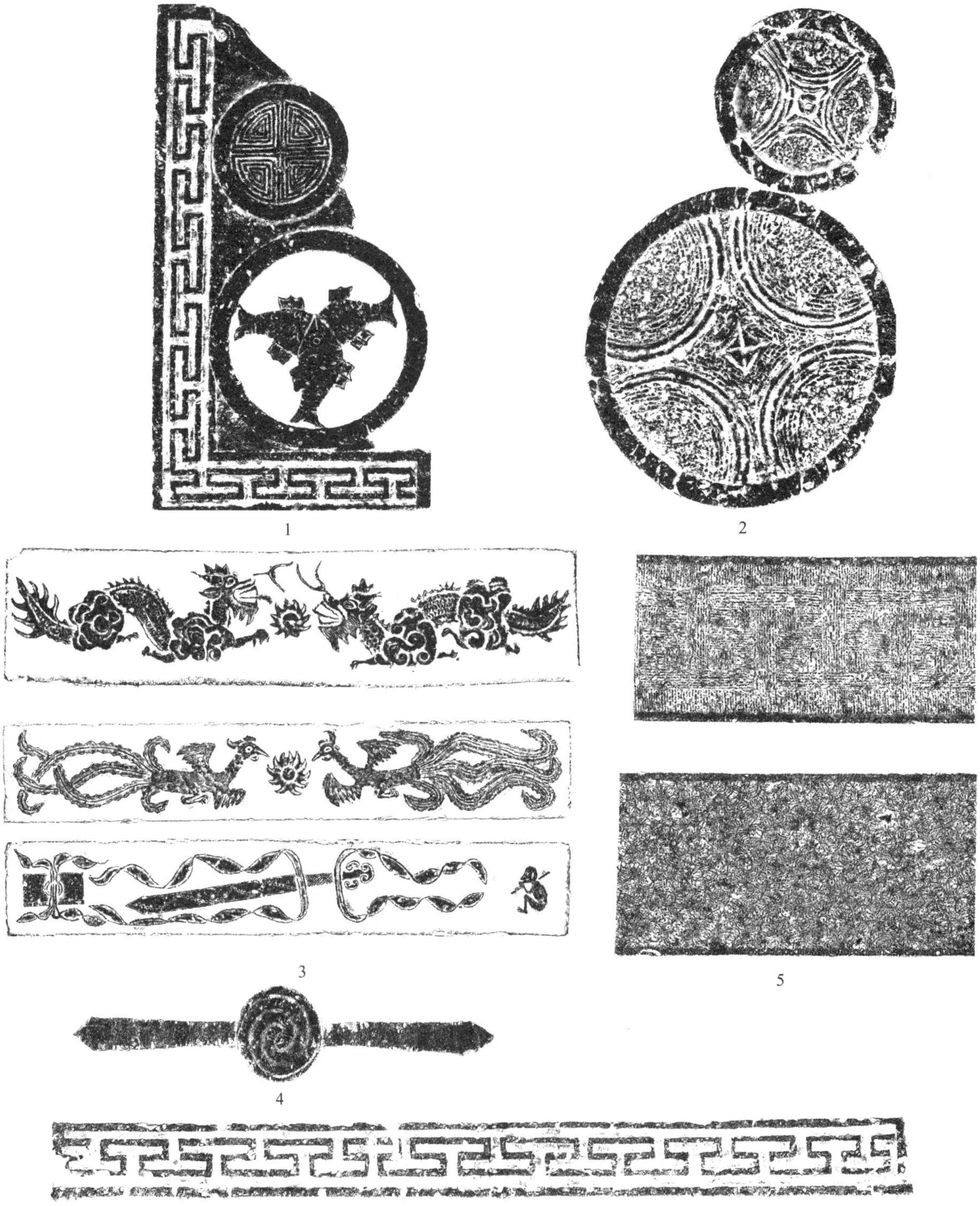

图 2-2-8　大青口朱府（母）安氏墓牌楼雕饰

1. 柱脚前右侧抱鼓鼓面　2. 柱脚后抱鼓鼓面　3. 明、次间下额枋　4. 明间下额枋底部　5. 立柱内侧细錾纹　6. 明间上额枋

1　　2　　3

图 2-2-9　大青口朱府（母）安氏墓碑柱两侧雕饰

1. 右立柱外侧　2. 右立柱内侧　3. 左立柱外侧

碑帽正面饰缠枝莲纹，侧面为素面。翘角庑殿顶，四翘角各圆雕一鸟，居高望远，鸟身羽毛清晰。宝顶为宝瓶状。

5. 马家田朱正亨、朱明映墓

朱正亨墓，系 A 型Ⅲ式墓碑。碑座呈几案式，四腿为兽足形；正面如垂幔，饰以卷草花卉；四角为兽首状，兽面清晰，獠牙外露，面目狰狞（图 2-2-10）。

碑柱正面圆雕花卉及石狮，另饰乳钉纹及斜线三角纹。两侧浮雕精美图案。左碑柱外侧饰“喜鹊闹梅”图及“野鹿衔枝”图，内侧上部饰暗八仙，下部为“天官赐福”图。右碑柱外侧上部饰青竹纹，下部饰“松鹤延年”图；内侧饰暗八仙及“一品当朝”图。碑帽正面饰“双凤朝阳”图，两侧饰卷草花卉。翘角庑殿顶，宝顶已毁（图 2-2-11）。

朱明映墓纹饰与其父朱正亨墓基本一致，仅在细部有微小差别，如抱鼓内侧“天官赐福”“禄位高升”图增添卍字纹、缠枝纹作为边饰，抱鼓正面乳钉纹之间填以缠枝纹、斜线三角纹等。宝顶坠落，两侧饰翘角卷草纹（图 2-2-12）。

6. 马家田朱母吴氏墓

B 型Ⅱ式墓碑，碑座较大，立柱两侧置抱鼓。

碑座为几案式，雕刻兽首、爪等。方形立柱，正面阴刻行书楹联：“崧岳效灵滋地脉，桂兰启秀兆人文。”立柱外侧各置一抱鼓，仅作为装饰之用，刻卷草花卉。碑板前原有碑罩，惜已佚。

碑帽正面四组人物，代表“渔樵耕读”。图案形象生动，尤其对渔翁的刻画还巧妙利用了“鹬蚌相争，渔翁得利”的典故，使得该图妙趣横生；碑帽左右侧面各饰以仰莲。翘角庑殿顶，瓦当饰古钱纹（图 2-2-13）。

1

2

图 2-2-10 马家田朱正亨墓（建模）

1. 墓碑立面及侧视图 2. 立柱内侧图

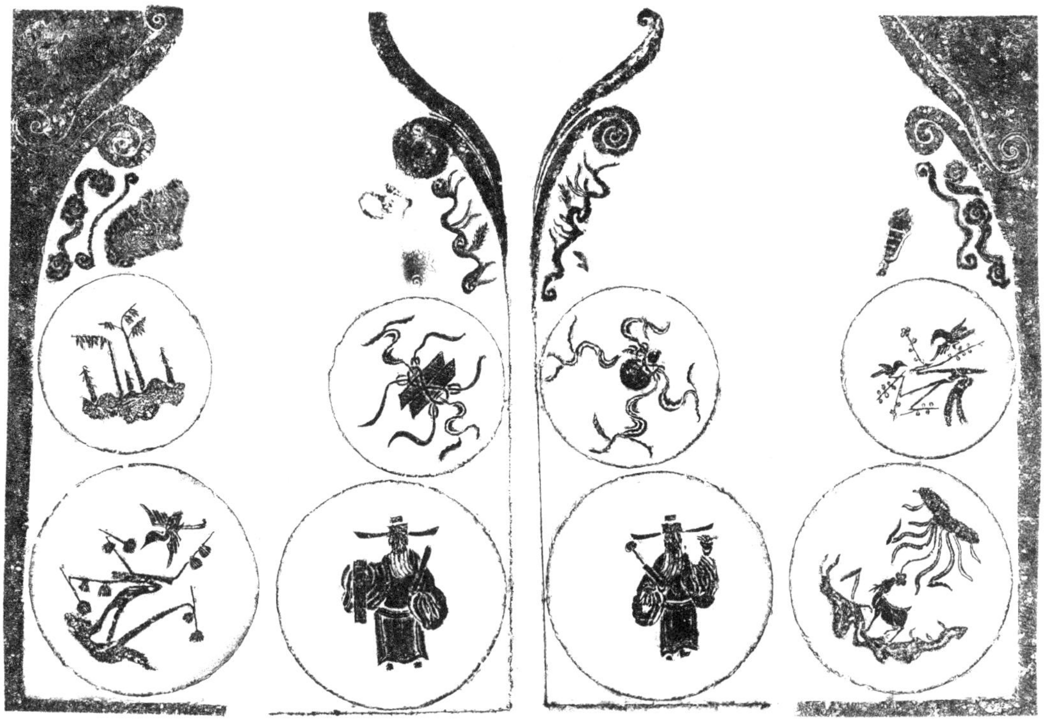

1

2

图 2-2-11　马家田朱正亨墓雕饰拓本

1. 碑柱两侧浮雕　2. 碑帽正面“双凤朝阳”

7. 高山朱明诏墓

A 型Ⅲ式墓碑。碑座为简单的几案状，似山羊坡杨氏墓墓碑。

碑柱正面饰乳钉纹，间隙圆雕花蕾。两侧浮雕图案。碑柱外侧上、下鼓面均浮雕花卉，如莲花、牡丹等。内侧上鼓面各饰一人物，左侧人物着圆领短上衣、长裤、长筒靴，手持双鞭。右侧人物所着服饰与左侧相似，手持长矛。下鼓面右侧为“麒麟献瑞”图，左侧为一口衔香囊的凤凰图。

碑帽正面及两侧均饰缠枝花卉，间饰纵向如意（图 2-2-14）。

8. 其他

其他有雕饰墓碑者较为简单，其工艺也难以与上述墓碑媲美，在此一并介绍如下。

三大窝朱母李氏墓，墓碑系 A 型Ⅲ式。碑座上部浮雕卍字纹。另于两碑柱内侧上、下鼓面各饰一组图案。右碑柱内侧上部鼓面浮雕一麒麟，体型小巧，四脚踏祥云作飞升状，兽首已毁；下部鼓面浮雕一孺人，身着圆领长袍，头戴冠，系腰带，双手收于腹前，脚踏祥云。左碑柱内侧上部鼓

1

2

图 2-2-12　马家田朱明映墓雕饰拓本
1. 碑柱两侧浮雕　2. 碑帽正面“双凤朝阳”

面浮雕一凤凰，双翼展开作侧身飞翔状；下部鼓面同样浮雕一人物，着圆领长袍，头戴冠，饰一项链，双手收于腹前，脚踏祥云（图 2-2-15）。

三大窝朱大华墓，G 型墓碑。立柱阴刻楹联，居上饰花卉。碑罩下部饰一香炉，上部为“双凤朝阳”图。碑帽正面浮雕“双龙戏珠”图。第二层浮雕“野鹿衔枝”图。该墓雕饰以浮雕为主，但线条较为简单，工艺较其他墓碑雕饰更为粗糙（图 2-2-16）。

三大窝朱母胡氏墓，墓碑系 A 型Ⅱ式。雕饰位于碑柱内侧，上部各饰一绶带。下部鼓面分别浮雕弓箭与古钱纹（图 2-2-17）。

高山朱母杨氏墓，墓碑系 A 型Ⅲ式。碑座浮雕为几案状。碑柱内侧上、下共浮雕四组图案。上部为两组暗八仙，下部饰两组人物故事图。整体风化较为严重，图案细部模糊不清（图 2-2-18）。

另外，朱士瑢夫妻两墓于碑帽顶部浮雕着蝴蝶，茶园苏母陈氏墓主碑两侧浅浮雕花卉纹，朝阳山道良禅师墓碑柱两侧雕刻“莲升三戟（连升三级）”图、“野鹿衔枝”图、凤凰、人物故事等图案等。

1

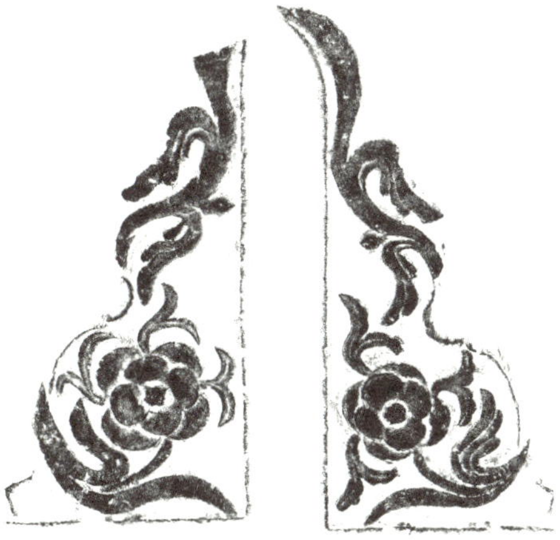

2

3

4

图 2-2-13　马家田朱母吴氏墓

1. 墓碑正视及侧视　2. 墓碑两侧抱鼓雕饰拓本　3. 碑帽侧面仰莲拓本　4. 碑帽正面“渔樵耕读”图

图 2-2-14　高山朱明诏墓雕饰拓本
1. 碑柱两侧　2. 碑帽正面　3. 碑帽侧面

（二）雕刻分布特征

清代墓碑雕饰往往具有明显的程式化特征，通常结合图案内容与墓碑结构有较为固定的分布模式。旋厂墓碑所见有雕饰者，多数为 A 型Ⅲ式墓碑，上文已介绍该类墓碑结构特征，按其结构将其图案分布特征分述如下。

（1）碑座：在道光年间，匠人根据碑座结构特征，以精湛浮雕技艺将其刻画为几案状，腿为兽足，四角为兽首。晚期一些碑座刻画较为简单，如山羊坡杨氏墓即雕琢简单的几案，下寨民国时期吴门朱氏墓碑座则是以象鼻为腿，四角浮雕象首。

（2）立柱：立柱与抱鼓的融合，将其体量大大增加，形成三组空间：正面及内、外两侧。正面

图 2-2-15　三大窝朱母李氏墓碑柱内侧雕饰

1. 麒麟　2. 凤凰　3、4. 人物

一般饰乳钉纹、三角形细錾纹，一些墓葬浮雕瓜蔓、花卉、缠枝等，于内凹处圆雕花卉、花蕾、石狮等。立柱侧面一般分上、下两组，模式较为统一；内侧以人物、瑞兽题材居多，人物题材的图案主要为“天官赐福”和“一品当朝”（或“加官晋禄”），另有部分人物故事图；瑞兽题材的图案以“麒麟献瑞”“天禄望月”等为主；一些墓碑内侧为香草龙纹、暗八仙等。外侧多为植物类图案及动、植物组合的吉祥图案，如“松鹤延年”“野鹿衔枝”“富贵白头”等图，朱明诏墓为单一的花卉，道良禅师墓还有“莲升三戟”图。

（3）碑帽：碑帽正面是墓碑建筑最易受到关注的构建部位，故该处往往饰“双龙戏珠”“双凤朝阳”等图案，部分饰花卉；两侧以花卉、卷草、暗八仙居多。

其他类型墓碑雕饰主要处于明显的位置。例如，马家田吴氏墓雕饰位于碑帽正面、两侧抱鼓；大青口安氏墓牌楼雕饰主要分布于额枋上；朱大华墓雕饰分布于碑罩、碑帽、立柱等处。

（三）雕刻技法及构图

旋厂清代墓碑建筑中，墓碑雕刻技法包含了多种雕刻工艺，如高浮雕、浅浮雕、圆雕、阴刻、减地平雕等，以浮雕为主。这些墓碑雕饰、雕技精湛，刻画细腻。这些技艺通常综合运用，通过各种技法呈现出不同图案，将雕饰的形与意融会贯通，如立柱正面常见缠枝花卉、瓜蔓等，枝蔓常以浅浮雕雕刻，而花卉、瓜等则以圆雕技法呈现。

图 2-2-16　三大窝朱大华墓雕饰

1.“野鹿衔枝”图　2. 香炉图　3. 花卉图　4.“双凤朝阳”图　5.“双龙戏珠”图

图 2-2-17　三大窝朱母胡氏墓碑柱内侧雕饰

1. 弓箭　2. 古钱纹

在艺术发挥过程中，匠人也十分注重图案的写实性。例如，朱正荣墓、朱明诚墓等碑顶圆雕的石鸟，羽翼清晰；再如朱府（母）安氏墓碑座所刻狮首，其五官、鬃毛等应有尽有，龇牙咧嘴，神态凶猛。

多数雕饰构图巧妙，细观图案，妙趣横生，如马家田朱母吴氏墓碑对渔翁的刻画巧妙利用了“鹬蚌相争，渔翁得利”的典故。尽管墓碑雕饰呈现出明显的程式化特征，但是构图模式并非千篇一律。匠人在针对同一范本的创作之中自由发挥，形成多元的构图模式。

（四）雕饰题材与寓意

图 2-2-18 高山朱母杨氏墓碑柱雕饰

旋厂墓碑雕饰题材丰富，包括了祥禽瑞兽、人物故事、树木花卉、法器等。人物题材较多，以“天官赐福”“一品当朝”最为多见，如朱明诚墓、朱正亨墓、朱明映墓、朱正荣墓抱鼓内侧均饰该类图案。另在朱府（母）安氏墓牌楼上饰“八仙贺寿”图，中寨朱母张氏墓、山羊坡杨氏墓均有人物故事雕饰；高山朱明诏墓也有将士形象雕饰。植物类题材在雕饰之中应用最为广泛，这类图案即是传统雕饰中的主体题材，也常常作为辅助装饰出现。旋厂墓碑中植物类题材有松、竹、牡丹、莲花、瓜蔓、梅花及其他卷草花卉等。动物类题材，有现实世界中的鹤、狮子、鹿、白头翁、鹬、蚌、蝙蝠、鱼、鸟、牛等，另有根据想象衍生的龙、凤凰、麒麟、天禄等。其中，以狮子、鹿、龙、凤凰、麒麟、天禄较为常见。器物类有暗八仙、戟、如意等，暗八仙较为多见，另有乳钉纹、太极图、卍字纹、细錾几何纹等。

传统文化中，古人通过谐音、寓意的方式赋予了各类事物独特的内涵。上述各类题材的出现，均具有特殊的寓意，即“图必有意，意必吉祥”[1]。这些图案寓意主要包括祈求吉祥、福禄、长寿、功名等。

（1）“双龙戏珠”“双凤朝阳”“天禄望月”“麒麟送书”等图反映了人们祈求祥和、吉庆的愿景。

“双龙戏珠”图：早在西汉时期，双龙戏珠便成为一种吉祥喜庆的装饰图纹。历代常见于壁画、雕刻、刺绣、器皿等。龙珠为宝珠，可避水火，代表逢凶化吉，吉祥如意。富含喜庆丰收、祈求吉祥的美好愿望。

“双凤朝阳”图：凤凰为百鸟之王，寓意天下太平，朝阳也是吉祥之意。最早见于《诗经·大雅·卷阿》：“凤凰鸣矣，于彼高冈。梧桐生矣，于彼朝阳。”

“天禄望月”图：天禄，神话传说中的瑞兽，又称“天鹿”，也称“挑拨”“符拨”，与麒麟、辟邪并称为古代祭祀的三大神兽。天禄似鹿而长尾，一角者为天禄，无角者为辟邪，可攘除灾难，永安百禄。古人把它们对置于墓前，既有祈护祠墓、冥宅永安之意，也有将其作为升仙之坐骑之意。

“麒麟送书”图，又称“麒（麟）吐玉书”。《名山藏》云：“孔子将生，有麒麟吐玉书于阙星，

[1] 李苍彦：《中国民俗吉祥图案》，中国文联出版公司，1991 年，第 2 页。

圣母以绣系麟之角。”不久孔子就降生了。或云玉书为玉版，刻“水精之子孙，衰周而素王，征在贤明”。麒麟一直被视作祥瑞之兽，与凤、龟、龙谓之四灵。在此寓意天降祥瑞，圣贤降世。

（2）“八仙贺寿”及“松鹤延年”图（取松树长青不朽之意，代表长寿延年；鹤被视为出世之物，修道之士以鹤为伴，赋予了其高洁情志的内涵，在民间被视为仙物，寓意长寿）体现人们对于长寿的追求。

“暗八仙”亦属于贺寿主题类图案，但也具有各自的寓意。例如，“鱼鼓”，系张果老所持宝物——“鱼鼓频敲有梵音”。传说张果老手上拿着的鱼鼓是一种用竹或者木制作的乐器，敲击发出声音能占卜人生，劝化世人。葫芦系铁拐李所持宝物——“葫芦岂只存五福”。传说葫芦里的仙丹能治百病，药到病除。“宝剑”，系吕洞宾所持宝物——“剑现灵光魑魅惊”。传说吕洞宾的纯阳宝剑可用来斩断贪婪嗔怒之心、爱欲之心、烦恼之心，镇邪驱魔。

（3）祈求福禄、富贵是民间最为常见的行为。“野鹿衔枝”和“天官赐福”、蝙蝠均代表了这类美好的愿景，牡丹花即寓意富贵，鹿取“禄”之谐音，蝙蝠取“蝠”同“福”之谐音。

“野鹿衔枝”图：鹿，取其谐音“禄”。民间艺术中常将其与鹤、花草等组合，寓意长寿、富贵。

“天官赐福”图：天官即授福禄之天神，寓意着多福多寿。

（4）古人尤为重视功名，认为“万般皆下品，惟有读书高”。在雕饰中表现功名利禄题材众多。在旋厂最常见的有“一品当朝”图，另有“莲升三戟”和“鱼跃龙门”图。

（5）寓意高尚的品质也是墓碑雕饰的重要内容。这常见的是以梅花、竹子、兰花等来表现的雕饰，也有一些通过历史故事、戏曲故事来表现。

其他尚有诸多图案。例如，不少墓碑均有圆雕石狮，石狮不仅代表权势，还可辟邪。“富贵白头”图：牡丹，花中之王，寓意着雍容、富贵；白头翁，因其额至头顶黑色，而两眼上方为白色而得名，传统文化中视其为鹤发童颜、长寿白头老人的象征。该图比喻夫妻能够白头偕老，白头富贵。“卍”是宗教标志，象征光明与吉祥，有轮回不止的意思。抽象的香草龙纹也被视作求子的表现[1]。

第三节　坟墓与家族：重建旋厂朱氏世系

旋厂发现的119座清代墓葬之中，明确的朱氏家族墓葬占80%以上，山羊坡墓地、桶井墓地、枫香林墓地、三大窝墓地、天子南墓地、坨田墓地、马家田墓地、大青口墓地等多数属朱氏一族。其中，一些墓地分布着明代石室墓，可以推测这类石室墓极有可能属于朱氏祖坟。

朱氏作为旋厂五大姓之一，留下了中寨建筑群、碾房作坊、惜字亭等大量遗存，在一些诸如学校与寺庙修建的公共活动中，均可见朱氏扮演着组织者、倡议者的角色。按朱正亨墓碑记载：“其先江右人，宋元间移黔家马，为思南大姓之一，明初由塘头移旋厂。”旋厂朱氏于明初移居此地，调查发现丰富的明代中晚期墓葬，表明碑文记载可信。

令人遗憾的是三寨朱氏均无族谱，今其后人回忆也仅零星片段，在民国时期凤冈朱氏编纂的族谱之中也并不全面，缺讹较多。故对于旋厂朱氏家族的演变，主要依靠对诸多朱氏墓葬的调查梳理。

---

[1] 康旭：《川东北清代墓碑吉祥图案研究》，四川师范大学硕士学位论文，2017年，第23页。

一、中寨朱氏墓葬及世系

旋厂诸寨之中，中寨朱氏最具实力，从现存中寨建筑基址及周围大量精美墓葬即可窥一二。根据踏查情况，中寨朱氏墓葬主要围绕中寨分布，整体较为集中，墓地有桶井墓地、山羊坡墓地、大青口墓地，下寨天子南墓地也有一部分中寨朱氏墓葬。

（一）中寨周围

1. 朱明诚及朱母张氏墓

位于朝阳村香林组，南距中寨约 200 米。两墓并排，坐东向西，占地面积约 80 平方米。两墓形制、规格一致，由墓冢及墓碑构成；墓冢以规整条石围合，前部为方形，后部为弧形。长 7.5、宽约 8.9 米。墓碑由碑座、立柱、碑板、碑帽等构成。两墓外围以条石垒砌茔墙，墙高 1.1～1.5 米。前部以石板平铺拜台（图 2-3-1）。

图 2-3-1　朱明诚、张氏墓鸟瞰图

（1）朱明诚墓：建于道光二十年（1840 年），墓向 288°。墓冢长 4.2、宽 2.8、高 1.3 米。墓碑残高约 2.42 米，A 型Ⅲ式。几案式碑座，长 1.41、宽 1.11、高 0.29 米[1]；立柱为抱鼓式。碑座、立柱、碑帽均施丰富雕饰。

碑板宽 0.7、高 1.7 米。碑文抄录如下（图 2-3-2-1）：

[1] 鉴于墓葬数量众多，难以一一测量，在此仅提供部分墓葬尺寸数据以供参考，往后多数墓葬仅提供碑板尺寸。

1　　2

图 2-3-2　朱明诚、张氏墓碑拓本

1. 朱明诚墓碑　2. 张氏墓墓碑

乙山辛向」。

清故处士朱公讳明诚老大人之坟墓位」。

朱君讳明诚老大人墓志」：大人者，思南学庠生，正荣翁之次子也。生前苦读诗书，学将有得，试列前矛，虽天夺善人，未获名登黉序[1]，然学力」功深，敬以持己，恭以接物，亦足以增光于梓里。作则于来兹正诗，所谓“温温恭人，为德之基”」，大人有焉。是以为序」。末戚婺邑增生彭统仁拜撰」。

孝姻弟：龙邑庠生张秧斗」。胞兄朱明政。孝胞弟朱奎光」。孝妹弟钱青云，朱氏」。孝妻：张氏、安氏。孝男：朱燦，娶张氏。孝女：凤章」。孝胞侄：朱绂，娶钱氏；朱绶，娶林氏；朱琛」。孝外甥：钱玉钟，娶官氏；钱桂衡」。

皇清道光二十年十二月二十日谷旦立」。

按碑文所载，墓主朱明诚，系朱正荣次子，思南府学庠生。生年不详，据朱正荣墓碑文载，明诚在其父逝世“三旬”后相继去世，即道光十八年（1838 年）。明诚生前苦读诗书，试列前矛，却未名登黉序，然有学识修养。配张氏、安氏，据朱正荣碑文，尚有周氏。生子一：朱燦。

（2）朱母张氏墓：建于道光二十年（1840 年），墓向 291°。墓冢通长 4.5、宽 2.7、高 1.3 米。墓碑通高 2.4、宽 1.3 米，A 型Ⅲ式。几案式碑座，长 1.31、宽 1.08、高 0.27 米。顶部为庑殿顶。

碑板宽 0.7、高 1.7 米。碑文抄录如下（图 2-3-2-2）：

乙山辛向」。

皇清待诰孺人继妣朱母张老太君之墓」。

清待诰朱府张孺人墓志。」

孺人系出望族，于归名门，秉中和之姿，成肃雍之德。适郡庠生朱君正荣为继室。温恭柔惠，壶范堪型。元配孺」人卢生三子，长明政，次明诚，次明耀，更名奎光，游泮[2]都濡，乃婺庠之领袖也。及卢早世，朱君续娶孺人」，鸡鸣有儆，义方垂训，其诸内助之君子，巾栉之丈夫欤。朱生善事继母，竭力承欢，复于生前预卜宅兆，相阴」阳，观流泉，去宅东里许营建为坟，灵山镇地，长吐云烟，德水连天，自浮星象，所谓卜云其吉终，马允臧也。生」营兆将成，问序于余，因为之。铭曰：维山有麓，积阴之灵；维水有源，积气之清；风高碧树，雾霭青岭。预卜」宅兆以妥，孺人鹤归，华表凤起，文明俾昌厥后，科甲联云。辛巳」恩科举人授务川县学训道事通家弟漆映麟顿撰」。

孝婿：钱青云，朱氏。孙：玉钟；桂衡。孙女：大妹；二妹」。

馆甥：梅先春。继女：黎氏。孙：润德；秀德」。

孝男：朱明政，媳安氏。孙：朱绂，钱氏。政又娶严氏，孙朱琛。孙女：三凤；五凤。朱明诚，媳张氏、安氏。孙：朱燦。孙女：凤章。孙媳张氏。朱明耀，媳罗氏；孙：朱绶，林氏。孙女：凤来；双凤；彩凤」。

皇清道光二十年庚子岁小阳月谷旦立」。

墓主系朱正荣之继室。正荣原配卢氏早逝，续娶张氏；张氏出于名门，生卒年不详，葬于住宅

[1] 黉，音 hóng。黉序，即古代学校。

[2] 明清时期经过州县考试录取为生员，就读于学宫，称之为“游泮”。

东里许。

2. 朱行二墓

位于中寨北部石狮旁。建于道光七年（1827年），墓向259°。A型Ⅱ式墓碑。碑板宽0.69、高1.42米。碑文抄录如下：

甲山庚向」。

清新逝故娘闺朱行二之墓」。

小女逝也，何志墓焉。但所痛者，不过念其气」质温和，敬慎淳厚，故志墓耳」。

胞兄：朱明政；朱明诚；朱明耀。胞姐：钱朱氏。孝侄：朱绶；朱纹；朱彰」。

皇清道光七年十二月二十二日吉旦立」。

墓主朱行二系朱正荣之次女，早逝而葬于此。生卒年不详。

3. 朱明辉墓

位于青龙岭。建于光绪八年（1882年），墓向10°。墓碑由碑座、抱鼓式立柱、碑板、碑帽组成，碑系A型Ⅳ式。碑板宽0.65、高1.44米。碑文抄录如下：

万古佳城」。

清仙逝嫡堂叔考朱公讳明辉老大人之墓」。

阳命生于嘉庆壬申年五月初八日吉时」，阴命殁于咸丰己未年二月十一日吉时」。

孝堂侄：朱绶；朱纮；朱芝。孝堂侄孙：义贵；朱应□；朱应符；朱应显；朱应南。长女：莲媛；次女：二妹。孝子婿：张德；姜仕斗」。

光绪八年岁次壬午孟秋月上浣之吉立」。

墓主朱明辉，系朱正柏之子。生于嘉庆十七年（1812年），卒于咸丰九年（1859年），享年47岁。墓为其堂侄子所修。

（二）桶井墓地

桶井墓地位于中寨西部，距居民区约100米，青龙岭西南，占地面积约300平方米。共5座墓葬，其中1座为明代石室墓，其余4座属于清代墓葬；清代墓葬形制各异，分别为朱正身墓、朱士瑾墓、朱母张氏墓；另一座为圆形墓，碑已佚（图2-3-3）。

1. 朱正身墓

建于道光二十一年（1841年），墓向12°。由墓冢、墓碑、茔墙组成。茔墙前方后圆，最长约6.3、宽3.75、高1.2米，前部居中设通道，两侧横置条石。墓碑有碑座、碑板构成。碑座为几案式，长1.06、宽0.75、高0.26米。碑板为C型，宽0.84、高1.89米，以卍字纹为边饰，上部居中浅浮雕一只蝙蝠；中部阴刻楷书碑文，记述墓志、墓主、年代等，抄录如下：

清故处士郎慎行朱公讳正身老大人墓」。

图 2-3-3　桶井墓地墓葬分布情况

士有生前名未彰，没后而行不须者。此□子所为隐痛者也，余」姑父朱姓讳正身，仕壁公之五子也。生乾隆辛丑年三月廿四日申时，享年五十一，生子二，长明顺[1]，娶陆氏」，次铭鼎，安邑庠生，娶吴氏。公卒于道光辛卯年十二月十七日酉时，卜葬于斯，扦丁山癸向。二表弟为茔佳城而请志于余，匕□」大人生平持己谨严，待人谦厚，虽诵读未□前人，而世业延承元志，此其名岂可不彰，行岂可不显哉。余自」维学□，不能道务善□，复不敢诀词以献聊，援笔而为之志」。铭」：谦为美德，德盛动人；人思美盛」，食报休徵」。大人已矣，山高水深；靳石镌词」，庶[2]慰九京」。

男：铭顺；铭鼎。媳：陆氏；吴氏」。孙：朱暄；朱纯；朱纮；朱绚；朱藻。孙女：凤仪；来仪；玉娇」。

道光二十一年建子月之杪。思南府学廪生孝外甥李□桢顿首拜撰并真讳」。

根据碑文记载，墓主朱正身系朱士璧[3]之五子，生于乾隆四十六年（1781 年），卒于道光十一年（十二月，即 1831 年），享年 51 岁。配李氏，生二子：长子明顺；次子铭鼎，为安化县庠生。

2. 朱仕瑾墓

建于嘉庆七年（1802 年），墓向 12°。由茔墙、墓冢、墓碑组成。茔墙前方后圆，最长约

[1] 下文又作“铭顺”。
[2] 同“庶”。
[3] 凡朱氏人名，“士”字辈，又作“仕”，如“朱士璧”，又作“朱仕璧”。

7.88、宽4.4、高1.53米，两侧茔墙作栏板式，由柱座、立柱、栏板、檐面组成。墓冢居中，前部置墓碑。墓碑为仿木式结构四柱三间三楼式牌坊式，与茔墙相接围合茔园。柱座为长方形条石；立柱截面为梯形，楷书阴刻楹联："阴阳钟瑞产灵芝而九茎，山川癸祥生长松之千尺。"次间石板各阴刻两道门扇，为四抹隔扇门，隔心板内减地平雕楷体大字，组成"毓秀钟灵"，每字外围有古钱状边饰；绦环板减地平雕"野鹿衔枝"图、花卉等吉祥图案；裙板为素面。主碑宽0.92、高1.57米。碑文抄录如下：

午山□向」。

清例赠登士郎朱公讳仕瑾老大人之墓」。

墓之有志，由来已久矣。自古端人正士，生前有可述者，乃至殁后每每志之」于墓，以示不朽。朱公正所谓端人正士也，生前既有可述，及后宜志于」墓，以垂不朽者。□而□余志之，因为洗心易□，切肯其概。公盖赋性纯」良，制□端□□不践迹，而一举一动皆合□规庄而致其笃实古□古貌」。先□□道范犹有宝行宝修有道□今□□□此圣人之□□善人者也」。余□概公之□□□□洵不诬□至若勤俭持家而家口实哉。方教□」而子成名，此特□□□□。印江县□学增生□姻弟马□进沭手题」。

孝男：朱正槐，□氏；朱正芳，林氏；朱正桂，吴氏；朱正茂，李氏；朱正鼎，梁氏。侄：正显，张氏。孙：明廷，明理，明□，明坤，明□，明□，明□，明□，明□。孝婿：刘□；李□。外孙……」。

嘉庆七年癸亥岁季秋月下元谷旦」。

据碑文所知，朱仕瑾系朱大经之子，生卒年不详。配冉氏。子五：正槐、正芳、正桂、正茂、正鼎。

3. 朱母张氏墓

碑立于道光六年（1826年），墓向350°。由茔墙、墓冢、墓碑组成，墓碑系A型Ⅱ式。碑板宽0.66、高1.39米。碑文抄录如下：

丙山壬向」。

皇清待诰孺人朱母张氏老太君之墓前」。

孝男：朱明绪，高氏。孙：朱□」。孝堂侄：朱明贤；朱明廷；朱明乾；朱明圣；生员朱明堂；堂孙：朱孝；朱弟；朱忠；朱信；朱礼；朱义」。孝内弟：张宏赏。孝内侄：张达国；张经国；张开国」。孝婿：生员吴渐逵；袁方松；钱青黎。外孙：吴泽泮；袁吕□。义男：朱当。义女：秋香」。

大清道光六年季冬月中浣。思南府安化县岁进士眷行生高昭明书」。

按碑文所载，墓主朱母张氏，系朱正显之妻，生卒年不详。育有一子：明绪。其女婿吴渐逵为生员。另有婿钱青黎，系凤冈绥阳人氏，钱氏在咸同年间修建了玛瑙山营盘。

（三）山羊坡墓地

山羊坡墓地，位于朝阳村高山组。占地面积约100平方米。墓葬共计5座，均东南—西北向；勒石刊碑者有四，分别为朱正荣墓、朱母卢氏墓、朱正柏墓、朱母杨氏墓（图2-3-4）。

图2-3-4　高山组朱氏墓地墓葬分布情况

1. 朱正荣墓

建于道光十八年（1838年），墓向283°。墓冢平面近似长方形，后部为弧状，以方正条石垒砌。四周平铺石板。A型Ⅲ式墓碑，雕刻精美。碑板宽0.74、高1.72米。碑文抄录如下（图2-3-5-1）：

乙山辛向」。

清例赠登仕郎显考朱公讳正荣府君墓」。

公讳正荣，号长青，乾隆壬午年十二月朔六日生人也。幼聪慧，善读书，其先人甚爱之；年甫成童，即能文艺，倘由是而之焉，于以博涉」经史，猎取科名无难也。乃其尊人以为：有文事者必有武备。于是令弃文章而习武射。公年十六，遂以是而入胶庠；嗣因先太翁」体厚，家务冗繁，数十年无宁日。以此淡功名而课耕读，以终老焉。秉性光明，行事磊落，居家则尚勤俭，教子惟先孝，又其于亲族朋友」，待人驭下无不处之得宜焉。若夫理财之尽善，经营之得宜，其余焉者耳。公卒于道光十八年四月十二辰时，享寿七十有七。其德配」则予嫡堂女兄也。先公而卒，有子三人，季升庠序，伯仲虽学业未成，其制行亦可为后世之坊表，不料公殒三旬，仲子继逝，诸令嗣为」公营墓，告成，因戚谊知为述其梗概，以示来兹云」。甲午科举人栋选知县愚内弟卢志超顿首拜撰并填讳」。

1

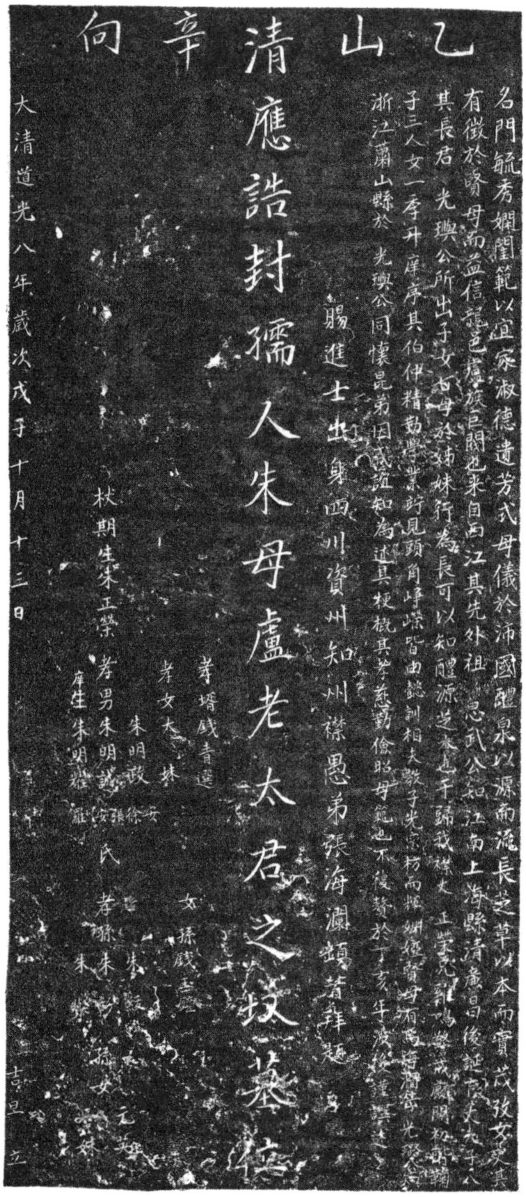

2

图 2-3-5　高山墓地朱正荣及卢氏墓碑拓本

1. 朱正荣墓碑　2. 卢氏墓碑

孝男：亡故明诚，媳：安、张、周氏；明政，严氏；生员明耀，罗氏。孙：朱燦，张氏；朱绂，钱氏；朱绶，林氏。孙女：凤章；三凤、五凤；凤来、双凤；孝婿：钱青云；孝女：大妹。外孙：钱绍位，钱绍任。孝婿：梅先春，孝继女：黎氏；孝胞侄：长房：生员明高，张氏；三房：明凤，张氏；明暹，贾氏；四房：明辉，聂氏；侄孙：朱英；五房：明顺，陆氏；生员明镜，吴氏」。

大清道光十八年十月二十八日吉旦」。

按碑文记载，墓主朱正荣，号长青，系朱士璧之子，生于乾隆二十七年（1762 年），卒于道光十八年（1838 年），享年 77 岁；16 岁入学，为思南府庠生。原配卢氏，生子三：长子明政，次子明诚，三子明耀（或作“奎光”）。长女大妹，适凤冈钱青云，钱青云与青黎系同胞兄弟。次女行二。续配张氏。

2. 朱母卢氏墓

位于朱正荣墓右侧，两墓并列。建于道光八年（1828 年），墓向 294°。墓冢以条石垒砌，前方后圆。四周平铺石板。墓碑系 A 型Ⅱ式。立柱抱鼓上部圆雕石狮。

碑板宽 0.77、高 1.69 米。碑文内容如下（图 2-3-5-2）：

乙山辛向」。

清应诰封孺人朱母卢老太君之坟墓位」。

名门毓秀，娴闺范以宜家；淑德遗芳，式母仪于沛国。醴泉以源而流长，芝草以本而实茂。孜女史，其」有征于贤母而益信。龙邑卢族巨阀也，来自西江，其先外祖思武公知江南上海县，清廉昌后，诞育丈夫子八」。其长君光玙公，所出子女七，母于姊妹行为长可以知醴源芝本也。于归我襟丈正荣兄。鸡鸣警戒，麟阁初皆鞠」。子三人，女一。季升庠序，其伯仲精勤学业，仡见头角峥嵘，皆由懿训，相丈教子，光宗枋而辉，姻娅贤母有焉。海澜岳光璐，知」浙江萧山县，于光玙公同怀昆弟，因戚谊知，为述其梗概；其孝慈勤俭昭母范也，不复赘。于丁亥年没后。谨课述」。赐进士出身四川资州知州襟愚弟张海澜顿首拜题」。

杖期生：朱正荣。孝婿：钱青选❶。孝女：大妹。女孙：钱玉钟。孝男：朱明政，安、徐（氏）；朱明诚，张、安（氏）；庠生朱明耀，罗氏。孝孙：朱绂、朱彰、朱燦。孙女：元英、二妹」。

大清道光八年岁次戊子十月十三日吉旦立」。

卢氏，系朱正荣原配。按碑文所载，卢氏出自龙邑（即今凤冈）卢氏家族，为当地大族，家世显赫。生年不详，卒于道光七年（1827 年）。

3. 朱正柏墓

位于墓地中部。建于嘉庆二十三年（1818 年），墓向 297°。墓冢以条石垒砌，前方后圆。拜台较窄。墓碑整体与卢氏墓墓碑形制相近。立柱为单抱鼓形制，上部瘦小作回勾状。通体素面。碑板宽 0.55、高 1.67 米。墓碑风化严重，多数字迹不清，现将其抄录如下（图 2-3-6-1）：

辰山戌向」。

清待赠处仕郎朱公讳正柏老大人之墓」。

从来□世德者，肯□必□肯□家声者，乃俭继以乃勤如□可谓善为因而亦善为创□□」□自□戏君大启□宇以来□□思危货殖追□朱之成麟□来鿌斯之禄万之暨□亦谓

❶ 参见中寨朱正荣继室张氏墓，为钱青云，系凤冈玛瑙山一武绅。

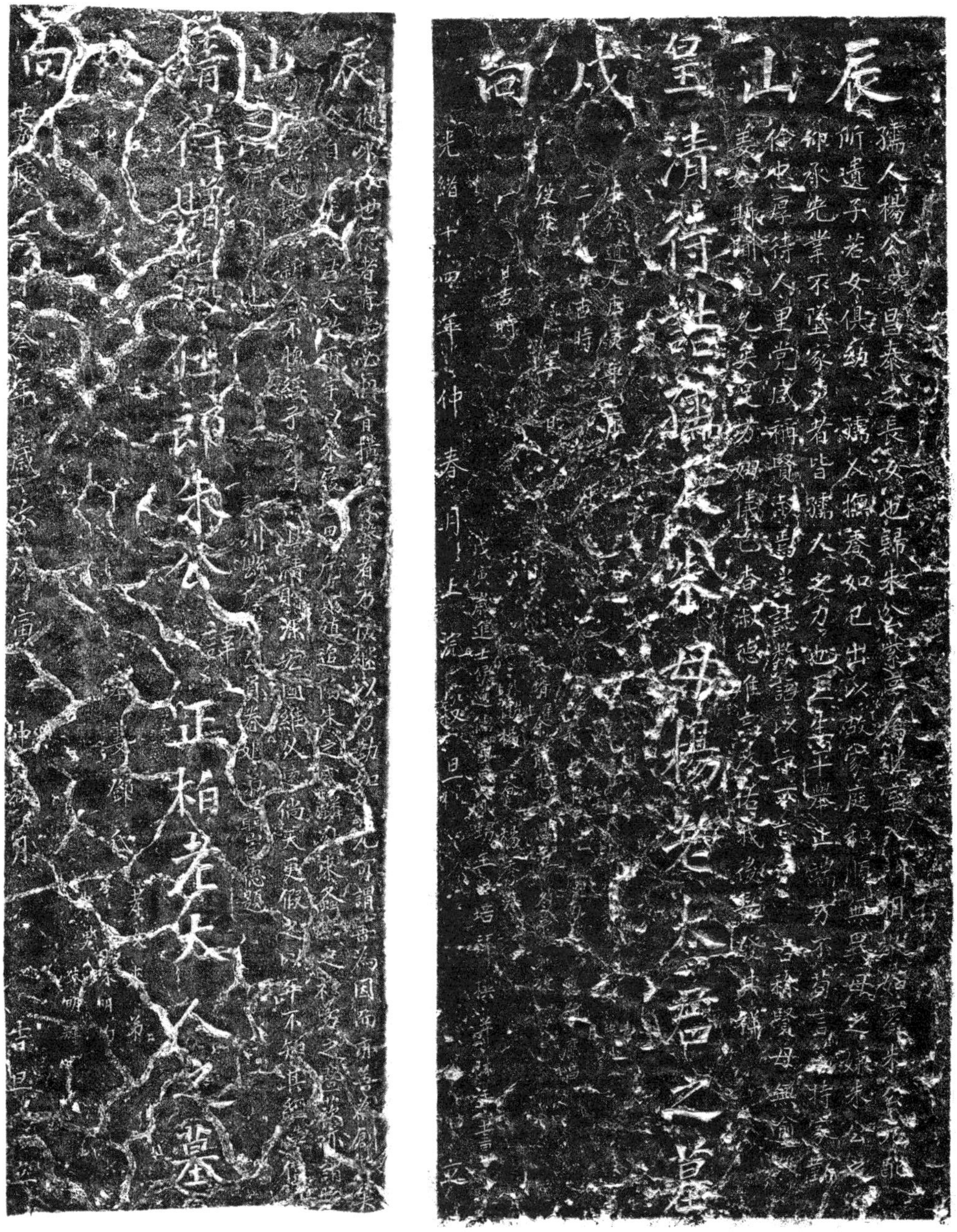

1　　2

图 2-3-6　高山朱氏墓地朱正柏及朱母杨氏墓碑拓本

1. 朱正柏墓碑　2. 朱母杨氏墓碑

□」□孙□□□新□不愧绥予教子而宜，积贮深宏□维父□倘天更假之以年，不知其经□□□」之□□于胡□也。务川县□□生员誊□□聂崇德题」。

孝妻：邓氏。孝女：来弟。孝男：朱明灼；朱明辉」。

嘉庆二十三年岁次戊寅仲□月吉旦立」。

墓主朱正柏，系朱士璧之子，生卒年不详。碑文字迹模糊不清，多数文字难以辨认。配邓氏。生子二：明辉；明灼。

4. 朱母杨氏墓

位于墓地西部。建于光绪十四年（1888 年），墓向 304°。A 型Ⅲ式墓碑，风化严重。碑座浮雕几案，不再饰兽首。立柱内侧上部均是暗八仙，下部分别饰人物故事图；正面饰卷草纹；外侧为素面。

碑板宽 0.75、高 1.67 米。碑文抄录如下（图 2-3-6-2）：

辰山戌向」。

皇清待诰孺人朱母杨老太君之墓」。

孺人杨公讳昌泰之长女也，归朱公紫亭为继室，入门相敬如宾。朱公元配」所遗子若女俱幼，孺人抚养如己出，以故家庭和顺，无异母之嫌。朱公之」仰承先业不坠家声者，皆孺人之力也。至生平举止端方，不苟言笑，持家勤」俭，忠厚待人，里党咸称贤淑焉。爰志数语以示不忘焉。古称贤母无逾敬」姜如斯闻范久矣，足方姆仪已杳淑德难忘，启佑我后长发其祥」。

生于道光庚寅年二月」二十九日吉时」，殁于　　年　月」　日吉时」。

男：应□，李氏；应动，吴氏。孙：□汉。孙女：素娥；绿娥；月娥。堂侄：义□（志），陆氏；应南，黎氏；应□；应昌。婿：庠生余龙光；□恩弟；冬荣；射妹。外甥：生员杨□。杨秀海。

戊寅岁进士候选儒□□（学愚）外甥王世培拜撰并沐手书」。

光绪十四年仲春月上浣谷旦立」。

墓主朱母杨氏，系朱紫亭继室，生于道光十年（1830 年），碑文中未载其卒年。子二：应□、应动。

（四）大青口墓地

大青口墓地，位于朝阳村中寨东部后山，距村委会约 100 米处。该墓地从明中晚期延续至今。其中明代石室墓 2 座，分别编号 M6、M7，已在上文介绍。清代墓葬有朱母张氏墓、朱府（母）安氏墓（图 2-3-7）。

1. 朱母张氏墓

碑立于道光二十一年（1841 年），墓向 288°。C 型墓碑。碑板宽 0.85、高 1.73 米。碑文抄录如下（图 2-3-8-2）：

皇清故高祖妣朱母张老太君之坟墓」。

道光二十一年又三月上浣」。

报本追远」。

男：德辉；德普；德恩。

孙：大经；长大统，次大志；大陶。

曾孙：仕琼；仕璧；仕瑶；仕圣；仕玠；仕瑾；仕瑭；仕珊。

图 2-3-7　大青口墓地墓葬分布情况

玄孙：正显；正槐；正桂；府庠正芳；正茂；正鼎；正东；正荣（府庠）；正南；正柏；正身；正权；正鹏；正色；正玉；正邦；正士；正炳；正奎；正乾」。

六世孙：明廷；明理；明绪；明乾；明交；明泰；生员朱鹏；明圣；明良；明贤；明衡；明兴；生员明高；明政；明诚；奎光；明凤；明暹；明灼；明辉；明顺；生员铭鼎；明甲；明申；明昱；明芳；明元。

七世孙：朱孝；朱弟；朱忠；朱承；朱信；朱礼；朱义；朱仁；朱智；朱扳；朱莘；朱宝；朱昕；朱煜；朱绣；朱绂；朱缙全；朱燦；朱绶；朱彰；朱儒；朱端；朱焕；朱英；朱藻；朱暄；朱绚；朱纯；朱绅；朱綋；朱澍；朱焯」。

结合其他碑文，墓主张氏系朱文先之妻，生卒年不详。育子三：德辉；德普；德恩。

2. 朱府（母）安氏墓

建于光绪三十一年（1905 年），墓向 300°。平面近长方形，前方后圆，占地面积约 30 平方米。主体包括垣墙、园门、墓冢、墓碑、天井等。垣墙将坟墓及天井围合，前部居中设园门，南北垣墙分两次向后抬升，后部为弧状，墙体上端有檐顶。条石以细錾錾刻菱形纹。园门为三间、四柱、三楼式牌楼。茔墙内均平铺石板。墓冢为矮小土丘，前置墓碑。

1）牌楼

牌楼花枋阴刻墓志，共 45 行 369 字，现抄录如下（图 2-3-8-3）：

太夫人佾生，安大勋公」之长女，廷珪、廷祯二公」之胞姐，而仁寿朱公之」妻也。原命生于癸巳年」九月十七日子时。夫人」秉性中和，幽闲贞静，内」则女诫早已娴熟于庭」训时焉。自适紫阳高族」，勤内政，丕家声，毓祖业」，连亘益新基之，再

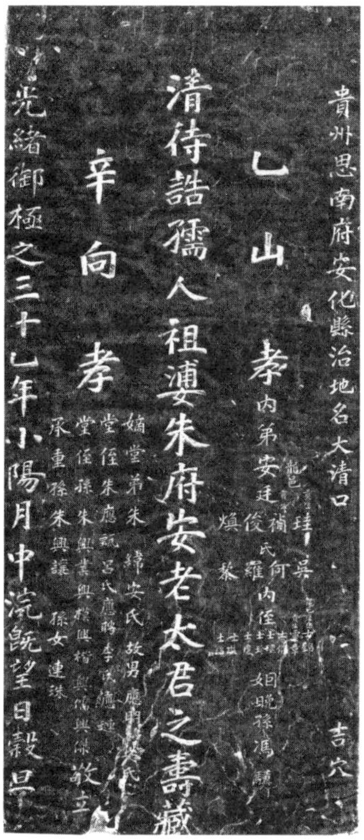

1

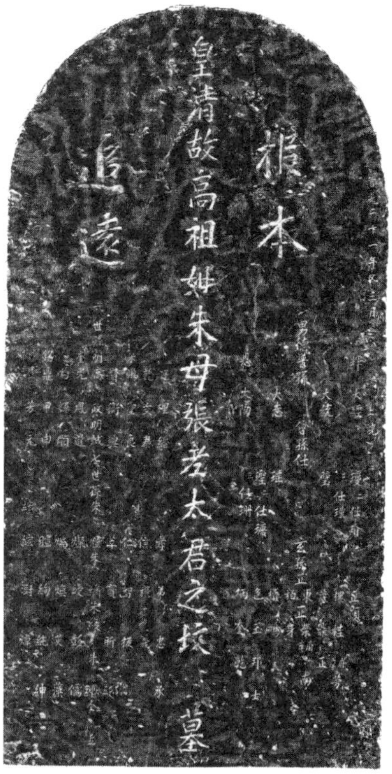

2

3

图 2-3-8　大青口朱府（母）安氏墓碑、墓志及张氏墓碑拓本

1. 安氏墓碑拓本　2. 张氏墓碑拓本　3. 安氏墓志拓本

辟广」厦千间，良田万顷，夫人」与有力焉。生子一，字旭」东，娶配内弟廷珪公长」女桃夭后鱼水甚谐，其」家规严肃，望重乡闾，不」亚于太夫人，盖风声气」习默化于太夫人者深」矣。方期兰桂腾芳，余年」乐享，何意先夫溘逝，子」亦云亡，而媳更辞世。所」存者祖母则古稀已往」，孙女则呱泣，谁怜孤苦」零丁，相依为命，迄来几」更寒暑矣。□□式谷有」年，颇称孝顺，仓箱素积」仅有赢余，爰央石干砌」勒坊城，虽云小举，费过」百金，兹当□俟嘱生，掇」翰以生平苦境，揭之于」阡风，示后裔生。素不文」不足道扬淑德，忝□□」□敬为述其端末，□陈」其实迹焉。至于扬厉铺」张□□，不当太夫人之」意，尤非所以见太夫人」之大者也。谨序」。思南府学附生吕居」东拜撰并书」。

堪舆师朱应环采，工师杨友范、郑□、杨通华、钱士鸿、朱锡臣、杨正才修」。

旹在乙巳孟冬中旬」。

2）墓碑

A 型Ⅲ式墓碑。碑板宽 0.73、高 1.68 米。碑文抄录如下（图 2-3-8-1）:

乙山辛向」。

清侍诰孺人祖婆朱府安老太君之寿藏」。

贵州思南府安化县治地名大清口」。

孝内弟：龙邑贡生安廷珪，氏吴；龙邑贡生安廷祯，氏何；安廷俊，氏罗；安廷焕，氏黎。内侄：龙邑庠生士锦；贡生云章；士杰；士理；士珍；士廉；士琪；士瑶。姻晚孙：冯骥。孝嫡堂弟：朱纬，安氏。故男：应明，媳央氏。孝堂侄：朱应甄，吕氏；应聘，李氏；应琏。孝堂侄孙：朱兴业；兴模；兴楷；兴儒；兴杰。敬立」。

孝承重孙：朱兴让；孙女：连珠」。

光绪御极之三十一年小阳月中浣既望日谷旦」。

根据碑文记载，墓主朱府（母）安氏为朱仁寿之妻，安大勋之长女，胞弟廷珪、廷祯均为龙邑贡生，内侄士锦、云章分别为庠生、贡生，可见其家世显赫。生于道光十三年（1833 年），卒年不详。生子应明，字旭东。

（五）天子南墓地

墓地位于下寨东部。该墓地共存下寨与中寨朱氏墓，其中，中寨朱氏共 3 座，均位于墓地东部，分别为朱母刘氏、朱母管氏及朱正东墓，三墓并排，现朱正东墓被毁（图 2-3-9）。

1. 朱母刘氏墓

墓向 350°。该墓墓冢为石砌圆形，墓前置两块墓碑。近墓冢的墓碑较为矮小，为 B 型Ⅰ式，建于乾隆时期，碑板宽 0.42、高 0.88 米。外边墓碑较为高大，系 A 型Ⅱ式，立于道光九年（1829 年），宽 0.74、高 1.65 米。现将外侧碑文抄录如下:

图 2-3-9　天子南墓地墓葬分布图

午山子向」。

皇清例诰孺人显妣朱母刘老太君之墓」。

原椒□繁衍德配称无思蘋□洁清宜家有功缅□。姻母刘太君核其生年，躬姆仪动，从仲□生子二」，长正东，次正荣，纬武邑庠；其次正南，为余门婿；又其叔季正栢、正升[1]，则继姻母点太君所出也。溯」□母为彭城世族，夙娴内则，德性静婉，有桓殖风自作□。先姻翁讳士壁，戒且以相君子，洁宜以怡高」堂亲族。故旧莫不籍，籍称贤能，迄今方徽虽□而寿，孙矣文经武纬，济济峥嵘，知德厚流光，国久基之」矣。姻母生于雍正戊申年，殁于乾隆丁丑年，越道光己丑春三月立。崇隆垂贞珉，表母德，问叙□。余时」适宜，游归井里，敬沥数言，以云增光泉壤则笔，鲜江花逊谢不敏也」。

诰授文林郎、原任甘肃階州成县知县、姻眷弟年五百一十六甲子符克冏顿首拜题行撰志」。乙酉科遴选进士、候选分州、孝姻晚生聶崇德顿首拜读沐手敬书」。

孝男：朱正东，管氏；思南府学庠生朱正荣，卢、张氏；朱正南，符氏；朱正栢，邓氏；朱正升，李氏。孙：石阡府学庠明高，张氏；明盛，安氏；明诚，张氏；务川县学庠生明耀，罗氏；明顺，陆氏；明凤，简氏；明灼，阮氏；明暹，贾氏；明辉，聂氏；明镜。曾孙：璐，□，绂，章，燦」。

思南府学庠生孝婿罗永昌、朱氏」。

皇清道光九年□在己丑季春月朔六日谷旦立」。

[1] 即正柏、正身。

朱母刘氏，系朱士璧之妻。据其碑文所载，刘氏生于雍正六年（1728 年），卒于乾隆二十二年（1757 年），享年 29 岁。系士璧原配，生子二：长子正东，次子正荣系思南府学庠生。

2. 朱母管氏墓

位于刘氏墓东侧。建于道光九年（1829 年），墓向 352°。墓冢以条石垒砌，前方后圆，东部被毁。墓碑碑板倾倒于墓前。碑板宽 0.82、高 1.68 米。碑文抄录如下：

丁山癸向」。

皇清例诰孺人显妣朱母管老太君之墓」。

窃闻：齐眉笃庆协宜家，未易同心而同庚，结发糟糠美良缘，奚翅有孙而有子。如伯母管孺人者，安邑增」生宣猷公女也。系出平昌，性成婉娩，偕和琴瑟鸡鸣，静好相庄❶，烝扑枣梨，乌哺贤孝，共失而勤井臼。谨盖」藏洁频繁理谦会调妯娌、睦姻族。凡一切内治诸务，宗祊罔不亟讚柔嘉，非仅诲子成名，抚孙慈爱已也。兹」营寿域，表德贞珉。伯母孺人生于己卯年，于计今己丑八月十三日，为寿七袠□辰，方羡椿萱并茂，白首」梁（孑皿）齐辉，桂馥兰馨，綵服瑶华，媲美墓门广厦，此人子之孝思，亦人生之达境云尔」。

安化县学廪膳生眷弟符家骥渥川顿首拜志」。

孝内弟：管学溶，管学淳，务川县学庠生管学仲」。孝男：石阡府学庠生朱廷选，张氏。孙：璐，安氏；煜，张氏；缣，张氏；孙女：大妹」。

石阡府学增生孝□堂弟朱宏声沐手敬书」。

皇清道光九年□次屠维奋若秀春月上完吉旦立」。

根据碑文所载，墓主管氏，系朱正东之妻。管氏系安化增生官宣猷之女，生于乾隆二十四年（1759 年），卒于道光九年（1829 年），享年 70 岁。朱正东葬于其东侧，墓已被毁。二人生子，朱廷选，根据刘氏墓碑文，应该与朱明高为同一人，系石阡府学庠生。

（六）其他墓葬

1. 朱文先墓

位于大青口墓地北部。碑立于雍正十年（1732 年），墓向 268°。圆形石砌墓冢，前部居中置 B 型Ⅰ式墓碑。碑板宽 0.46、高 0.85 米。碑文抄录如下：

百世其昌」。

甲山庚向」。

故显考朱公讳文先老大人之墓前」。

历朝世谱家声远，□代人间庆墓表」。

孝子：朱德普，朱德辉，朱德恩」。孝孙：朱大陶，朱大志，朱大经，朱大统」。

---

❶ 多指夫妇之间的尊重。

雍正十年仲春月立」。

墓主朱文先，系朱洪臣之子，生卒年不详。配张氏。生子三：德辉、德普、德恩。

2. 朱大经墓

位于三大窝墓地西部。碑立于乾隆十二年（1747 年）。石砌圆形墓冢，墓碑倾倒于田埂间，墓向不明。墓碑宽 0.46、高 0.76 米。碑文抄录如下：

丙山壬问」。
清待赠显考朱公讳大经老大人墓前」。
思南府安化县里民富翁立」。
孝男：朱士玠；朱士琼；朱士瑾」。孝女：白姑」。
大清乾隆十二年仲春月吉旦」。

该墓系朱大经墓，生卒年不详。根据碑文提供的世系关系，大经原配邵氏葬于山羊坡。子三：朱士玠、朱士琼、朱士瑾。朱士瑾家支在中寨较为显赫，而大经墓却题“里民富翁立”，该处“富翁”是否就指朱士瑾等人？这已不得而知。如若不是，为何墓主后裔作为乡绅，为何不为其父立碑？不管何种原因，其碑铭均显得另有意味。

3. 朱母邵氏墓

位于山羊坡北部缓坡上，与朱母冉氏墓相邻。碑立于乾隆五十年（1785 年），墓向 307°。A 型Ⅰ式墓碑。墓碑碑板宽 0.6、高 1.41 米。碑文抄录如下：

巽山乾问」。
万古佳城」。
皇清待诰显妣朱母邵老孺人正性之墓」。

夫文所以载德也，所以一点铭，所以示不朽也。故人生前无述，没则已焉。奚以碑文为哉。惟」舅婆朱母邵老孺人，□一月可美者，孝养出子，自然慈爱本之。性生贤如陶母，义庇兴安，其寿而康」、昌而大，则发祥万肇焉。贤嗣□虽止一人，孙辈群焉。济济其忠厚不忘勤□之志。因志墓」铭甥也，夙钦懿范，请□敬铭数言，曰：根深者枝必茂，泉浚者流必远，德厚者发必长。瘗玉」藏金，□而弥光，伫看毓秀而钟灵」。

安化县儒学生员孝外甥管□□题」。

孝男：朱士瑾，冉氏。孙：朱正秀；朱正桂；朱正槐，任氏；朱正芳；朱正茂。承重孙：朱正显，张氏。孝媳：冉氏。孝婿：袁宏韶，朱氏」。

乾隆五十年次乙巳仲春月中浣日谷旦立」。

邵氏，朱大经之妻，生卒年不详。子士瑾。孙：正秀、正槐、正桂、正芳、正茂等。

4. 朱母冉氏（朱正显母）墓

位于朱母邵氏墓旁，两者形制接近。建于乾隆五十三年（1788 年），墓向 311°。A 型Ⅰ式墓碑。

墓碑宽 0.59、高 1.42 米。碑文抄录如下：

巽山乾向」。

万古佳城」。

皇清待诰显妣朱母冉老孺人正性之墓」。

夫人身没而名不朽者，必有过人之德，如季敬姜欧。夫人维足不越闺间，而□声耿耿，后之人往往过其墓，有□遗碑□□叹□□□」□□之墓志，又乌容己哉。孺人毓质名门，风高林下，秀擅闺中，贞顺之性，柔嘉之仪，为妇为母并美。内则有始有卒，□玷黴两□夫」□□姑□□矣。独掇冰霜以自□前以终其夫之孝眷后以启其子之世业。虽右贤瑗，算以加兹，可不谓安贞吉子，□恭戚谊风□□□□」风为之□。铭曰：造化酝酿兮精英秀，凝□淑人兮□□灵。元气蟠结于兹兮，自积厚而流声；抚桂枝之峥嵘兮，行见芝兰以盈」。

思南府儒学生员□姻弟李□□」。

孝男：朱正显，张氏。孝婿：冉裕儒，朱氏；袁世万，阮朱氏。孝侄：朱正秀；朱正桂；朱正槐，□氏；朱正芳；朱正茂。孝孙女：昭□；昭妹」。

乾隆五十三年次戊申季夏月谷旦立」。

墓主冉氏，系朱士玠之妻，生卒年不详。子正显。

5. 朱正鼎夫妻合葬墓

位于山羊坡墓地西北。碑立于光绪九年（1883 年），墓向 303°。碑板宽 0.67、高 1.48 米。碑文抄录如下（图 2-3-10）：

万古佳城」。

清仙逝叔祖考朱公讳正鼎老大（人）、妣（朱）母梁老孺人之墓位」。

孝侄孙：朱寅；朱拔；朱桢。侄曾孙：朱应璋；朱应秘；朱应沛；朱应选。侄曾

图 2-3-10　朱正鼎夫妻墓碑拓本

孙：朱应元；朱应考；朱应二；朱应三；外孙：徐耀楷；□□东，□」。

光绪九年二月一十四日吉旦」。

系朱正鼎及梁氏合葬墓，生卒年均不详。正鼎系士瑾五子。按此碑文，正鼎及梁氏无子。

6. 朱母冉氏墓

位于山羊坡墓地西北，与朱正鼎墓相邻。建于道光四年（1824 年），墓向 296°。八字形立柱，阴刻楹联：“远嶂千鬟占虎变，高岗一掌卜牛眠。”匾额题“淑德流芳”（图 2-3-11-2）。

碑板宽 0.69、高 1.44 米。碑文抄录如下（图 2-3-11-1）：

乙山辛向」。

清例诰孺人故显妣朱母冉老太君之墓」。

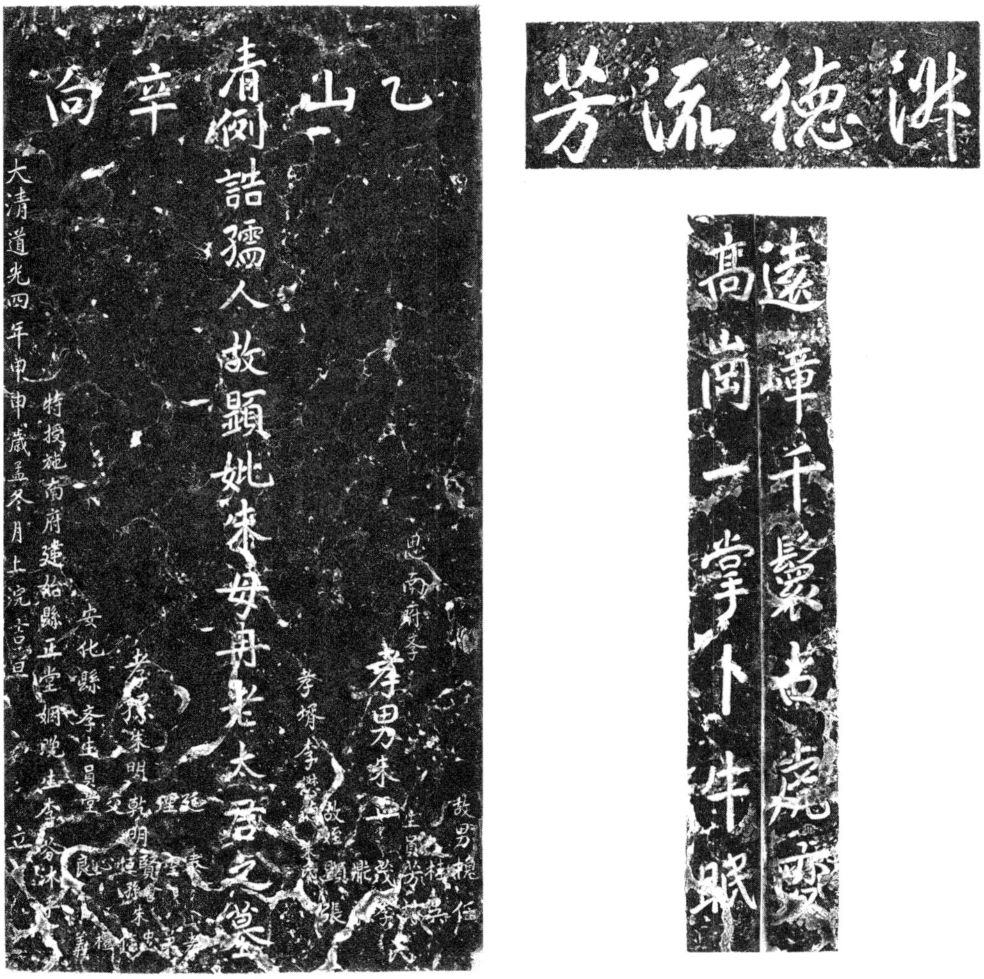

1　　2

图 2-3-11　山羊坡朱母冉氏墓碑及楹联拓本

1. 墓碑　2. 楹联

孝男：故男朱正槐，任氏；朱正桂，吴氏；思南府学生员朱正芳，□氏；朱正茂，李氏；朱正鼎，梁氏。故侄：朱正显，张氏。孝婿：李懋德，朱氏。孝孙：朱明廷；朱明理；朱明乾；朱明交；安化县学生员朱明堂；朱明泰；朱明奎；朱明贤；朱明恒；朱明心；朱明良。曾孙：朱孝；朱弟；朱忠；朱信；朱礼；朱义」。

特授施南府建始县正堂姻晚生李芬沐手书」。

大清道光四年甲申岁孟冬月上浣吉旦立」。

冉氏，系朱士瑾之妻。生卒年不详。生五子：正槐、正桂、正芳、正茂、正鼎，孙朱明堂为安化县学生员。

7. 朱正芳墓

位于山羊坡西北。建于咸丰四年（1854 年），墓向 293°。碑板宽 0.82、高 1.72 米。碑文抄录如下：

毓秀钟灵」。

清例赠登仕郎朱公讳正芳老大人、例诰孺人朱母林氏老太君之墓」。

序」：亲翁大人思唐郡庠生也，生于乾隆戊子年六月初五巳时，生平品直行端。娶妻林氏，生于庚寅年正月二十六子时」，生平勤俭幽闲。生男女各一，男称吉士，大兴宣讲，力挽颓风。女赋硕人，曲体温柔，克昭阃范。偿所谓忠厚传家，义方教子」者非耶。享寿七十余龄，至道光癸卯年二月二十一日，夫倡妇随，相继而没。卜宅合葬里当，咸拟为仙逝云」。

思南府议叙八品孝子婿李大元，女：辰姑。孝外孙：李荣芳」。安化县学生员孝男朱明堂，故李氏、袁氏。孙：朱义，陈氏；朱仁；朱智。曾孙：应昌。孝孙婿：余显魁，朱氏；袁佐魁，朱氏。寄孙婿：刘思顺，吴氏。胞兄：正槐，正桂。俱故。任氏，吴氏，俱故。孝胞弟：朱正，茂李氏，覃氏。朱正鼎，梁氏。外甥：李德馨；李德合故。堂侄：明绪，高、胡氏。胞侄：朱明廷，陈氏。朱明理，许氏。朱明乾，伍氏。朱明圣，吴氏。朱明贤，王氏。朱明□，彭氏。朱明心，吴氏。朱明良，马氏」。

思南府庠生姻眷弟李宏儒故」。安化县庠生眷姻弟李若兰故」。龙泉县禀膳生员孝孙婿许象兰拜撰」，思南府庠生孝内侄林松茂沐手敬书」。

孝内侄：林朝佐；林朝王；林朝辅等」。

大清咸丰四年十月初三吉旦」。

据碑文，墓主朱正芳，朱士瑾三子、思唐郡庠生，生于乾隆三十三年（1768 年），卒于道光二十三年（1843 年），享年 75 岁。配林氏，林氏生于乾隆三十五年（1770 年），与朱正芳相继而逝。子朱明堂，系安化县学生员。

8. 朱正显墓

位于青林组北部。建于道光十六年（1836 年），墓向 296°。碑板宽 0.66、高 1.38 米。碑文抄录如下（图 2-3-12）：

甲山庚向」。

皇清待赠显考朱公讳正显老大人之墓」。

考生于乾隆壬午年九月十九日子时赋生」，考没于嘉庆壬午年二月初八亥时告终」。

孝子婿：袁方松；生员吴渐逵；生员钱青黎。外孙：袁泰宗，袁泰文；吴泽泮，吴泽润，吴泽洸；钱绍玺。外甥：张达国，张经国，张开国；袁方梅，袁方盛，袁方栢，袁方庸，袁方鳌；冉广德，冉广材」。

孝堂弟：朱正茂，覃氏；生员朱正芳，林氏；朱正鼎，梁氏。堂侄：朱员朱明堂，李氏；明泰，□氏；明交；明□，伍氏；明理，许氏；明廷，陈氏；明圣，吴氏；明良，马氏；明贤，王氏；明恒；明新。

安化县学生员姻弟高泽荣手书」。

孝男：朱明绪，媳：高氏、胡氏。孙：朱承；朱先。建修」。

道光十六年十一月二十四日吉旦立」。

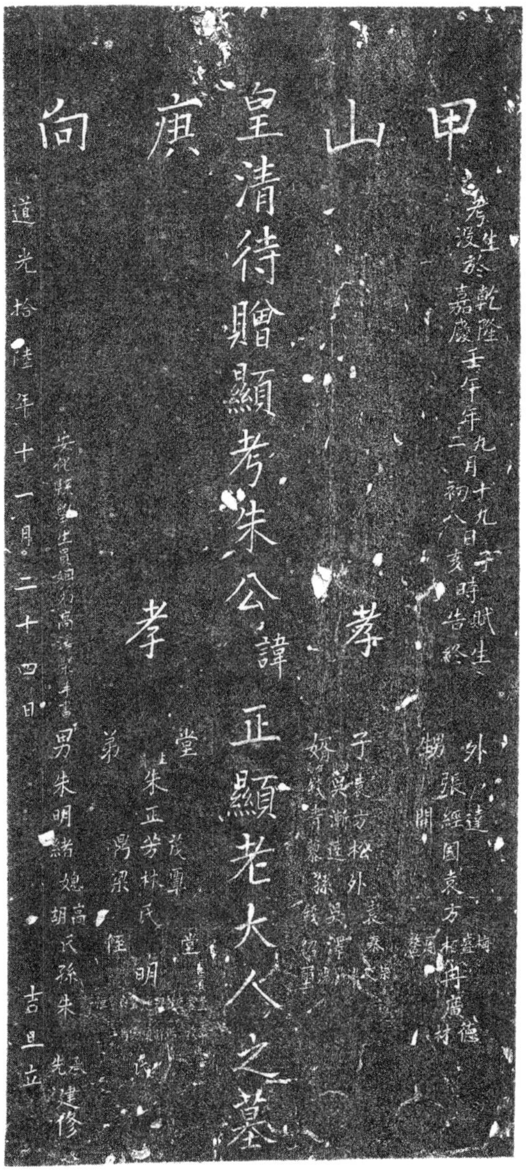

图 2-3-12　朱正显墓碑拓本

墓主朱正显，系朱士玠之子。生于乾隆二十七年（1762 年）。铭文载其“殁于嘉庆壬午年”，而嘉庆年间并无壬午年，系道光二年，即 1822 年。配张氏，生卒年不详，葬于桶井墓地。生子一：明绪。婿吴渐逵、钱青黎均为生员，后者参与了玛瑙山营盘的修建。

9. 朱士璧墓

位于青林组南，高山组分岔路口处。为双人异穴合葬，另一座被迁走。朱士璧墓位于左侧，碑立于嘉庆七年（1802 年），墓向 338°。A 型Ⅱ式墓碑。碑板宽 0.6、高 1.64 米。碑文抄录如下（图 2-3-13）：

巳山亥向」。

清例赠登仕郎朱公讳士璧老大人之墓」。

丕承之烈，自古难也，□以零丁而克振者尤难。□□翁髫年负失怙之□，□身承」薄祚之微。奉二母续一线，诚两世一身者，乃箕裘克绍，恭架陶朱，训五桂以超常」。烈胶庠者比比，课群孙而拔俗；负凌云者多多，善则致祥迩。□之具庆固可□□」德能昌后，方来之锡福讵易量乎」。

特授兴义府普安县儒学正堂孝姻第徐克间」。

生员子婿：罗明魁。孝男：正柏，邓氏；正南，符氏；正东，管氏；生员正荣，卢氏；正身。孙：明诚、明高、明政、明耀立」。

嘉庆七年壬戌岁次四月吉日思南府安化廪生孝姻弟李氏沐手书」。

图 2-3-13　朱士璧墓碑拓本

朱士璧，系朱大统之子。生卒年不详。据天子南刘氏墓碑文载，士璧原配刘氏，生子二：正东、正荣。续配点氏，生子三：正南、正柏、正身。按囚狱堡陈氏墓，士璧另续配吴氏。

除上述墓葬外，由于一些墓葬分布较远，采集资料工作繁重，故仅做登记记录。例如，登科组有朱洪臣墓，其形制与大青口朱母张氏墓一致，立碑年代相近，碑文记载世系基本一致。另有大量墓葬并未发现。一些墓葬，如朱正东墓，在耕作和修建房屋、道路等活动中被毁。中寨囚狱堡还有朱大陶妻梁氏墓、朱大统妻陈氏墓等。

根据上述诸多墓葬碑文的梳理，基本可以厘清朱氏中寨一支世系。

1. 洪臣：传为兴现之长子，中寨之祖，葬于登科，碑立于道光二十一年（1841 年），生卒年不详。生子一：文先。

2-1. 文先：洪臣之子，葬于大青口北部，碑立于雍正十年（1732 年），生卒年不详。娶张氏，葬于大青口墓地，碑立于道光二十一年（1841 年），生卒年不详。生子三：德辉，德普，德恩。

3-1. 德辉：文先长子。生子一：大经。

3-2. 德普：文先次子。生子二：大统，大志。

3-3. 德恩：文先三子。生卒年不详，葬于旋厂小学旁。生子一：大陶。

4-1. 大经：德辉之子，葬于三大窝墓地西部，碑立于乾隆十二年（1747 年），生卒年不详。娶邵氏，葬于山羊坡北部，碑立于乾隆五十年（1785 年），生卒年不详。生子三：士琼，士玠，士瑾。

4-2. 大统：德普长子。生子一：士璧。

4-3. 大志：德普次子。生子一：士瑶。

4-4. 大陶：德恩之子。配梁氏，葬于囚狱堡。生子三：士圣，士塘，士珊。

5-1. 士琼：大经长子。士玠妻冉氏墓记载“侄朱正秀”，正秀不见于士瑾一支，可能为士琼后。

5-2. 士玠：大经次子。娶冉氏，葬于山羊坡西北部，生卒年不详。生子一：正显。

5-3. 士瑾：大经三子。葬于桶井墓地，碑立于嘉庆七年（1802 年），生卒年不详。娶冉氏，葬于山羊坡北部，碑立于道光四年（1824 年），生卒年不详。生子五：正槐，正桂，正芳，正茂，正鼎。

5-4. 士璧：大统子。囚狱堡陈氏墓载“朱士珌”。葬于青林组南，碑立于嘉庆七年（1802 年），生卒年不详。原配刘氏，葬于天子南墓地，生于雍正六年（1728 年），殁于乾隆二十二年（1757 年），生子二：正东、正荣。继配点氏，生子三：正南，正柏，正身。继配吴氏。

5-5. 士瑶：大志子。生子二：正权，正鹏。

5-6. 士圣：大陶长子。

5-7. 士瑭：大陶次子。

5-8. 士珊：大陶三子。

大陶一支在调查之中并未发现墓葬，朱洪臣及张氏墓碑记载其世系，但难以区分正字辈与士字辈。故一并叙述：正色，正玉，正邦，正士，正炳，正奎，正乾。明字辈：明甲，明申，明昱，明芳，明元。下文不在叙述。

6-1. 正显：士玠子。葬于青林组北，生于乾隆二十七年（1762 年），殁于道光二年（1822 年）。配张氏，葬于桶井墓地，碑立于道光六年（1826 年），生卒年不详。生子一：明绪。

6-2. 正槐：士瑾子。

6-3. 正桂：士瑾子。

6-4. 正芳：士瑾子。生于乾隆三十三年（1768 年），卒于道光二十三年（1843 年），享年 75 岁。配林氏，合葬于山羊坡西北。生子一：明堂。

6-5. 正茂：士瑾子。

6-6. 正鼎：士瑾子。配梁氏，合葬于山羊坡西北，碑立于光绪九年（1883 年），生卒年不详。

士瑾孙：明廷，明理，明乾，明交，明泰，朱鹏，明圣，明良，明贤，明衡（或作“恒”），明兴（或作“心”），明堂。桶井朱士瑾墓载有明坤，山羊坡冉氏墓载有明奎，可能是其中一人。

6-7. 正东：士璧长子。葬于天子南墓地，墓已毁。配管氏，葬于天子南墓地。生子一：明高，管氏墓记载为朱廷选，应是一人。

6-8. 正荣：士璧次子。葬于山羊坡墓地。生于乾隆二十七年（1762 年），卒于道光十八年（1838 年），享年 77 岁。原配卢氏，葬于山羊坡墓地。生子三：长子明政，次子明诚，三子明耀（或作“奎光”）。长女大妹，适凤冈钱青云。次女行二，葬于中寨。续配张氏，葬于坨里。明诚生年不详，根据正荣碑文，卒于道光十八年（1838 年），葬于坨里。

6-9. 正南：士璧三子。配符氏。生子二：明凤，明暹。

6-10. 正柏：士璧四子。葬于山羊坡墓地，生卒年不详。配邓氏。生子二：明辉，明灼。明辉葬于青龙岭，生于嘉庆十七年（1812 年），卒于咸丰九年（1859 年）。

6-11. 正身：士璧五子。葬于桶井墓地，生于乾隆四十六年（1781 年），享年 51 岁。配李氏。生子二：铭顺，铭鼎。

上述世系从清初至光绪年间，足以帮助我们了解中寨的历史及性质，中寨朱氏家族力量也可从中管窥一二。往后世系庞杂，故不再赘述。因缺少族谱，仅根据碑文梳理世系，难免存在较多缺讹之处。

二、下寨朱氏墓葬及世系

下寨朱氏在咸丰之前，家族较为昌盛。即使经历咸同起义之后，人丁亦较为兴旺。其家族墓地较多，主要有马家田墓地、天子南墓地、坨田墓地、三大窝墓地等。

（一）马家田墓地

马家田墓地位于下寨西部约 500 米处，占地面积 500 余平方米，共计墓葬 14 座，东南—西北向，排列有序，呈一字排开。其中勒石刊碑者 4 座，分别为朱母覃氏、朱明映、朱正亨、朱母吴氏墓。以朱正亨、朱明映墓最为精致。马家田墓地主要以朱正亨家族墓为主。朱明映为朱正亨次子，朱正亨墓与吴氏墓之间有一座墓葬并未立碑，该墓与吴氏墓属于异穴合葬，推测属于朱正亨长子朱明昭墓（图 2-3-14）。

图 2-3-14　马家田墓地墓葬分布情况

1. 朱正亨墓

位于墓地中西部，右邻朱明映墓，左为吴氏墓及一未刊碑墓。建于道光二十九年（1849 年），墓向 329°。墓冢矮小，前置墓碑，外围石砌茔墙。墓碑系 A 型Ⅲ式。碑板宽 0.7、高 1.68 米。碑文抄录如下（图 2-3-15-2）：

皇清例赐正九品冠带耆老故朱翁之墓」。

例赐正九品冠带耆老朱翁墓志铭」：翁讳正亨，行二。其先江右人，宋元间移黔家马，为思南大姓之一，明初由塘头移旋敞（厂）。大父讳大柱，父讳士琬，世居下寨，以醇良称。翁少敦笃，服」田力穑，不慕荣利。年弱冠，士琬公即世奉母龙太君以居家，渐起益勤，谨戴星而出，戴星而入，暑雨祁寒无间也。十余年龙卒哀毁尽礼，家益裕」拟于素封。性敬慎谦和，于公事无所干，于乡人无所忤，敦崇俭约，不尚浮华；而乐善好施，里闬贫乏者不时赒恤，称贷求乞者无所吝尝。训子曰」：可说千声有，莫说一声无。其生平行事类如此。道光乙巳恭遇　覃恩翁年八十二，例得给正九品冠带，族人请以鸣于官，翁不应，以是知其」不得，于身必得于子孙后福，正未有艾也。翁以乾隆甲申年十月朔日亥时生，娶李氏，长翁二岁，春秋八十有五。先翁卒，子男二人，明昭娶吴氏」，继娶牟氏。明映娶李氏。女三人，长适陈文辉，次适吴应售，三适张祖武。孙男九人，尚校娶吴氏，生员志鸿女，尚爵聘余氏，尚禄聘杨氏，尚学、尚寿」。昭出。尚彩娶安氏，武生占魁妹，继娶田氏，尚华娶赵氏，尚国娶黄氏，尚珧聘刘氏。映出。女五人，长适李文章，次字吴君启。昭出。长适马宏名，次字梁世凤，三字」刘　　。映出。曾孙女二人，一尚彩出，一尚华出。以道光廿八年二月廿七日戌时卒，寿八十四岁，三月三日葬于马家田，巳山亥向。铭曰兹山」之原为翁之墓，不骞不崩，既安且固，八千为秋，八千为春，绵绵瓜瓞，佑启后人」。安化廪生安全君璧氏拜撰并书」。

曾孙：应云；应龙；应凤。孝胞侄：明哲；明文；明达；明义。孝外甥：严致仕。孝内侄：李德玉；李德燦；李德懿；李德熙；孝寄婿：苏宏鹏；孝寄男：王太科。孝外孙：张宗裔；张宗祚。孝外孙；陈明时」。

道光二十九年岁在己酉闰四月谷旦，孝男明昭、明映泐石」。

根据碑文记载，朱氏原系江右人，宋元时期迁入贵州，为思南大姓，明初由思南塘头迁移至旋厂。墓主朱正亨，其父为朱士琬，祖父朱大柱。正亨生于乾隆二十九年（1764 年），卒于道光二十八年（1848 年），享年 84 岁。配李氏，葬于三大窝。子二：明昭、明映。据惜字亭碑记所载，朱正亨曾修建文峰阁。因高寿，按例封为“正九品冠带耆老”。

2. 朱明映墓

位于朱正亨墓右侧。建于光绪二十四年（1898 年），墓向 331°。墓葬形制与朱正亨墓一致。碑板宽 0.69、高 1.63 米。碑文抄录如下（图 2-3-15-1）：

巽山乾向」。

皇清待赠故显考朱公讳明映老大人墓」。

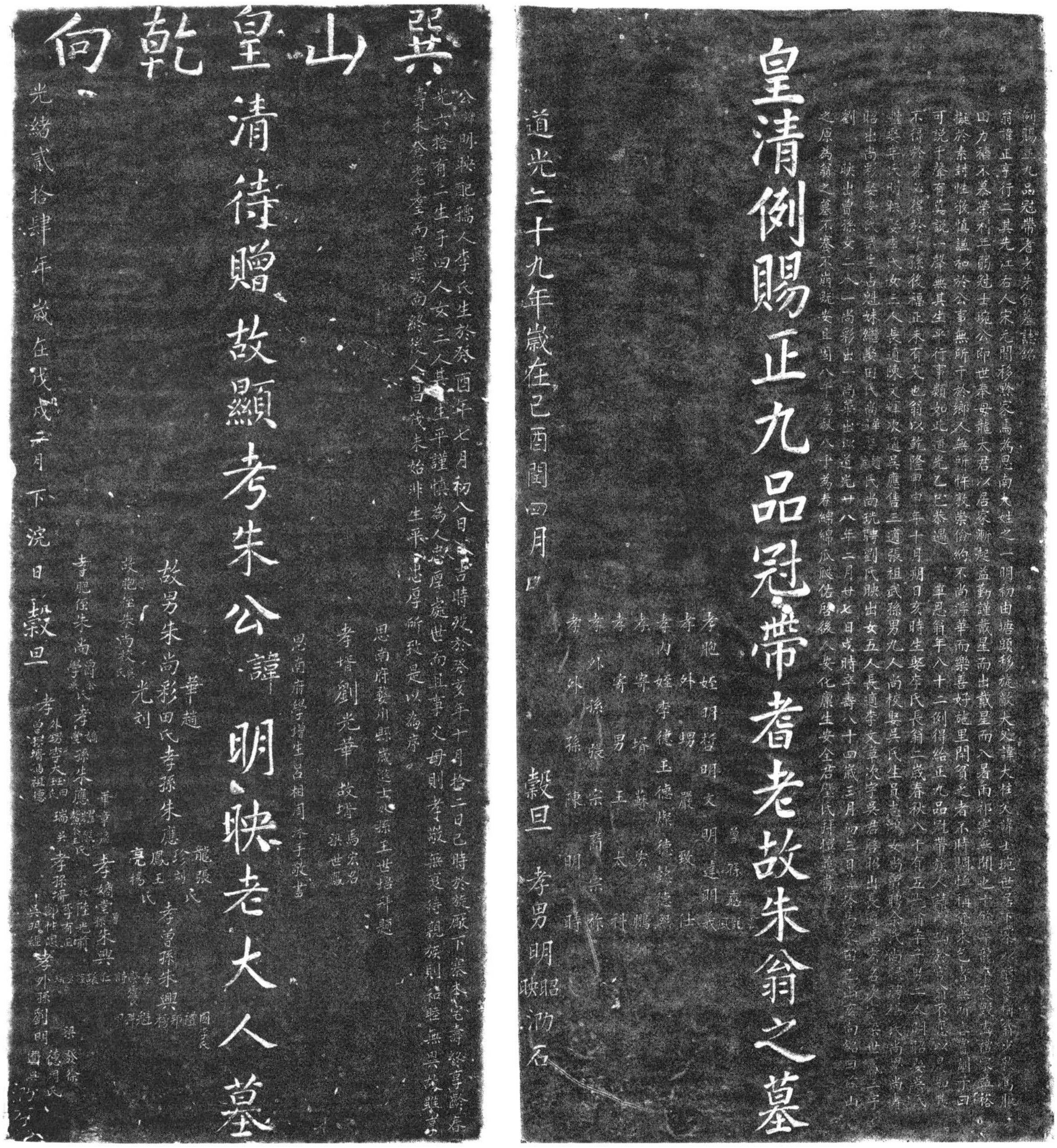

1　　2

图 2-3-15　朱正亨、朱明映墓碑拓本

1. 朱明映墓碑拓本　2. 朱正亨墓碑拓本

公讳明映，配孺人李氏。生于癸酉年七月初八日吉时，殁于癸亥年十月十二日巳时，于旋厂下寨本宅寿终，享龄春」光六十有二。生子四人，女三人。其生平谨慎为人，忠厚处世，而且事父母则孝敬无衰，待亲族则和睦无异，故虽享」寿未登耄耋而无疾而终，后人昌茂，未始非生平忠厚所致。是以为序」。思南府务川县岁进士外孙王世培拜题」，

思南府学增生吕相周沐手敬书」。

孝婿：刘光华。故婿：马宏名，梁世凤」。故男：朱尚华，赵氏；朱尚彩，田氏；朱尚光，刘氏。孝孙：朱应龙，张氏；朱应珍，刘氏；朱应凤，王氏；朱应亮，杨氏。孝曾孙：朱兴国，李氏；朱兴礼；朱兴邦；朱兴榜；朱兴魁；朱兴科；朱兴甲。故胞侄：朱尚校，吴氏。孝胞侄：朱尚爵，余氏；朱尚学，吴氏；孝嫡堂孙：朱华章；朱应章，□氏；朱应耀，熊氏；朱应熬，余、王氏；朱应瑞，吴氏。孝嫡堂曾孙：朱兴春，朱兴荣、卢氏；朱兴诗；朱兴仁；朱兴让；朱兴辉；朱兴□；朱兴瑶。孝外甥：李大珏，田氏。曾孙壻：冯祖德。孝孙婿：故陆光前；李有正；邓性忠；吴明经。孝外孙：刘梁发，徐氏；刘明德，周氏；刘明道，吴氏」。

光绪二十四年岁在戊戌二月下浣日谷旦泐石」。

据碑文所载，墓主为朱明映，系朱正亨次子，生于癸酉年，应是1813年，卒于癸亥年，即1863年，碑文又载其享年62岁，有误。配李氏。子四人：尚华、尚彩、尚光、尚国。

3. 朱母吴氏墓

位于朱正亨墓左侧。建于咸丰元年（1851年），墓向322°。墓碑由碑座、立柱、碑板、碑帽、碑罩、抱鼓石等构成，碑座为长方形几案状，抱鼓较小。

碑板宽0.67、高1.5米。碑文抄录如下：

皇清待诰故尊嫂朱母吴氏老太君之墓」。

孺人吴氏，处士达通公次女，郡庠生道南兄胞妹也。年及笄，许字同里朱兄明昭。于归日，孝事舅姑，先意承志，能博」二老欢。勤以持家，俭以处己，可不谓壸范中之杰出者乎！生女一，适李氏。子二。以敬慎奉甘、旨贤敢达内外焉。迄丙」戌一疾不起，长子尚庠随之而逝。至庚子次子尚序并没，堂上痛之深，而明昭兄尤思淑德，不置数十年直如一日」。续娶牟氏，生女一，次字吴。子四，长尚校，生子应举；次尚爵，生子应仕；三子聘杨，四子聘吴，尚幼未完配。岁庚戌余主」讲朝阳书院，明昭兄命诸子肄业于余，咸请曰：先生盍为嫡母志？余嘉其孝思，故□而为之序。孺人生于乾隆癸丑」年九月初二日午时，没于道光丙戌年三月三十日辰时，葬于马家田大庵坟，巽山乾向为茔」。己亥科举人栋选知县愚弟陈光荣拜撰并题」。思南府学庠生兄吴道南」。

孝男：朱尚校，吴氏；朱尚爵，余氏；朱尚禄；朱尚学」。胞侄：朱尚彩，田氏；朱尚华，赵氏；朱尚国，黄氏；朱尚光。孙：朱应举；朱应仕。馆甥：吴君启。婿：李宏儒，朱氏。外甥：吴泽润；吴泽湘。外孙：李开芳，石氏；李枝芳；李廷芳；李顺芳」。

咸丰元年十二月十二日安化学庠生吴志鸿沐手丹书」。

墓主吴氏为朱明昭原配，生于乾隆五十八年（1793年），卒于道光六年（1826年），享年33岁。生子二：尚庠、尚序，均早逝。根据碑文记载，朱明昭续配牟氏，生子四：尚校、尚学、尚禄、尚爵，在三大窝李氏墓碑文记载还有尚寿。

（二）三大窝墓地

三大窝朱氏墓地，位于朝阳村长岗岭组北部。朱氏传言“三大窝起祖”之地。该墓地分为东、西两区。东区三面环山，墓葬主要分布于东部及北部山脚；共计 24 座墓葬，石室墓 2 座，土坑墓 22 座，勒石立碑者 8 座。其中东部最为集中，墓葬从西至东呈一字排列，排列有序（图 2-3-16）。西区墓葬较为分散，包括 4 座石室墓、5 座土坑墓（图 2-3-17）。

墓地发现最早石室墓处于明代晚期，清代各阶段皆有，延续使用至今。墓葬形制各异。该墓地内墓葬主要属于上、下两寨，下寨朱氏墓葬有朱母李氏墓、朱士璜与其母何氏墓等。

图 2-3-16　三大窝墓地东区墓葬分布情况

图 2-3-17　三大窝墓地西区墓葬分布情况

1. 朱母李氏墓

位于三大窝墓地西区。建于道光二十六年（1846 年），墓向 272°。朱母李氏系下寨朱正亨之妻。方形碑座，正面刻花卉；立柱为抱鼓状，浮雕人物。

碑板宽 0.74、高 1.5 米。碑文抄录如下：

卯山酉向」。

皇清待诰太孺人朱母李老太君之坟墓」。

孺人于乾隆壬午年闰五月朔七日子时生永福溪之水源上，享年八十有四，于道光丙午岁前」五月初三日子时殁于旋厂下寨。予当年友教于斯，素知孺人生平盖有盛德，而因有厚」福者欤。犹忆昔年亨公以盛德起家，步陶朱而追倚顿，大抵孺人之力。居多年及后二」子，承颜群孙点额，福祚之绵长，几不啻徽音之太姒，赓麟趾而庆螽斯焉。异日池鱼烧尾冢，」上焚黄，孺人不更含笑于地中欤」。

孝子婿：陈文辉；吴应售；张祖武。胞侄：明喆；明文；明达；明义。寄婿：苏宏鹏。寄男：王太科。内侄：李德熹、李德裕、李德懿、李德燦。孝外甥：严致仕。孙婿：马宏明。安化县学附生、姻晚（孙）：吴志鸿。思南府学生员、姻晚孙：安占魁。

孝男：明昭，牟氏。孙：尚校；尚爵；尚禄；尚寿；尚学。孙女：寅弟；外弟。孝男：明映，李氏。孙：尚彩，田氏；尚华，赵氏；尚国；尚光。孙女：辛弟；小妹；三妹。

道光二十六年岁次丙午仲秋月中浣之吉」。

务邑廪膳晚生彭世仪拜手敬题」。

李氏系朱正亨之妻，生于乾隆二十七年（1762 年），卒于道光二十六年（1846 年），享年 84 岁，卒于下寨。

2. 朱士璜及何氏墓

位于三大窝墓地东区东北角。两墓并列，外围三面围空斗式石墙。碑均立于嘉庆八年（1803 年）。两者形制一致，石砌方形墓冢前置墓碑，墓碑为矮小的“三蹬一帽”式。

何氏墓墓向 263°，碑板宽 0.53、高 0.84 米。碑文抄录如下：

乙山辛向」。

万古佳城」。

清仙逝故显妣朱母何老太君之坟墓前」。

孝男：亡朱士璜，张氏；朱士理，许氏。孝孙：朱正富，张氏；朱正有，梁氏；朱正伦，覃氏。孝婿：亡张文仲，朱氏；何其坤，朱氏；何大道，朱氏。孝孙婿：叶大元，朱氏；史记，朱氏。孝曾孙：朱明综；朱明武；朱明清；朱明正」。

皇清嘉庆八年岁次癸亥年二月廿三仲春月下浣吉旦」。

墓主何氏，生卒年不详，生子二：士璜、士理。

朱士璜墓墓向 259°。碑板宽 0.54、高 0.84 米。碑文抄录如下。

乙山辛向」。

万古佳城」。

清僊逝故显考朱公讳士璜老大人墓前」。

原命生于丙午年十月初五吉时，生于安化县属地名」旋厂生长人氏，享年六十六岁，大限亡于辛亥年十二月」初五戌时告终」。

孝奇（奇）婿：陈士远，龙氏。孝婿：叶天元，朱氏；男胡一；史记，朱氏。

孝男：朱正富，张氏；正伦，覃氏。孙：明综；明武；明清。孝侄：正有，梁氏。

皇清嘉庆八年岁次癸亥二月廿三仲春月下浣吉旦」。

按碑文记载，朱士璜生于雍正四年（1726年），卒于乾隆五十六年（十二月，即1791年），享年66岁。配张氏，葬于赵家寨北部。生子二：朱正富、朱正伦。

3. 朱母李氏墓

位于三大窝墓地东区东部。碑立于道光十八年（1838年），墓向228°。碑板宽0.58、高1.27米。碑文抄录如下：

艮山坤向」。

皇清应诰孺人显妣朱母李老太君之墓」。

孺人朱君泰翁之元配也，他如产名门、适望族，犹赘词耳。虽王母早诏，而子孙繁」衍，倘亦孺人之德所流播歟」。

孝男：朱明昌，胡氏；朱明珏，李氏。孝孙：长房：尚达，黄氏；尚选，李氏；尚恒。次房：尚魁，贾氏；尚纲；尚常；尚伦；尚纪。曾孙：应富；应贤。

孝婿：李德全，朱氏；田宗显，梁氏」。

思南府学庠生孝晚生秀峰林松茂沐手题」。

道光十八年岁次戊戌仲冬月初二日吉旦立」。

朱李氏，朱正泰原配。生卒年不详。生子二：明昌、明珏。

4. 朱母胡氏墓

位于三大窝墓地东区东部。碑立于咸丰元年（1851年），墓向230°。碑板宽0.63、高1.37米。碑文抄录如下：

艮山坤向」。

皇清待诰孺人朱母胡太君之墓」。

孺人处士朝钦胡公之三女也，生乾隆乙酉十月十八辰时，长适明昌公，修行妇道，翁姑无间言」。生子三，皆务恒业；女二，有贤媛风。于道光癸卯四月十六戌时疾卒，葬于斯。艮山坤向。其子为」封冢圹，请列数言于石，以纪真略云。邑庠生族弟朱定九书撰」。

胞弟：朱明珏，明氏。内弟：胡宗佑。内侄：胡万邦。婿：史登顺；李大仲。外甥：李大业；田庆膏；田庆腴。胞侄：尚魁；尚纲；尚常；尚伦。

男：尚达，黄氏；尚选，李氏；尚恒，熊氏。孙：应爵；应禄；应华；元弟」。

咸丰元年三月初六日吉立」。

胡氏系朱明昌之妻。生于乾隆三十年（1765 年），卒于道光二十三年（1843 年）。生子三：尚达、尚选、尚恒。

5. 朱母林氏墓

位于三大窝墓地东区东部。碑立于道光十八年（1838 年），墓向 254°。立柱阴刻楷书“千尺长松征地脉，九茎灵草兆人文。”碑板宽 0.59、高 1.27 米。碑文抄录如下：

寅山申向」。

皇清待诰孺人显妣朱母林老太君之墓」。

孺人者，泰翁老先生之次媳，明珏朱君之元配，而府庠松茂林生之女兄也。予昔馆于林，继又友教」潭府，稔知孺人生平，固德言容工之悉备，亦温和慈惠之咸宜；惜其珠玉早沉，不获齐眉，若孟光耳。然而」嗣子鹏可期，不久当焚黄塚上。孺人又何恨焉。兹值崇封告峻，爰修数语以志不朽云」。

务邑廪膳生彭世仪敬题」。

孝男：朱尚魁，贾氏；朱尚纲；朱尚常；朱尚伦；朱尚纪。孙：应贤」。

道光十八年岁在戊戌仲冬月廿日吉旦立」。

林氏系朱明珏原配。生卒年不详。生子五：尚魁、尚纲、尚常、尚伦、尚纪。

6. 朱母贾氏墓

位于三大窝墓地东区东部。碑立于同治十三年（1874 年），墓向 257°。立柱阴刻楹联“穴卜牛眠贻燕翼，封崇马鬣焕人文。”碑板宽 0.64、高 1.31 米。碑文抄录如下：

甲山庚向」。

清待诰孺人慈妣朱母贾老太君之墓铭」。

夫马鬣崇封，传于孔圣；牛眠卜穴，闻自陶家；而原其心，迹其事，无非展一时之孝思，使」千古而不忘者矣。我孺人生于望族，适至名门，相夫子而必敬必戒，训后嗣而□以辛」以勤。只异天假遐年将来补报，谁知身归极乐竟入窀穸，当兹崇封之日，其生平淑德」诚难尽述，姑记之以垂不朽云」。

阳命生于甲戌年四月十五日吉时」，大限没于戊辰年冬月二十一日吉时」。

忝姻弟余显荣拜撰」。

胞侄：应瑚。孙：兴朝。孙女：柏枝。孝胞弟：朱尚伦。孝男：朱应贤。女：朱陶英；朱翠英。子婿：蔡正国；熊世德。外甥：贾思，史士友」。

大清同治十三年正月初六日吉旦」。

贾氏系朱尚魁之妻。生于嘉庆十九年（1814 年），卒于同治七年（1868 年）。朱尚魁葬于下寨。子一：朱应贤。

7. 朱尚选墓

位于三大窝墓地西区。碑立于同治十三年（1874 年），墓向 276°。碑板宽 0.63、高 1.25 米。碑文抄录如下：

卯山酉向」。

故堂伯朱公讳尚选老大人正性之墓铭」。

夫碑者，记也。所以表生前之德性，记没后之声名而不」忘者矣。如翁平生德性温良，立心磊落，究其所为，诚」难备述，姑志数言于石，以垂不朽云尔」。

孝堂弟：朱尚伦。侄：朱应贤。孝妹弟：史登顺，李大仲。外甥：史士邦」。

大清同治十三年二月初六日立」。

墓主朱尚远，系朱明昌之子，配李氏。

（三）天子南墓地

墓地位于下寨东部。该墓地共存下寨与中寨朱氏墓，上文已述中寨部分墓葬。此外，另有 4 座下寨朱氏墓葬，分别为朱明昌墓、朱明珏墓、朱尚达墓、朱母熊氏墓。

1. 朱明昌墓

碑立于咸丰三年（1853 年），墓向 359°。墓碑系由素面抱鼓式立柱、碑座、碑帽、碑板组成。碑板宽 0.66、高 1.36 米。碑文抄录如下：

丙山壬问」。

显考朱公讳明昌大人之墓」。

墓以垂不朽，碑以志不忘。大人吾乡安邑庠生泰公之家君也，生于乾隆丙午年八月初七吉时」，元配胡氏，生子三女二，享年五十七而终，大限没于道光癸卯年正月初五巳时。遡厥生平事亲孝，监」财廉，兄弟友恭，夫妇和顺，勤俭持家，谦逊自子，不失乃殳。泰公遗训焉，他如□已待人睦乡邻敬亲友，莫非盛德所流，殊难悉数焉」。

孝胞弟：朱明珏，故林氏、故李氏、明氏。胞侄：尚魁；尚纲；尚常；尚伦。孝内弟：胡宗佑。内侄：胡万邦。孝外甥：李大荨；田庆膏；田庆。孝婿：史登顺，四妹。李大仲，湍妹。外孙：史连中，李氏。

孝男：朱尚达，黄氏；朱尚选，李氏；朱尚恒，熊氏。孝孙：应爵；应禄；应寿。孙女：云娣」。

安化县学庠生族弟朱鹏沐手书」。

大清咸丰三年春二月既望吉旦立」。

墓主朱明昌，朱正泰长子，生于乾隆五十一年（1786 年），卒于道光二十三年（1843 年）。原配胡氏，葬于三大窝墓地。生子三：尚达、尚选、尚恒。

2. 朱明珏墓

碑立于同治十四年（1875 年），墓向 355°。B 型Ⅱ式墓碑。碑板宽 0.67、高 1.37 米。碑文抄录如下：

丙山壬向」。

清例赠显考朱公讳明珏老大人之墓」。

物本乎天，人本乎祖。祖之分最尊，祖之诣最亲，祖之德最盛而最远。夫我祖既以不朽之勋，无量之泽」垂于奕祀，为孙子者，要以牛眠之地、马鬣人封，力为增修。如此则虽物换星移，观其佳城而无形者，不」啻长有形矣。睹其封沕而莫名者，俨然有可名矣，其一切浮称溢美、掞藻摛苑之词俱不载者，以天亲之前」非外戚比也，故祗直资以言耳」。族侄朱芝沐手敬书」。

孝男：朱尚伦，徐氏。婿：史登高，朱氏。孙：应贤，应瑚。曾孙：兴朝」。

同治十四年七月中浣谷旦」。

朱明珏系朱正泰次子，生卒年不详。据朱明昌墓碑文，明珏原配林氏，葬于三大窝墓地；续配李氏、明氏。生子朱尚伦，林氏墓碑载有：尚魁、尚纲、尚常、尚伦、尚纪。

3. 朱尚达墓

碑立于同治十三年（1874 年），墓向 23°。墓碑系由素面抱鼓式立柱、碑座、碑帽、碑板组成，风化严重。碑板宽 0.6、高 1.3 米。碑文抄录如下：

万古佳城」。

清待□堂兄朱公讳尚达老大人之墓」。

墓之□□□久矣……」我称兄，朱公明昌翁之次子□。其…」

孝堂弟：尚伦。孝妹弟：李大仲，史登顺。孝内□：□富，林，全，礼，义」。

大清同治十三年仲春月中浣□吉旦」。

墓主朱尚达，为朱明昌次子，生卒年不详。墓碑为其堂弟朱尚伦所立。

4. 朱母熊氏墓

碑立于同治十四年（1875 年），墓向 11°。B 型Ⅱ式墓碑。碑板宽 0.62、高 1.33 米。碑文抄录如下：

未山丑向」。

清待诰婶母朱门熊氏老孺人之墓」。

古有一夕十往，存侄纬宗者，虽出自伯叔之儿，亦□由婶母之乐，有以成之也。婶母顾可忘乎哉。□吾婶母」又无所生兄弟，而实居犹子之列。从于□时未常于婶母之前而展其孝，而于殁后敢不于婶母」之墓而志其铭。庶懿范不泯而侄之分，亦稍借此以尽云」。

孝胞弟：熊士能，熊士朝。孝堂弟：朱尚伦，徐氏」。

侄：朱应贤，史氏；朱应瑚。立」。

同治十四年六月下浣谷旦」。

结合朱明昌墓碑碑文，可推测熊氏为朱尚恒之妻，生卒年不详。两人无后。该碑为其堂弟朱尚伦、侄子朱应贤、朱应瑚所立。

（四）坨田墓地

朱母龙氏墓

碑立于嘉庆十五年（1810年）。墓碑矮小，B型Ⅰ式。碑文抄录如下：

清待诰朱母龙老太君之墓」。

夫碑者，以志没存之源流」。孺人（生）于雍正五年丁未」岁九月十六日乒时」秀毓人氏」。没于嘉庆十二年五月」二十四日戌时，因老内寝告」终。享寿八十岁」。

故婿：胡□秀，朱氏。孝长男：朱正元，媳田氏。檀修孝男：朱正亨，媳李氏。孝孙：朱明昭；朱明映。孝婿：史寿，朱氏；严守万，朱氏。孙女：来英；招娣；□□」。

清嘉庆十五年春月下浣吉旦，思南府学孝姻晚生李春华题」。

龙氏系朱士琬之妻，生于雍正五年（1727年），卒于嘉庆十二年（1807年），享年80岁。子二：正元、正亨。

（五）其他墓葬

1. 朱母史氏墓

位于青林组西南，山羊坡北部。碑立于雍正十一年（1733年），墓向316°。碑板宽0.6、高0.87米。碑文抄录如下：

清故慈妣朱门史老安人之墓」。

壬午年十一月九日卯时于平越府大南门生」，丙子年十一月十三日寅时于安化县旋场告终」。

孝男：朱德光；朱德秀。孝孙：朱大顺；朱大太；朱大绶；朱大柱；朱大缁。曾孙：朱士玿；朱士玮；朱士□；朱士玑。孝曾孙：朱士琬；朱士玙；朱士□（瑶）；朱士琯；朱士□」。

皇清雍正十一年岁次癸丑仲春月吉旦」。

史氏，按其碑文属于文字辈，族人传为文启之妻。根据碑文，史氏生于明末崇祯十五年（1642年），卒于康熙三十五年（1696年）。育二子：德光、德秀。

2. 朱尚魁墓

位于下寨路口。碑立于同治十四年（1875年），墓向304°。B型Ⅱ式墓碑。碑板宽0.64、高1.3

米。碑文抄录如下：

巽山乾向」。

清例赠显考朱公讳尚魁老大人墓」。

父之德，莫能名也；父之行，有足述也。秉性质实，既经德而不回，应物无痕，亦圭棱之悉化，观书如桶脱底□理」。书沙印泥，腹笥便便，威仪抑抑。群仰国士之风，共乐时雨之化，成已成物，敦纪敦伦。上继祖志，书香不绝；旁及」百族，雅化潜孚。援玉浑金之姿，方流圆折之品。生为完人，没为修士。托魄之地虽非牛眠藏身之所，应从」马猎。兹当竖碑之际，聊展行述之思，谓之测海窥豹，可也，而罔极之恩终亦戴天戴地，莫名」其高厚而已矣。谨序」。

孝胞弟：朱尚伦。孝婿：蔡定国；熊世德。孝男：朱应贤。孝侄：朱应瑚。孝女：翠英；桃英。孝外甥：史仕有；史仕邦。孙：兴朝。孙女：柏枝」。

同治十四年六月下浣谷旦」。

据碑文所载，朱尚魁乃朱明珏长子。生卒年不详。配贾氏，葬于三大窝墓地。子朱应贤。

3. 朱母安太君墓

位于下寨北部。建于道光二十六年（1846 年），墓向 318°。B 型Ⅱ式墓碑。碑板宽 0.79、高 1.5 米。碑文抄录如下：

巽山乾向」。

清仙逝孺人朱母安太君墓」。

孺人占魁安君之姐姊也，产名门。事父母至孝，适末族」谨奉姑婵宜，其家人虽嗣育艰难，迄今谈阃范犹今人」慨想不置云」。思南府学庠生安占魁」。

孝胞弟：朱尚华；朱尚国；朱尚光。孝侄女：冬娇。孝继女：□枝；荫弟。孝内弟：安俊。孝内侄：安全；安绅」。

大清道光二十六年九月廿八日吉旦立」。

安氏系朱明映长子朱尚彩之妻，生卒年不详。

4. 朱母张氏墓

位于赵家寨北部。碑立于乾隆五十八年（1793 年）。B 型Ⅰ式墓碑，下部因修路被混凝土覆盖。立柱阴刻楷书楹联“代代钟英产人□，年年发福效地□。”碑文抄录如下：

乙山辛向」。

清仙逝故慈妣朱母张老太君之墓」。

孝奇（寄）婿：陈三元，龙氏。侄：朱正有。婿：叶天元。女：朱氏。外孙：叶朝。

孝男：朱正富，张氏；朱正伦。女：二妹；三妹」。

乾隆五十八年癸□岁菊月上浣……」。

张氏系朱士璜之妻，生卒年不详。

此外，下寨朱氏尚有诸多墓葬未能一一陈述，如岭岗朱正元之妻田氏墓、朱正亨之父朱士琬墓，下寨北部尚有朱母安氏墓、朱尚寿墓等，三大窝半边大田有朱明昌之母陈氏墓等，赵家寨有朱明喆墓，坨田墓地有朱正元墓等，下寨东南部有朱尚普墓等。上述碑文中，朱门史氏墓碑文提供了清代早期下寨朱氏世系情况，而朱国臣墓碑文提供了清代中期世系情况，其他墓葬在此基础上可进行补充。鉴于下寨墓葬多数处于较晚阶段，朱国臣墓碑又是其五世孙所立，故下寨世系早期阶段难以一一对应，缺讹甚多，晚期亦十分零散，故梳理中多粗略描述。将下寨朱氏世系梳理如下。

1. 国臣：传为兴现次子。葬于下寨，生卒年不详。传生子一：朱文启。

2. 文启：族人传其为国臣子。配史氏，葬于青林组西南。根据碑文甲子推算，史氏生于明崇祯十五年（1642 年），卒于康熙三十五年（1696 年），享年 54 岁。碑立于雍正十一年（1733 年）。生子二：德秀，德光。孙五：大绶，大太，大顺，大柱，大緇。曾孙九：士珝，士玮，士□，士□，士琬，士玙，士□，士瑄，士□。根据三大窝何氏墓，尚有士璜、士理，也有可能是上述其中之二。仅士琬、士璜两支较为清晰。

5-1. 士琬：大柱子。生于雍正五年（1727 年），卒于乾隆五十四年（1789 年），享年 62 岁，葬于岭岗。配龙氏，生于雍正五年（1727 年），卒于嘉庆十二年（1807 年），享年 80 岁，葬于坨田墓地。生子二：正元，正亨。

5-2. 士璜：父不详，母何氏。生于雍正四年（1726 年），卒于乾隆五十六年（1791 年），享年 66 岁，葬于三大窝。配张氏，生卒年不详，葬于赵家寨北。生子二：正富，正伦。按朱国臣碑文，正富育有三子：明宗，明泰，明山。

5-3. 士理：父不详，母何氏。生卒年不详。配许氏。生子一：正有。

6-1. 正元：士琬长子。葬于坨田墓地。配田氏，葬于岭岗。生子四：明达；明道；明义；明哲，或即明喆，葬于赵家寨。

6-2. 正亨：士琬子。生于乾隆二十九年（1764 年），卒于道光二十八年（1848 年），享年 84 岁，葬于马家田墓地。配李氏，生于乾隆二十七年（1762 年），卒于道光二十六年（1846 年），葬于三大窝墓地。生子二：明昭，明映。

6-3. 正泰：往上不详。生卒年不详。原配李氏，生卒年不详，葬于三大窝。续配陈氏，葬于半边大田。生子二：明昌，明珏。

7-1. 明昭：正亨长子。建惜字亭，生卒年不详，推测葬于马家田墓地。原配吴氏，生于乾隆五十八年（1793 年），卒于道光六年（1826 年），享年 33 岁，葬于马家田，生子二：尚庠，尚序。续配牟氏，生卒年不详，生子四：尚校，尚爵，尚禄，尚学。

7-2. 明映：正亨次子。与兄明昭修建惜字亭，生于嘉庆十八年（1813 年），卒于同治二年（1863 年），碑文载享年 62 岁，两者有误。葬于马家田。配李氏，葬于坨田墓地。生子四：尚华，尚彩，尚光，尚国。

7-3. 明昌：正泰长子。生于乾隆五十一年（1786 年），卒于道光二十三年（1843 年），享年 57 岁，葬于天子南墓地。配胡氏，生于乾隆三十年（1765 年），卒于道光二十三年（1843 年），享年

78 岁，葬于三大窝。生子三：尚选，尚达，尚恒。

7-4. 明珏：正泰次子。生卒年不详，葬于天子南墓地。配林氏，生卒年不详，葬于三大窝。继配李氏、明氏。生子五：尚魁，尚纲，尚常，尚伦，尚纪。

朱国臣墓碑铭文所载，尚有一些家支不甚清楚。如正字辈尚有正龙、正凤、正禄、正明、正位、正臣、正坤等。明字辈尚有明月、明亮、明秀、明元、明方、明□、明远、明伦、明昕、明新、明本、明易、明书、明诗、明记、明寿、明王、明健、明脊等。往下更为庞杂，不再赘述。

三、上寨朱氏墓葬及世系

上寨，又称老屋基。相传兴现三子君臣及其后人世居此地，今该支朱氏多迁至青杠坡。现存上寨朱氏墓葬较少，且十分分散；中寨附近枫香林有朱门吴氏（朱正山妻）墓，青龙岭有朱大观墓，中寨有朱大佑墓，玛瑙山后坡朱母熊氏墓，青林组树林中朱□（君）臣及刘氏合葬墓等；长岗有朱大用夫妻两座墓，高山有朱明诏墓，覃家有朱德彰墓、朱母许氏墓等。

1. 朱□（君）臣及刘氏合葬墓

位于青林组南部坡上。碑立于乾隆五十七年（1792 年），墓向 313°。E 型墓碑。碑板宽 0.73、高 1.71 米。碑文抄录如下（图 2-3-18）：

巽山乾向」。

清待赠故曾祖考□（君）臣老大人、待诰故曾祖妣刘氏老孺人二位之墓」。

时刘氏德□厚不仅慎□尤贵，追远想祖，历□数□于□云匪远安待」不追□厚其德感。故虽且（祖）之苗裔有二：文盛一房，出蜀汉。子文现二」房，子孙守墓，窃恐世远□烟，述绪无凭，因□匹砌围，立石刊碑以志述」。庶几奕异□磨顿□追远□□矣。谨序」。

孝男：朱文现；孙：德位；德彰。曾孙：长房：朱大乾；朱大坤；朱大观；朱大佑。二房：朱大元；朱大用；朱大才」。

乾隆五十七年岁□壬子秋下浣吉旦立」。

结合其他墓葬碑文，墓主系上寨人氏。尽管碑文模糊，可推测其为朱□（君）臣之墓。生卒年不详，生子二，长子文盛移居四川；次子文现。

2. 朱德彰墓

位于覃家。碑立于道光九年（1829 年）。碑文抄录如下：

万古佳城」。

清待赠县考朱公讳德彰老大人之墓」。

曾祖翁系文现祖之第三子。长祖德化」移蜀，次祖德位与翁孤丁幸守故土祖」业。德位祖各有碑记不题，特将翁存」殁详载以志，后世永远不忘。翁生于」康熙十四年丙辰岁正月初八未时，享」寿七十二岁，殁于乾隆十二年丁卯岁六月廿巳时」。

巍匕祖德，追远」不忘。异其默佑，万代遐昌」。

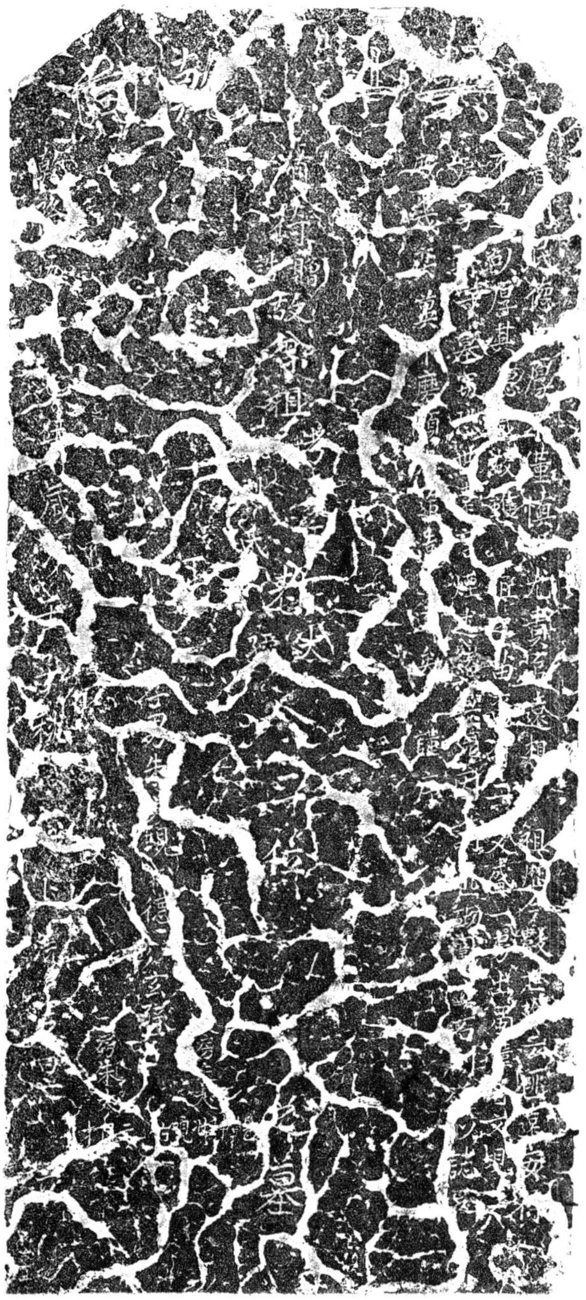

图 2-3-18　朱□（君）臣及刘氏合葬墓碑板拓本

孝男：朱大元，杨氏。孙：士翊，张氏；士珷，许氏。曾孙：正纪；正试；正纲；正彩；正齐；正训。玄孙：明芳；明贵；明珊」。

孝男：朱大用，田氏。孙：士璿，熊氏；士玘，许氏。曾孙：正寅；正必；正来。（孝男：）朱大才，谭氏。孙：士琨，余氏。曾孙：正福；正海。玄孙：明阳；明长；明玺；明祥。目孙：朱尚达」。

大清道光九年三月朔日服内曾孙庠生朱正山沐手识」。

根据碑文，墓主朱德彰系朱文现三子，生于康熙十四年（1675年），卒于乾隆十二年（1747年），享年72岁。生子三：大用；大才；大元。碑文另载，墓主长兄德化移居四川，墓主与兄德位守故土祖业，据道光《安化县志》记载："朱德位，家赤贫。弟游食于外，德位居积小康，亟觅弟归，与之均产，不少私焉。"[1]

3. 朱大观墓

位于青龙岭。碑立于乾隆五十四年（1789年），墓向340°。立柱阴刻楹联："桂馥兰香流芳远，竹苞松茂庆墓长。"碑板宽0.56、高0.93米。碑文抄录如下：

万古佳城」。

丙山壬向」。

清待赠登仕郎朱公讳大观老大人之墓」。

孝子：朱士珩，田氏；朱士瑢，张氏。孝孙：朱正希，杨氏；朱正贤；朱正炳；朱正行；朱正高；朱正山；朱正□」。

大清乾隆五十四年乙酉季春月中浣立」。

朱大观，系朱德位之子，生卒年不详。生子二：士瑢、士珩。朱士瑢及张氏墓位于三大窝东约200米，为八品寿官。孙朱正山、朱正□，据香炉山碑文记载，正山为贡生，正□被称为"朱老爷"。

4. 朱大用墓

位于长岗寨中，混凝土乡村道路外坎下。碑立于嘉庆八年（1803年）。墓向214°。B型Ⅰ式墓碑，石砌方形墓冢，后部掩埋于土坎内。碑板宽0.52、高0.8米。碑文抄录如下：

丑山未向」。

皇清待赠老大人朱公讳大用之墓」。

常闻碑之所志，莫切于生死。公之生于雍正二年甲辰六月初一」子时，思南府安化县治地名旋厂上寨生长人氏，享寿春光」七十七岁，大限卒于嘉庆五年庚申十月二十一辰时。仍□」本府本县因老告终」。

孝男：朱士琫；朱士玘，许氏。女：谭朱氏。孝孙：朱正寅，冉、邓氏。曾孙：朱明林。婿：覃岱。孙婿：冉文绪，朱氏；许校，朱氏。孙女：小妹；二妹」。

嘉庆八年岁在癸亥孟冬月谷旦」。

墓主生于雍正二年（1724年），卒于嘉庆五年（1800年），享年77岁。配田氏，葬于朱大用墓旁边，立于嘉庆十二年（1807年），墓向219°。形制与朱大用墓基本一致，破坏较为严重。二人育二子：士玘、士琫。

[1]（清）郑士范：《安化县志》卷一《地理志》，《安化县志校注》，中国文史出版社，2013年，第27页。

5. 朱母李氏墓

位于下寨南部，茶园东部。碑立于嘉庆十九年（1814年），墓向不详。D型墓碑。碑文抄录如下：

乙山辛向」。

清待诰孺人朱妣李太君墓」。

碑为志设志不一，而□为□」，人莫切于生死德行」。妣也，诞雍正四年丁未二月初」三及（吉）时，匹朱公讳大佑，生」六子，享年八十五岁，寝嘉庆」十六年辛未文□月二十申」时。生平温恭淑慎，勤俭好施，此其德行也。是以敬序之以」。志不忘云」。

孝男：朱士□，王氏；朱士□（王乩），王氏；朱士珖，张氏；朱士珠，杨氏；朱士瑺，陈氏；朱士瑚，李氏」。孝孙：朱正一，□氏；朱正辉，张氏；朱正品，田氏；朱正燦，张氏；生员朱正玺，□氏；朱正忠，杨氏；朱正强，张氏；朱正英，周氏；朱正昭；朱正旺，李氏；朱正国；朱正玉；朱正亮；朱正笏。孝曾孙：朱明瑞；朱明端；朱明光；朱明学；朱明问；朱明思；朱明文；朱明章。

时」

嘉庆十九年甲戌仲春中浣吉旦」。

按碑文所载，李氏系朱大佑之妻，生于雍正四年（1726年），卒于嘉庆十六年（1811年），享年85岁。朱大佑葬于中寨北部，墓碑倾倒，字迹不清，而墓葬、墓碑形制与李氏墓一致。两者育有六子。

6. 朱母熊氏墓

位于玛瑙山后坡，高山组东北约350米。建于道光十一年（1831年），墓向不详。D型墓碑。碑文抄录如下：

万古佳城」。

乙山亥向」。

皇清待诰孺人显妣朱母熊氏老太君墓」。

序」：碑以志不忘，墓以垂不朽，由来久矣」。孺人生平淑德谦恭，温柔敦厚，非夸言」也。余承府不，弃联姻娅通款，洽常亲见」之。爰记其概，以志不朽云」。

思南府安化县地名穿岩石笋坝人氏」，十二月初七卯时因老告终内寝，系」□寿阳光八十二岁，大限于己丑年冬」，孺人乾隆丁卯年十二月二十九日卯时生」。

思南府学庠生孝晚孙朱松茂题赠」。

孝男：朱正寅，故媳冉氏，继媳何氏。孙：朱明玺，石氏。孙：朱明阳。

故男：朱正必，故媳邓氏。孙：朱明长，张氏。曾孙：尚贵；尚寿。孝婿：冉文序，朱氏；熊昌朋，朱氏」。

孝内侄：熊昌质。孝孙婿：林朝阳，朱氏；石文，朱氏；曾一，朱氏」。

大清道光十一年十月□生魄吉旦立」。

根据碑文记载，墓主熊氏系朱大用子士瑃之妻，生于乾隆十二年（1747年）十二月，享年82岁。育有正寅、正必二子。

7. 朱明诏墓

位于高山组。碑立于宣统三年（1911年），墓向321°。墓冢以条石垒砌，前方后圆。墓碑由几案式碑座、抱鼓式立柱、碑板、碑帽组成。碑座、立柱、碑帽均有雕饰。碑板宽0.69、高1.65米。碑文抄录如下（图2-3-19）：

清待赠故曾祖朱公讳明诏老大人之墓」。

朱公讳明诏老大人，原命生于庚辰年十一月二十三日巳时，没于甲子年正月初十日卯时寿终」。自来积之厚者流自光，根之深者枝必茂。如诏翁者，系正扳公之子，本鹿洞之精苗，接沛国之令绪」。孝友出自性成，聪明缘于天授。绍祖业而家声丕振，有守足征有为，待邻人而忠厚，存心无骄亦立」无谄。分金周急桑梓，仰文正之仁；语言无欺朋侪，重季布之诺。清操廉守，磨不磷而涅不缁；应事接」人，息其争而排其难。虽遇干戈扰攘，克卫里党而无忧值，匪贼猖狂，能保家身而无患。谁知萧墙起祸」，昆玉陨命于兵锋，幸有巾帼复仇，芟夷绝尽。夫否悪，此能泄戴天之忿，而翁可以瞑目于九泉也。今乃援笔而为之」铭。铭曰：诸山拱秀，郁郁苍苍。龙蟠虎踞，吉穴无双。中有达人，流泽孔长。云礽奕叶，万世蒸尝」。

孝曾孙：朱兴让，卢氏。元孙：朱殿臣；朱賫臣。侄孙：应甄，吕氏；应聘；应诏。侄曾孙：朱兴业，周氏；兴福；兴恒」。

愚晚松桃庠生刘光煦拜撰」。

大清宣统御极之三年七月望日谷旦敬竖」。

根据碑文，墓主朱明诏系朱正扳之子，推算其生于嘉庆二十五年（1820年），卒于同治三年（1864年）。碑文载："虽遇干戈扰壤，克卫里党而无忧值，匪贼猖狂，能保家身而无患。谁知萧墙起祸，昆玉陨命于兵锋，幸有巾帼复仇，芟夷绝尽。"按其卒年，正处于号军起义期间，即该碑文正是记载了号军席卷此地之事。

8. 朱大佑墓

位于中寨北部。碑立于嘉庆七年（1802年），墓向255°。D型墓碑，总宽1.96、高1.2米。碑文抄录如下：

甲山庚向」。

清待赠大人朱公讳大佑字善祥显老墓」。

碑志人也人莫□□生死。公生」于雍正三年乙巳年四月二十五辰」时，亡于嘉庆四年己未十月二十」五巳时」。

孝男：朱士瑚，李氏；朱士瑞；陈氏；朱士□，杨氏；朱士珧；张氏；朱士□，王氏；朱士雍，王氏」。

孝孙：正辉；正焕；正玺；正□；正一；正祥；正美；正福；正光；正王；正相；

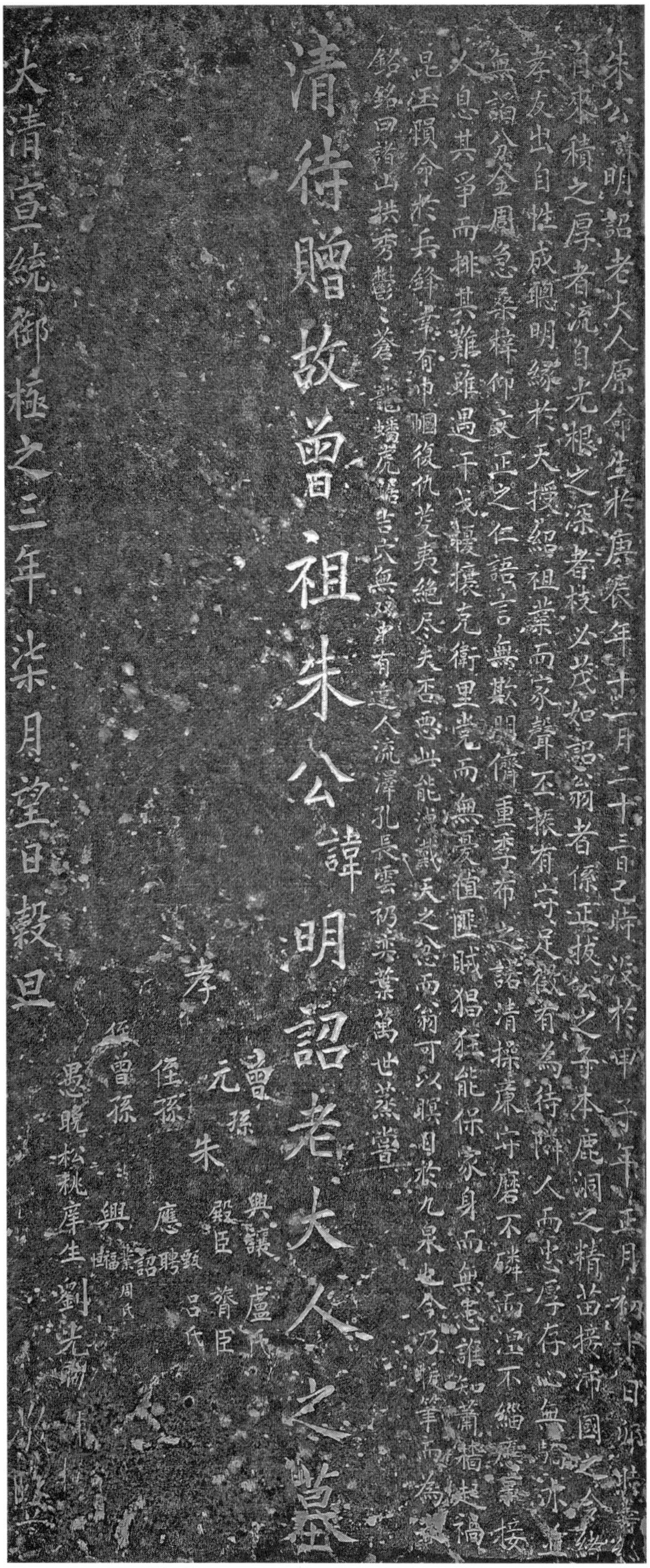

图 2-3-19　高山朱明诏墓碑拓本

正□；正□；正敏；正昭；正旺；正英；正秀」。

嘉庆七年仲春月下浣谷旦」。

墓主朱大佑，生于雍正三年（1725年），卒于嘉庆四年（1799年）。配李氏。育有六子。

尽管上寨朱氏墓葬发现较少，所幸早期墓葬较多，且碑文较为全面，至“大”字辈世系基本清晰。往下，以朱大用、朱大佑两支较为清晰，遗憾的是朱大佑墓碑字迹模糊不清，李氏墓也有部分字迹难以辨别；其他支系缺讹较多。现将世系梳理如下。

1. □（君）臣：族人传此即朱兴现三子□（君）臣之墓，但所见碑文已模糊不清。配刘氏，合葬于青林组南部。生卒年不详。生子二：长子文盛，迁至四川；次子文现。

2-1. 文盛：□（君）臣长子。移居四川。

2-2. 文现：□（君）臣次子。生子三：德化，德位，德彰。

3-1. 德化：文现长子，移居四川。

3-2. 德位：文现次子。生子四：大乾，大坤，大观，大佑。

3-3. 德彰：文现三子。生于康熙十四年（1675年），卒于乾隆十二年（1747年），享年72岁。葬于覃家。生子三：大用，大才，大元。

4-1. 大观：德位之子。葬于青龙岭。生卒年不详，碑立于乾隆五十四年（1789年）。生子二：士珩，士瑢。

4-2. 大佑：德位之子。葬于中寨北部，生于雍正三年（1725年），卒于嘉庆四年（1799年）。配李氏，葬于下寨南部，茶园东部，生于雍正四年（1726年），卒于嘉庆十六年（1811年），享年85岁。生六子：士□，士□（珉），士珖，士珠，士瑺，士瑚。

4-3. 大乾：德位子。

4-4. 大坤：德位子。

4-5. 大用：德彰子。生于雍正二年（1724年），卒于嘉庆五年（1800年），享年77岁。配田氏，夫妻葬于长岗寨中。生子二：士玘，士琫。

4-6. 大才：德彰子。配谭氏。生子一：士琨。

4-7. 大元：德彰子。配杨氏。生子二：士珝，配张氏；士珷，配许氏。孙六：正纪，正试，正纲，正彩，正齐，正训。曾孙：明芳，明贵，明珊。

5-1. 士珩：大观子。配田氏。生子四：正希，配杨氏；正贤；正炳；正行；正高。

5-2. 士瑢：大观子。配张氏，一起葬于三大窝东约200米。因张氏高龄而被赠予八品寿官。生子二：正山，配吴氏，葬于枫香林；正扳。孙四人：明榜，明殿，明诏，明诰。

5-3. 士玘：大用子。配许氏，许氏葬于覃家。生子一：正来。

5-4. 士琫：大用子。配熊氏，生于乾隆十二年（1747年），享年82岁，葬于玛瑙山后坡上。生子二：正必，正寅。

5-5. 士琨：大才子。配余氏。生子二：正福，正海。

6-1. 正必：士琫子。生卒年不详。配邓氏。生子二：明长，□□。孙二：尚贵，尚寿。

6-2. 正寅：士琫子。生卒年不详。原配冉氏，续配何氏。生子一：明玺。孙一：明阳。

四、其他墓葬

（一）朱氏墓葬

1. 朱学修墓

位于三大窝墓地西区北部。碑立于乾隆二十一年（1756年），墓向249°。石砌圆形墓冢，高0.94～1米。碑板宽0.5、高0.88米。碑文抄录如下：

万古佳城」。

寅山申向」。

清待赠显考朱公号学修府君大人之墓」。

孝婿：敖之富；陈仕祥；郭子爵；立」。

孝男：朱大贵，田氏；朱大富，梁氏；朱大华，杨氏。孙：士才，士德，士瓒，士玚，士俊，士杰。立」。

乾隆二十一年岁在丙子仲春月吉上」。

墓主朱学修，生卒年不详。子三：大富、大贵、大华。根据世系情况，缺少明确关系将其归为三寨主要世系之内。

2. 朱大华墓

位于三大窝墓地东区北部。碑立于嘉庆十年（1805年），墓向179°。G型墓碑，雕刻“双凤朝阳”“双龙戏珠”“野鹿衔枝”等装饰。立柱阴刻楹联：“□中容日月，搯里护儿孙。”碑板宽0.6、高1.16米。碑文抄录如下：

万古佳城」。

仙逝显考朱公讳大华老大人之墓」。

原命生于壬戌年六月十五子时生」，亡于乙丑年二月二十四日午未时」。

窃闻，立功业者，每见丹书；存忠厚者，恒为勒石；古今如是，贵贱皆然。」即如公者，素行不苟，克俭克勤，夙志无欺，必忠必信。已身即逝，嗣续」有人，形体纵亡，后裔必达。虽一抔土尚未乾六尺，孤何所托，然积善之」家必有余庆，彼其之子，自尔浸昌微子之兴悲，可弗作也。君山之流涕」何必然哉。爰疏短引志不朽云」。

孝婿：郭正售；生员张绍先。孝内弟：王天臣；陈昌铭。孝寄男：方天才。寄婿：周堂基」。

嘉庆十年五月初九日谷旦」。

墓主生于乾隆七年（1742年），卒于嘉庆十年（1805年）。为朱学修之三子。

3. 朱母谭氏墓

位于大青口北部、上寨西南部。碑立于乾隆四十七年（1782年），墓向259°。立柱阴刻楹联："竹苞松茂流芳远，桂馥兰馨庆墓长。"碑板宽 0.53、高 0.85 米。碑文抄录如下：

万古佳城」。

甲山庚向」。

清待诰朱妣谭老孺人之墓」。

孝男：朱士琳，史氏；朱士□，覃氏；朱士珅，李氏。孝孙：朱正□，吴氏；朱正华，李氏」。

皇清乾隆四十七年壬寅岁仲冬月吉旦立」。

4. 朱母田氏墓

位于赵家寨东北。碑立于乾隆十八年（1753 年），墓向不详。石砌圆形墓冢。碑文抄录如下：

乙山辛向」。

万古佳城」。

清仙逝慈妣朱府田老孺人之墓前」。

百子千孙，富贵双全」。

孝男：朱士□；朱士珑，何氏；朱士琏。孝孙：朱正堂。孝女：辛娇；丙娇」。

乾隆十八年岁次癸酉二月中浣之吉旦立」。

除上述墓葬外，还有少数朱姓墓葬未能归入上、中、下三寨世系内，如岭岗朱正楷墓、四堰塘朱大荣墓、枫香林朱文炳墓等，这些墓葬之间存在一定的联系。尽管三寨世系存在较多缺讹，但是这些墓葬表明在旋厂范围内尚有其他朱氏。

（二）他姓墓葬

张宗彦墓

位于王家湾。碑立于光绪四年（1878 年），碑已倒，墓向不明。墓冢为矮土丘。碑板宽 0.62、高 1.31 米。碑文抄录如下：

丁山癸向」。

故显考张公讳宗彦老大人之墓」。

盖闻家有谱而宗不紊，墓有碑而祭扫得清。父生于嘉庆己」卯年八月十四午时，系思南府安化县治地洞丁□田坪生长」人氏。大限没于同治癸亥年五月初一日酉时。因世乱移居本府」本县治地旋厂下寨告终。享年四十有四，葬地王家湾为茔」。

妻：李氏。男：德隆，媳赵氏。半子：冯全□；陆芳桂；陈白□，张氏。堂侄：德富；顺□。孙：泽□。孙女：张弟。堂侄孙：泽恩；泽□」。

光绪四年岁次戊寅三月初二日清明佳时吉立」。

根据碑文，墓主张宗彦生于嘉庆二十四年（1819年），本外地人氏，卒于同治二年（1863年），享年67岁，碑文记为享年44岁，其中有误。因世乱而迁至旋厂下寨，寿终于此。按此时间段，“世乱”即指始于咸丰七年（1857年）的号军起义事件。

朱氏族人世代相传，其兴现祖生三子，分居上、中、下三寨，国臣居下寨，洪臣居中寨，君臣则居上寨。根据大量碑文内容，此说法属实，其后裔一直延续至今。上文分别介绍上、中、下三寨朱氏家支墓葬，便于我们厘清朱氏家族世系情况，也能直观地感受三寨朱氏不同的发展情况。另有一些墓葬暂时不知其所属，个别他姓者碑文也具备一定价值。

墓葬分布广，部分墓葬并无墓碑或是被毁等，导致收集信息难免有所缺失。还有一些碑文对于家支描述不明，梳理中也有一些家支难以一一对应，世系梳理仍存较多缺讹之处（表2-3-1）。

第四节　坟墓、家族与社会

一、乡绅家族

“墓之有志，由来已久矣。自古端人正士，生前有可述者，乃至殁后每每志之于墓，以示不朽。”墓碑作为墓葬标识，表达了生者对逝者的感恩与思念之情，也有昭显祖先功德之意，还提供了生者展示其德行、修养、财富、地位的平台。墓志则是其中最为直观的集中体现，生者为逝者撰写墓志，以述其生世、颂其品德，同时特意标明墓主及其部分子孙具有的特殊身份。

在墓葬碑铭中记载了一些特殊身份，如“某某府（县）学庠生”“某某府（县）学生员”“庠生”“生员”“府庠”等，或在墓主名讳加上登仕郎、处士郎、耆老等称谓。这些身份则揭示了当地不同的社会构成情况。

（一）生员

生员即官办学校的学生，包括府学及州、县学。张仲礼在其《中国绅士：关于其在十九世纪中国社会中作用的研究》一书中解释为：“‘生’的字面意思是学生，‘员’的意思是指某个确定的数额。合为一词，其意思即为每个州、县学或府学经考试录取的固定数额的学生。”[1]清代科举制度中，通过“童试”的学生即称为生员。这些学生在通过“童试”之前被称为“童生”。“童试”包括连续的三场考试，第一场即“州县试”，学生被称为“俊秀”，通过者称“童生”；之后还要参加府试、院试；通过最后一关者了了，仅有1%～2%。文武均有三场考试，通过童试者即为生员[2]。

[1] 张仲礼著，李荣昌译：《中国绅士：关于其在十九世纪中国社会中作用的研究》，上海社会科学院出版社，2002年，第2页。

[2] 张仲礼著，李荣昌译：《中国绅士：关于其在十九世纪中国社会中作用的研究》，上海社会科学院出版社，2002年，第9～12页。

表 2-3-1　旋厂朱氏世系表

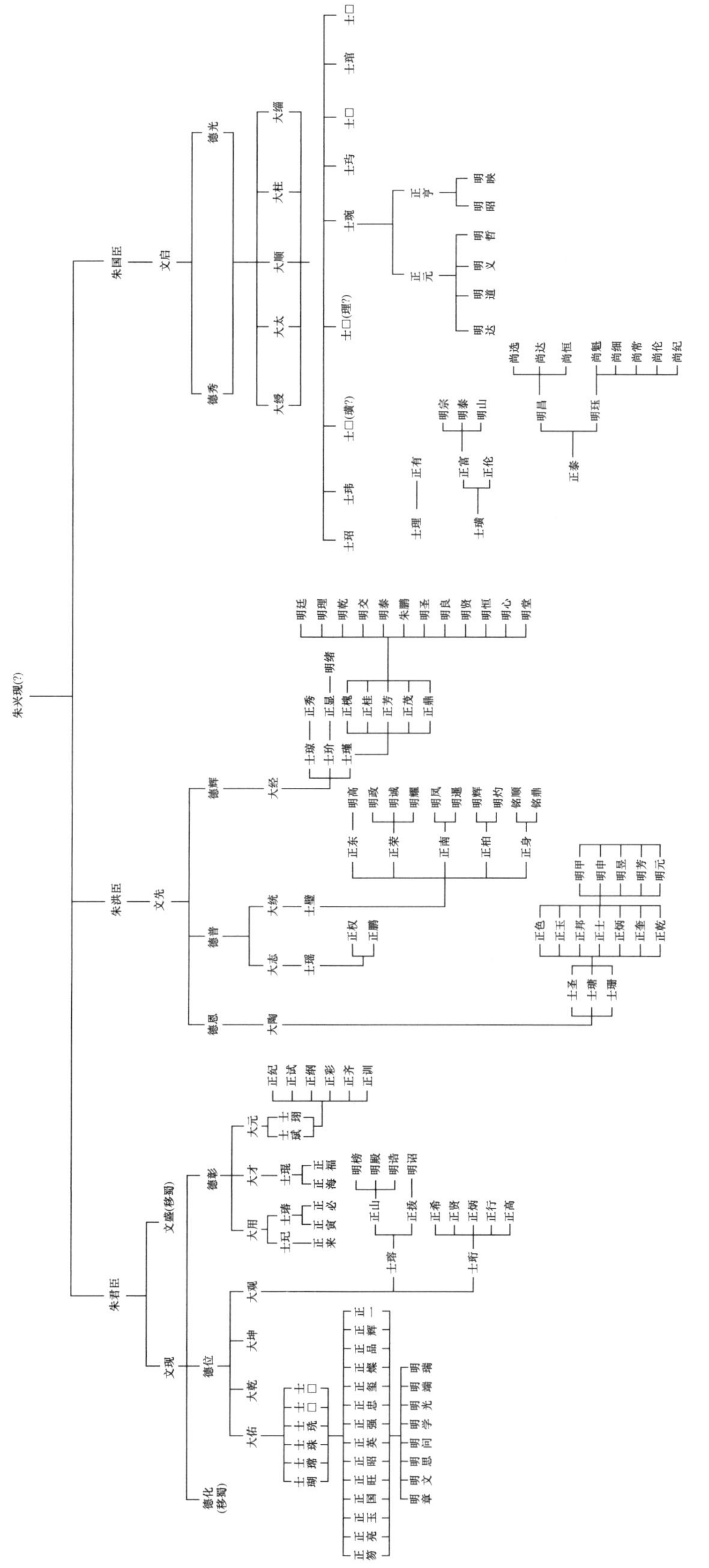

生员是绅士阶层的重要组成部分，以自身努力通过层层考试而获得这一身份。生员属于下层绅士，并不能直接当官，这与上层绅士存在明显区别。但是他们已经跨越了平民百姓与绅士间的分界线，尚有途径获得更高的功名和地位，比如捐纳或是通过更高级的考试，获取举人、进士等称号。经过逐级考试的文生员在下层绅士中占最高地位。

根据旋厂清代墓葬的调查情况，碑文上明确为生员者有朱正荣、朱正芳、朱鹏、朱廷选（明高）、朱铭鼎（明镜）、朱明堂、朱明重、朱正山、朱正玺等人。这些人或标注为“某府（县）学庠生”，如朱正荣为“思南府庠”、朱明耀为“务川县学庠生”、朱正芳为“思唐郡（思南府）庠生”、朱明高为“石阡府庠生”、朱铭鼎为“安邑（安化县）庠生”等。这些人均为乡绅。另有朱明诚，其碑文记载为“思南学庠生”，“未获名登黉序”，而其父朱正荣碑文载“季升庠序，伯仲虽学业未成”，故明诚是否为庠生存疑，但可以推断其社会地位同样较为特殊。

（二）耆老、寿官

耆老者，一般在60岁以上，具有显著威望、能力、财富且在地方事务上有领袖作用的老人才可，一般一县仅一老农可受“八品顶带”。耆老并非都属于绅士，非绅士耆老并无特权，仅在礼仪上有所恩遇，地位处于绅士之下又区别于常人。

旋厂百余座清代墓葬中，敕封耆老者两例。两耆老一者属于八品，另一者属于正九品，在当地均具有突出的社会地位。

一为上寨朱士瑢。其妻张氏享年86岁，逝世于道光十八年（1838年）；其高寿而得朝廷敕封。朱士瑢逝于嘉庆二十一年（1816年），例赠八品寿官，故其子于道光八年（1828年）在其墓前再立新碑，记述该事：“清例赠八品寿官朱公讳士瑢老府君大人之墓前碑。父生平为人，前碑略载兹用。嘉庆皇上二十五年崩，新君道光皇上立，我父荷蒙宠锡，冠戴荣身。我另立碑，以传后世不忘。朱正山沐手墓志……”。根据其他墓碑碑文，其长子朱正山为生员，香炉山雷震寺一碑文记载其为贡生；次子朱正□，香炉山雷震寺现存一残碑称其为“老爷”。从士瑢两子身份来看，该家庭属于地方乡绅家庭。

另者为下寨朱正亨，为“皇清例赐正九品冠带耆老”。其碑文载：“乐善好施，里闬贫乏者不时赒恤，称贷求乞者无所吝尝。”表明其较为富有，在当地具有一定威望。另正亨二子建惜字亭，根据惜字亭碑文，正亨原建文峰阁。

（三）登仕郎、处士郎

按《清史稿·职官志》载：

> 封赠、阶十有八：正一品授光禄大夫，从一品授荣禄大夫，正二品授资政大夫，从二品授奉政大夫，正三品授通议大夫，从三品授中议大夫，正四品授中宪大夫，从四品授朝议大夫，正五品授奉政大夫，从五品授奉直大夫，俱授诰命。正六品授承德郎，从六品授儒林郎，吏员出身者宣德郎，正七品授文林郎，吏员出身者宣义郎，从七品授征仕郎，正八品授修职郎，从八品授修职佐郎，正九品授登仕郎，从九品授登仕佐郎，俱授敕命。命妇之号九：一曰一品夫人，二品亦曰夫人，三品曰淑人，四品曰恭人，五品

曰宜人，六品曰安人，七品曰孺人，八品曰八品孺人，九品曰九品孺人，不分正从。因其子孙封者加“太”字，夫在则否[1]。

登仕郎为朝廷授予正九品官职，无实职；“例赠”即按例赠予逝世父辈或祖辈，而“待赠”即还未赠予。处士，即具有一定学识的人。旋厂一些墓主，如朱士瑾、朱正芳、朱士璧、朱正柏、朱正荣、朱正身、朱明诚、朱文炳、朱大佑等人，碑文称之为“例赠登仕郎”“待赠处士郎”“故处士郎”等。这些墓主显然在社会地位、财富上均在当地占据优势。如朱正荣原为庠生，神主牌位为“例赠登仕郎”，其他“例赠登仕郎”“待赠处士郎”之类墓主后裔一般都有生员。

综合上文，旋厂朱氏家族中一部分属于乡绅群体，主要出于乾隆至咸同时期。上、中、下三寨均有。上寨以朱士瑢一家为代表，二子均为乡绅，其中朱正山为贡生；另有朱正玺为乡绅。中寨主要包括两个家支，其一为朱士璧家族，其子朱正荣及孙朱明耀、朱明高、朱铭鼎等均为乡绅；其二为朱士瑾家族，其子朱正芳及孙朱明堂、朱明重等为乡绅。下寨主要为朱正亨家族。除上述列举之外，尚有一些可能属于乡绅群体，如朱正泰家族，按碑文朱正泰属于庠生，该家族墓葬亦多勒石立碑。

在清代，乡绅作为乡村社会中在学识、功名、官职等获得一定地位和身份的一种特有的阶层，在乡村社会组织运作中具有重要地位，故云“绅为一邑之望，士为四民之首”。这个集体包括了科举及第未仕或落第士子、当地较有文化的中小地主、退休回乡或长期赋闲居乡养病的中小官吏、宗族元老等一批在乡村社会有影响的人物等。这些乡绅除了具备一定学识及影响力之外，还应拥有较充裕的财富。这从墓葬规格就能得到印证，上述乡绅群体墓葬规模均较高，多数还有丰富雕饰，如朱正荣家族、朱正亨家族等。

作为下层乡绅的生员同样享受这一些特权。在官场及特殊场合中享受特殊礼仪，最为重要的是他们掌握着法律与经济特权。乡绅们不必承担丁税与劳役，但是田赋等不可避免，却可允许拖欠，某些人还会获得政府的月例银。

绅士视公共事务为己任，一般会积极投身于乡村和宗族的管理事业之中。部分绅士在某一方面具有特长。具体事项包括：裁断和调解纠纷；经理地方事务，如公共工程项目的创立、经办；发起并管理地方防卫和治安的事项；创立和经理救济和福利机构，如义仓、普济局、街道清扫局等；创立和经理教育、文化机构，如义学、私人书院、方志局等。多数属于下层绅士为自己的宗族服务，范围包括宗祠、祭田、族墓、义田、宗谱纂修等。乡绅收入来源多样，在提供上述各类服务时会获得相应的劳动报酬[2]，此外他们可以通过经商、租地等获得可观的收入。

二、旋厂乡绅家族的社会关系

传统文化中对婚姻一直讲究门当户对，古代尤为注重。故乡绅一般都是与别的乡绅联姻。其社会关系也较普通百姓更为复杂。如朱正荣，本系庠生，坊间流传为旋厂首富，其原配卢氏即出身名门，其碑文记载“龙邑卢族巨阀也”，祖上思武公曾任江南上海县县令，卢氏之叔卢光璐“知浙江萧山县”，光璐婿张海澜为“赐进士出身四川资州知州”，可见家世显赫。

---

❶ 赵尔巽等：《清史稿》，中华书局，1977 年，第 3272 页。

❷ 张仲礼著，费成康、王寅通译：《中国绅士的收入》，上海社会科学出版社，2001 年，第 4～109 页。

而朱正荣女婿钱青云即凤冈官田一位武生出身的乡绅，钱氏乃当地望族。青云“行年四十，预知时变，筑营□□（金磐），缮甲治兵”[1]，即修建了玛瑙山营盘，抵御号匪侵扰。钱青云之弟钱青黎又是朱正显女婿，亦为生员。

大青口朱府（母）安氏，其弟安廷珪、安廷祯为“龙邑贡生”，内侄为“龙邑庠生”；高山朱母杨氏（朱紫亭继室），其婿余龙光为“庠生”，外甥杨□为生员；等等。

可见，这些较为显赫的家族，通常通过联姻的方式与其他乡绅家族建立联系，这不仅拓宽了本身的社交空间，同时也利于巩固自身的地位，从而保护既得利益（表 2-4-1）。

表 2-4-1　清代旋厂上、中、下寨朱氏乡绅组成情况表

姓名	地位	姓名	地位	姓名	地位
中寨		中寨		上寨	
朱士瑾	例赠登仕郎	朱士璧	例赠登仕郎	朱文炳	待赠处士郎
朱正芳	思南府学生员 / 例赠登仕郎	朱正荣	生员 / 例赠登仕郎	朱大佑	处士郎
朱鹏	生员	朱正柏	待赠处仕郎	朱士瑢	八品寿官
朱明重	生员	朱正身	故处士郎	朱正山	石阡庠生（贡生）
朱明堂	安化县生员	朱明诚	思南庠生 / 处士	朱正扳	“老爷”
下寨		朱明耀	生员	朱正玺	生员
朱正亨	九品耆老	朱铭鼎	安邑庠生、生员		
朱明昭	建惜字亭	朱明高	生员		
朱明映					

三、勒石刊碑与社会背景

如前文所述，清代墓葬数据仅仅是统计勒石刊碑者。这类墓葬提供了准确的立碑时间，即使一些墓葬墓碑已佚，但是其特殊形制特点仍可推断出大致时间，如不少圆形墓冢的墓葬一般处于乾隆时期。根据这些年代数据，我们可以得出旋厂在清代各个阶段年均修建墓葬数量，以此考察勒石刊碑的社会行为与整体社会背景之间的关系。

明代石室墓年代不如清代墓葬准确，跨度较大，故仅作粗略参考；清代墓葬共计发现 119 座，数量较多，大部分墓葬年代较为确定。从墓葬年代分布来看，在清代早期康熙—雍正时期，发现墓葬 4 座，其年均修建数仅为 0.056 座；乾隆时期墓葬 24 座，年均修建数量约 0.4 座；嘉庆时期较乾隆时期小幅提升；而至道光年间，发现墓葬 28 座，年均修建数为 0.9 座以上。咸丰年间发现 7 座，均处于咸丰五年以前，即号军起义之前；咸同起义期间未发现新修建墓葬；起义之后的同治年间墓葬 7 座，集中于同治十三、十四年，即咸同年间除去号军起义时期，年均修建墓葬数约 1 座。光绪时期墓葬 15 座，年均修建约 0.44 座；宣统年间仅发现 1 座（表 2-4-2）。

---

[1] 贵州省博物馆、贵州省文物考古研究所、凤冈县文体广电新闻出版局：《玛瑙山：考古、文献与口碑》，科学出版社，2019 年，第 152 页。

表 2-4-2　明清墓葬各时期数量统计表

	明中晚期	康熙—雍正	乾隆	嘉庆	道光	咸同年间（起义前后）		光绪	宣统
在位时间（年）	—	71	59	25	30	24		34	3
墓葬数量（座）	31	4	24	12	28	7	7	15	1
年均修建墓葬数（座）	—	0.056	0.407	0.48	0.933	1	1	0.441	0.333

各阶段年均修建墓葬数的变化一定程度反映了社会人口数量的变化。因为该数据来源于立石勒碑者，从而导致这组数据反映的人口数量存在偏差，但由于样本数量较多，这些误差并不会影响其固有的趋势。这在一定程度上，也受到社会环境的影响。墓葬数量的时代差异，反映了当地各个时代的社会发展状况。社会的和平、昌盛是修建墓葬的前提，也是人口兴盛的必要条件。同时，立石勒碑之举是一个家庭财富积累的体现。与一般土丘封土墓葬相比，勒石刊碑显然要消耗更多的资源与精力，是社会财富积累的具体反映。

根据表 2-4-2，清初至道光时期旋厂清代墓葬数量大幅增加。而根据道光《思南府续志》卷三记载，在清初至道光时期，人口数量增长迅速，尤其在乾隆至道光年间，呈爆发式增长；其原因有二：一是明末清初移民潮流，二是清廷鼓励开垦，康熙五十一年宣布“滋生人丁，永不加赋”，雍正元年又实行“摊丁入亩”，这些政策都有利于农村社会的发展。这表明旋厂在该时期人口应该也存在迅速增长，在乾隆至道光时期，旋厂处于历史上最为兴盛的阶段，至道光时期达到顶峰（表 2-4-3）。

表 2-4-3　安化县清代早、中期家户、人口及人丁数量变化情况

<table>
<tr><th>时间</th><th>家户（户）</th><th>人口（口）</th><th colspan="3">人丁（口）</th><th>征丁银（两）</th></tr>
<tr><td rowspan="3">* 万历八年</td><td rowspan="3">540</td><td rowspan="3">5293</td><td colspan="3">892</td><td>2153.724</td></tr>
<tr><td>上</td><td>中</td><td>下</td><td></td></tr>
<tr><td>180</td><td>363</td><td>349</td><td></td></tr>
<tr><td rowspan="3">* 康熙二十四年</td><td rowspan="3"></td><td rowspan="3"></td><td colspan="3">逃丁 466/ 实在 425</td><td rowspan="3">无征：-1472.1592
实征：681.5431</td></tr>
<tr><td>上</td><td>中</td><td>下</td></tr>
<tr><td>9</td><td>67（69）</td><td>349</td></tr>
<tr><td>* 康熙三十五年</td><td></td><td></td><td colspan="3">+17/ 实在 443</td><td>征差：730.2417</td></tr>
<tr><td>康熙五十年</td><td></td><td></td><td colspan="3">+ 上丁 8、中丁 36/*+27/ 实在 469</td><td rowspan="3">810.2555</td></tr>
<tr><td></td><td></td><td></td><td>上</td><td>中</td><td>下</td></tr>
<tr><td></td><td></td><td></td><td>17</td><td>102（105）</td><td>349</td></tr>
<tr><td>* 雍正九年</td><td></td><td></td><td colspan="3">*+110；永不加赋</td><td></td></tr>
<tr><td>乾隆六年</td><td>+1601</td><td>——</td><td colspan="3"></td><td></td></tr>
<tr><td>乾隆四十二年</td><td></td><td></td><td colspan="3">将丁差银通摊田亩</td><td>* 减免丁银 603.002</td></tr>
<tr><td>道光十年</td><td>+16655</td><td>+83090</td><td colspan="3"></td><td></td></tr>
</table>

注：该表格根据道光《思南府志》与道光《安化县志》整理而来，凡标注“*”者为嘉庆《思南府续志》中记载

号军起义十余载，在此期间，并未发现需要投入更多精力与财富来砌石竖碑的墓葬。尽管在起义之后同治十三、十四年，曾有一波兴修祖墓的现象，但这种行为并不广泛，确切来说，这种行为主要集中于某一家支——下寨朱明昌、朱明珏后代。而清代末期的光绪、宣统年间，墓葬数量并未增长。与贵州地区很多乡村一样，古旋厂在咸同起义期间如同经历一场浩劫，遭受重创。这种毁灭性破坏同时见于建筑基址与寺庙之中。今旋厂村民仍传，号军起义期间当地大量先民死于战乱，也有不少人口外迁，如朱明诏碑文记载其逢“萧墙起祸，昆玉陨命于兵锋”。

第三章　口 碑 传 说

第一节　旋厂朱氏的来历

一、三大窝起祖

口述人：朱克龙，63 岁，现居贵阳，旋厂下寨人氏
朱光耀，79 岁，居中寨，朱芝之后
朱光海，72 岁，居中寨

按朱正亨墓碑铭文记载，朱氏于明代初期由思南塘头迁移至此。朱氏后裔则是将家族历史追溯至明代晚期，一般尊朱兴现为始祖。关于兴现之父，存在多种说法：其一朱兴现为朱应南之后，朱应南葬于旋厂西边，无碑；其二，民国时期，凤冈一带朱氏编撰族谱，邀请旋厂朱氏参与，在凤冈朱氏族谱之中，朱俊一支后裔不明，故当时将朱兴现视为其后；其三，传旋厂朱氏为明朝皇室后裔，明末期逃难至此，或言朱兴现为福王朱由菘之后。

三大窝的传说，一种说法是朱兴现被尊为先祖，死后葬于三大窝，按祖茔域，故称“三大窝起祖”。另一种说法则是朱兴现初到旋厂，原居于三大窝。生三子：洪臣、国臣、君臣。长子洪臣成家后居中寨，死后葬于登科半山之中，子文先；次子国臣居下寨，死后葬于下寨，子文启；三子君臣居上寨，死后葬于青林组朱伟房屋后面，子文盛、文现；从此形成上、中、下三寨。

按：根据口述人讲述整理，同时参考了调查的墓葬碑文。关于朱氏来源的三种说法，均缺少明确的依据。朱氏族人常言的朱兴现墓，为三大窝一石室墓，顶部有匾额，顶部刻“日”“月”两字，两侧为“万代佳城”，居中阴刻墓主名及年代，但模糊不清，仅可识“朱□□”“……母田氏”等内容，尽管字迹模糊，但是从残迹来看，是朱兴现的可能较小。朱氏于明代初期由思南塘头迁移至此的说话较为可信，而朱兴现生三子、分居三寨的说法属实，但其间尚有一段空缺。

二、朱、陈两家的情谊

口述人：朱克龙，63 岁，现居贵阳，旋厂下寨人氏
陈铭声，72 岁，居煎茶中伙村陈家
陈义芳，48 岁，居煎茶中伙村陈家

旋厂北部一山之隔即为今煎茶镇中伙村，其中有一个陈家的寨子，为陈家世居之地。陈家后裔至今流传着朱、陈两家的历史渊源。

陈氏先祖陈登榜，原住江西南昌府十字街高阶檐，娶魏氏，生子应龙、应飞及女应凤，孙金宝、孙女金花。明朝末期，吴三桂引清兵入关，明朝就此覆灭。福王朱由菘在清初遇害后，其子朱

兴现逃难至江西巧遇陈登榜。自此陈家冒险跟随守护。

吴三桂虽得清廷封为平西王，但始终不得清廷统治者的信任，最后选择反抗。见此，朱兴现与陈家父子认为反清复明的时机已到，果断选择依投吴三桂，几经征战，占有云南、贵州、湖南、江西及湖北、四川一部分地方。陈应龙被封为川湖副总督。陈登榜之妻魏氏能征善战，于思南楠盆打仗时不幸身亡，故葬于楠盆。

时间一长，朱兴现与陈氏父子见吴三桂心术不正，虽是反清之举，却无复明之意。三人心灰意冷，选择离开吴三桂，几经辗转，来到了思南大桥头十字街，定居于此。某日，朱兴现骑马于街上，不料马在街上撒了屎尿，被当地士兵要求挑水洗街。朱兴现心念自己的皇族身份不肯依从，士兵便将其关押起来。应龙等人闻此消息，无奈动武劫狱，救出兴现，又开始了一段逃难旅程。

朱兴现与陈氏父子逃至旋厂，见此山清水秀，地势也较为隐蔽，便选择在此隐居起来。隐居之中，为了谋生的陈应龙寻到了中伙刘家，在此当上了刘家佣工。刘家无子，有三个女儿。见应龙才貌出群，遂招其入赘为婿，陈应龙便定居于此。而陈登榜仍与朱兴现在旋厂共同生活，逝后葬于下寨马家园子。

据传，朱、陈两家因为这段历史，很长时间都不曾开亲，直到中华人民共和国成立后才不顾及。而陈家也不与田氏开亲，当日登榜被官兵追逐，逃至一水田之中，官兵见此人，问道："姓陈吗？"登榜装成哑巴急忙摇头，官兵又问："姓田吗？"陈登榜一阵点头，就此逃过。

图 3-1-1　下寨马家园子陈登榜墓碑

按：除了访问口述者之外，还结合已故的陈家凤遗留的笔记。此传说主要在陈家流传较广，而旋厂朱氏在以前知此者甚少。

根据旋厂遗留的部分碑文，该故事背景与旋厂实际情况不符。史氏为朱兴现孙文启之妻，根据碑文甲子推算，史氏生于明崇祯十五年（1642 年），卒于康熙三十五年（1696 年），享年 54 岁。碑立于雍正十一年（1733 年）。"三藩之乱"始于康熙十二年（1673 年），康熙十七年（1678 年）吴三桂在衡州称帝，至康熙二十年（1681 年）结束。按此，朱兴现应当在康熙二十年（1681 年）还未生子，这显然与碑文年代不符。贵州多地均传言有朱氏后裔逃难至此的说法，这早已经是屡见不鲜了。

而下寨马家园子陈登榜墓铭文如下（图 3-1-1）。

碑记：」

清仙逝显考陈登榜正魂暮。」

原任川湖副捴佘男：陈应隆；孙：大金。」

康熙二十七年岁次戊辰仲春越吉旦。」

此处“川湖副挖佘”，据传为川湖副总督，因避难而改为佘姓。此处更像是“副挖佘”一词，系一官职。

第二节　朱正荣与卢氏故事三则[1]

一、一百二十床稿荐

相传在乾隆、嘉庆年间，旋厂朱氏势力迅速崛起，其中以朱士璧与朱士瑾两家最为显赫。朱士璧乃当地首富，在思南府城、遵义、铜仁等地均有店铺、钱庄，家中金银财物数不胜数。

士璧育有五子，分别为正东、正荣、正南、正柏、正身。正荣成人后，家人为其托媒说亲，几度寻觅却难得正荣倾心。巧闻遵义鲜花铺卢员外家财万贯，其女美若天仙，二八芳龄。卢员外也正着急为其女儿找一门当户对的夫君。闻此，朱士璧便急忙安排媒人前去提亲。卢家听闻旋厂朱氏的实力，朱正荣又是文武双全、学识渊博，便欣然答应了这门亲事。

即成，两家便很快择定吉日，安排嫁娶之事。迎娶之时，朱家安排了二十四名戴顶子[2]的押礼之人，押着三十六架马车，其场景一片气派。

卢家也不甘示弱，陪嫁金银珠宝二十四箱，其余不计其数。当地习俗，嫁娶之礼，男方送一张席，即猪脚从膀前砍下割成的彩礼，女方就得陪嫁一床被子。当日，朱家送去了一百二十张席，而卢员外则陪嫁了二百四十床被子，还加上一百二十床麻稿荐。员外的千金见此，嫌弃父母陪嫁太少，过于吝啬，便至双亲面前哭诉：我的爹呀！父母呀！太阳出山满天红，女儿出嫁要受穷。吝啬陪嫁一少许，女儿受人看不起。卢员外听即斥道：你应该知足了，这一百二十床麻稿荐足够你吃一辈子了。

稿荐即用稻草等物编织而成，富人家以此供佣人栖息之用。一百二十床稿荐，显示了其佣人数量之多。

从此，这一百二十床稿荐的故事便耳濡目染地流传下来。

二、雷击石院坝

继续一百二十床稿荐的故事。朱正荣与卢氏成家之后，居住于中寨靠近青龙岭的那栋房屋（即 F13）。相传该院落十分豪华，雕梁画栋，一片气派。其中最引人注目的就是石院坝，人们一直传说该院坝宽三丈三，长六丈六，且是由一整块石板平铺而成，居中刻“一颗印”（即一回字形图案）。

新婚之时，婚宴豪华气派。前来贺喜的宾客众多，朱家收到的礼金多到家中的箱子已经装不下，甚至是将楼阁的横梁压断。朱士璧便安排人将铜钱串挂在树上。

卢氏嫁到朱家后，深居简出。族人一辈子只见过其三次：一次即在两人成婚之时，另一次是卢

---

[1] 据朱克龙口述，并参考了朱昭权《福王城故事集》整理而来。朱昭权：《福王城故事集》，《扶阳足音》，中国旅游出版社，2009 年，第 87～106 页。

[2] 戴顶子，为当地旧俗，有学识的人带着特殊的帽子，以此表明自己的身份。

氏看戏之时，最后一次就是在其将死之时。

关于卢氏看戏一直流传着另一则故事。中寨朱氏可知公共娱乐场所目前仅知戏台一处，相传位于桶井墓地东侧，现已寻不得任何迹象。卢氏久居宅中，时常闻得旁边传来的伴随锣鼓的唱戏声，却没有机会亲临现场，朱正荣一般也不允许其踏出家门。某日朱正荣与一客人喝了几杯，酒过三巡已是醉意上头。回家后卢氏便向其表示希望能去戏台看戏，酒醉之中的朱正荣便随口答应了。欣喜之中的卢氏急忙唤来丫鬟帮她梳妆打扮。

卢氏天生丽质，美若天仙。一番打扮后，珠光宝气，十分艳丽，吸引了戏台上下众人。台上演员、台下观众都沉迷于卢氏美貌之中，现场一片哗然，陷入混乱之中。次日，众人纷纷议论朱家卢氏的容貌，谈及其走路一步三摇等。朱士璧闻此大怒，来到朱正荣家门口吞口处将朱正荣一通训斥。朱正荣问清原委后，又将此其怒气发向卢氏。卢氏自然委屈，也不敢顶嘴。而朱正荣并未就此罢休，回到房中执笔写下休书。正当此时，天色瞬变，乌云密布、电闪雷鸣。一道闪电击向石院坝，将原本一整块的院坝击碎为十余块。朱正荣见状，面容失色，再也不敢提及休妻之事。此后，夫妻也难以像以前一样和谐，且都对此耿耿于怀，闷闷不乐。家中黄金变成了黄鸡娃、白鸡娃，被黑母鸡诓走。不久，夫妻相继逝世。而被雷点击碎的石院坝被其后人卖到了下寨。

三、黄鸡娃、白鸡娃

相传朱正荣在当地十分富有，家中的金、银锭多到箱子、器皿这类都盛不下，故而只能将集中堆在某一房间的地板之上。某日，朱正荣发现这些金、银锭莫名少了许多，对此十分疑惑，便暗中观察。一天朱正荣看见一只黑母鸡从房间里走出来，后面跟随着一排的黄鸡娃、白鸡娃。他对此很是奇怪，家中又不曾养鸡，何来的黑母鸡和鸡娃？急忙开门一探究竟，他屋中的金、银锭又丢了不少。这才知道原来是黑母鸡将其金、银锭给诓走了。黄、白鸡娃便是金、银锭。

朱正荣对此忧心忡忡，认为这是天命如此。加上与卢氏之间的矛盾，不久便病逝。

朱正荣死后过了十余年，旋厂遭受号军侵犯。尽管当地组织了团练，形成有序反抗的杆子队，还是难以挽回局面，最终中寨毁于火海之中。朱正荣旧宅同样难逃此厄运。后人将其旧宅基改为田土耕种，仍不时看见黑母鸡领着一群黄、白鸡娃在屋基之中。

直至民国年间，寨中村民朱兴淹在此地耕作之时，又看见黑母鸡领着一群黄、白鸡娃，便以手中农具顺手打去，只见打中的白鸡娃瞬间倒地变成了一锭银子，朱兴淹惊喜之余伸手去捡，不料黑母鸡匆匆跑来将其手啄了一下。这一下可非寻常，朱兴淹手肿了很久也难以痊愈，不得不前往医院，其医疗费用也正是那一锭白银。

此后，人们再也不曾见到黑母鸡与鸡娃了。

第三节　一门三进士[1]

旋厂朱氏在乾隆至道光年间兴起，很重要的一个因素就是十分重视教育。该时期上、中、下各

[1] 朱昭权：《福王城故事集》，《扶阳足音》，中国旅游出版社，2009 年，第 87～106 页。

寨均出了不少生员，其中中寨最多，集中于朱士璧与朱士瑾两家。

坊间流传，朱德辉一家前后共出三名进士，“一门三进士”的美誉妇孺皆知。第一个进士为朱德辉，此后德辉子朱大经亦考取进士，第三个进士则是朱大经之孙——朱正显。朱正显考中进士后，官府特来恭贺，并送了一块匾，题“一门三进士”。此后，一门三进士的佳话就在坊间传开。

该匾一直被其后人珍藏，直至“文化大革命”时期被毁。

一、银杏开花

据传清代嘉庆年间的某一天，朱大经家热闹非凡，因其孙朱正显将要赶考，乡邻亲友均来道贺。院子里张灯结彩，伴随着喜庆的唢呐、锣鼓等乐器声，亲友们表演起了跳花灯、杆子舞等。前来的宾客向站在吞口的朱士玠贺道：“恭喜！恭喜！贵子朱正显学成赴考，预祝他一试及第。”

夜里，劳累一天的家人早早休息了，而朱正显面临背井离乡、赴京大考，难免有些许焦虑，难以入眠。于是来到屋前吞口处石阶沿上坐下，仰观夜空，正当着迷于夜空繁星之时，突然发现房前十多丈高的银杏树上挂满了一串串的银花。震惊之余，朱正显不忘呼喊家人起来观望。不料家人出来后，一切恢复平常。次日，寨上一老人对朱正显说：“这是白果开花，能看到白果开花的人大富大贵。你这次赶考一定功成名就。”

果然，朱正显一试就中了进士。

二、进士吃核桃

朱正显带着众人的期待参加了考试。数日后榜文发出，朱正显果真中了进士。欣喜之中他急忙与书童收拾行囊返程。

日夜兼程地走了数日后，朱正显二人仍离家较远，而其内心想让家人早点知道这一喜报，故嘱托书童先行赶路回乡报喜，而自己留足盘缠后面赶来。于是，书童疾步前行，而朱正显一个人在途中游山玩水。

一日，朱正显来到了务川地界，碰见一农户正在打核桃。旋厂故乡也有不少核桃，这一幕不仅勾起了朱正显的馋意，还掀起了其内心的思乡之情。朱正显作为一个读书人，拉不下面子直接向农户讨要几个核桃，何况以前都是佣人准备好直接向其奉上。

此时朱正显便假装不识得此物，上前问道：“请问你正在打的是什么东西啊？”农户告诉他是核桃。

又问：“拿来做什么？可以吃吗？”

“可以吃。”

“我可以尝一尝吗？

“可以。”农户顺手递核桃给朱正显。只见朱正显直接一口咬在核桃外壳上，又苦又涩，表情扭曲。农户见状，只好帮忙锤开核桃再递给朱正显，这样朱正显解了嘴馋。

后来，朱正显被派往务川就职，再次路过此地与该农户相逢。朱正显家人得知此事，便将其故事传开。

第四节　其　他

一、雷击哨亭

口述人：朱克龙，63岁，现居贵阳，旋厂下寨人氏

中寨左前方有一片林地，当地人称之为“青龙岭”。青龙岭西部及北端现存外墙遗存、建筑基址、墓葬等。建筑基址以条石垒砌，呈方形，当地人称此为“哨亭”。

相传青龙岭与白虎岩隔河谷相望，而白虎岩相较青龙岭更高，呈现出白虎压青龙，风水上不利于该地。当地民众请来风水先生，一番勘察，指出“只许青龙高万丈，不许白虎抬头望”。然而如何能抬高龙头呢？风水先生便支招，在龙头——即青龙岭北端修建一塔，依此可行。故而民众在此修建了该塔。

塔建成，高三丈有余。下部以石材垒砌基础，上部为木结构。久而久之，旁边树木越长越大。某日夜里，电闪雷鸣，傍边一个高大的枫树被击倒，正好将哨亭击毁，仅余下部石砌基础部分。

后来，当地民众为了修建房屋等，将哨亭表面一些条石切小移作他用，塔基逐渐又矮了不少。到如今，村民们为了保护这一历史遗迹，已不再移用这些条石。

二、石狮

口述人：朱光耀，79岁，居中寨，朱芝之后
朱昭奇，42岁，居下寨
朱光海，72岁，居中寨

旋厂现存两石狮，其一位于中寨，另者位于黄泥坪。坊间流传，两石狮由来已久，但说不清其年代。

中寨处于缓坡地带，隔溪谷相望有一片白岩，称之为“白虎岩”。相传，两石狮的出现是为了镇压这白虎。常言山中狮子为王，老虎自然怕狮子。两石狮的石料并非中寨附近常见的青石，附近青石为层积岩，层理分明，不宜于雕琢如此庞大的石狮。而其石材的来源不明，或说石香炉一带。

两石狮凿成，安置于中寨前面。而这两石狮具有灵性，夜间时常外出戏耍。一日夜里，两石狮又不安分，其中一石狮前往冒水河，在农田中翻滚滚坏了田地庄稼，被农户打断了前腿，后回到中寨，今其前腿就是因此而残；另一石狮则是到黄泥坪，也是毁坏秧苗后，被农户追赶至石香炉，四肢均被打断，便一直留在此地。

第四章　初步认识

第一节　聚落视野下的古代旋厂

按居民来源，我们可以将贵州明清时期乡村聚落分为土著民族聚落和外来移民聚落，后者根据其性质又可分为屯堡聚落和普通聚落。屯堡聚落军事防御性质更为突出，尤为强调地缘关系。而旋厂的聚落可归为普通聚落。

对于聚落形态的考察除了单体遗存外，还有单个聚落的内部格局及一定地理空间中多个聚落的分布模式。特殊的功能空间根据其指向对象可分为不同层次，可能仅针对于某一家族，抑或是一个聚落，还有可能是多个聚落共同参与的结果。喀斯特地貌对贵州山区乡村产生极大的局限，在人类的能动作用下，这些乡村也塑造了特殊的喀斯特景观，这体现在民居建筑及聚落格局、生业经济之中。

一、院落建筑

旋厂民居建筑中，宅院表现为“外石内木”的特征，即外部以条石砌筑院墙，入口设石龙门；内部以加工规整的条石砌筑台基，由正房、两厢、天井组成三合院格局，房屋为穿斗式木结构。书院、寺庙也与此相似，不同的在于，民居建筑不会呈中轴线布局，在正房、两厢、天井对称到的情况下，则会选择“歪门邪道”，即将门道偏于一侧；而寺庙、书院等则可以按中轴线布局。我们在旋厂的调查、勘探之中，很少见到砖块，在几座保存较好的民居院落中，其建筑也不用青砖。建筑之间不存在青砖垒砌的风火墙，推测中寨空斗式内墙可能兼具风火墙的功能。

这种极富喀斯特景观的民居特色，在贵州地区较为常见，如思南郝家湾村、德江泉口田氏庄园、凤冈绥阳钱氏古宅等。这类建筑更多地融入了汉族文化因素，与少数民族干栏式建筑形成两道风格各异的风景线。

二、旋厂的聚落格局

古旋厂地界宽泛，包括了今朝阳、丰林两个行政村，其主要居住空间主要位于西北部利于居住、耕作的缓坡地带。受自然冲沟的分割，旋厂低谷地带被分为多个相对独立的地理单元，提供了旋厂诸寨并立的地理条件。这些聚落间距多在500米左右，以冲沟为界，保持着各自的生存、发展空间。缓坡区域四周，均为地势更为陡峭的山体，至今多为林地。居民的生活用水主要依靠地下水，而灌溉则依赖于溪水、山泉。由高至低，形成山林—村寨—水田的立体生态模式。

聚落内部形态均十分集中，这样的优势在于通过紧凑的布局，一以节约有限的土地资源，缓解生存压力；二则利于加强家族成员向心力；此外，在必要情况下，有利于统筹防御，保障居民安全。在该布局下，其内部路网多呈现为网状式、井字形式（下寨），向外的交通路网则为放射式。

三、功能性的公共空间

我们在旋厂可见的公共活动空间主要包括惜字亭等塔阁类建筑、书院、寺庙等。塔阁类建筑对应单个聚落，是尊崇知识的儒家思想下的产物，同时对于单个聚落还具有特殊的风水意义。两座寺庙均处于远离居民区的山腰处，作为宗教场所，为周边较近的乡民提供宗教服务。尽管这些佛教场所对于乡民不存在排斥，但仍受居民活动半径所限制，如下寨、中寨等更多地前往朝阳寺进行朝拜，而在香炉山，上寨朱姓的活动则更为频繁。书院处于中心区域，辐射旋厂各寨，对于各村寨相对便利。

上述部分按功能划分包括了文化空间、宗教空间，我们并未发现明确的娱乐空间，而据乡民回忆，在桶井东部原有朱氏乡绅家族的戏台，如今荡然无存。

四、墓葬分布

作为聚落的重要组成部分，墓葬突出体现了乡村聚落间的地缘关系与血缘关系。每个聚落相应的墓葬（地）围绕聚落分布。下寨、中寨表现最为明显。马家田墓地、茶园墓地、坨田墓地、天子南墓地等均紧紧围绕着下寨分布。中寨周围的墓葬同样紧密围绕寨落。上寨族墓虽较为分散，但仍有一定的范围。墓地以血缘关系为纽带，多数墓地甚至是某一大家庭成员，如马家田墓地有朱正亨、媳吴氏、次子明映等墓，高山山羊坡墓地有朱正荣、妻卢氏、弟朱正柏墓等。

以中寨为例。中寨墓葬集中分布于建筑区周围，以及山羊坡北部缓坡地带。在建筑区周围有朱明诚墓、张氏墓、朱行二墓、朱明辉墓等，均属于朱士璧一支，该支墓葬另有山羊坡朱正荣及卢氏墓、朱正柏墓等。在山羊坡墓地以北的缓坡地段，有朱正显、朱正鼎、朱正芳、冉氏墓等，虽较为分散，但均为朱士瑾一支。表明墓葬之间的距离在多数情况下与墓主间血缘关系相关，也可能是受到这些家族对土地资源的控制情况的限制。

五、聚落中血缘与地缘关系

寨落的形成一方面受限于破碎的地理空间，另一方面也以血缘关系为纽带。

在朱氏的口碑传说之中，上、中、下三寨分别为朱兴现三子之后，其组织关系中始终保持着紧密的血缘关系。而赵氏居赵家寨，龙氏居龙家等。各姓氏均有各自较为独立的聚居区域。即使是朱氏，在宗族产生分支后，三支也保持了明显的界限。

家族之间的地缘关系并非独立或联合或敌对的单一关系，而是十分复杂。例如，在民间记忆之中，朱氏日益强大，驱离了康、龙两姓，故今朱氏后人仍传朱、康两姓之间即为“猪”与“糠”的关系，在中寨附近我们还能寻得一座清代早期的康姓墓葬，而其他与康姓相关的遗存不得而知。

民间口碑传说之中，旋厂朱姓与中伙村陈姓之间祖上是生死患难的主仆关系；在下寨朱姓清晚期碑文之中，我们可以频繁看到朱姓与山羊坡史氏联姻关系，这可以追溯至清代初期。另一层面，在旋厂范围内，朱、赵、周、杨、简等家族时常共同商议、处理公共事宜，如修建寺庙、书院等。

第二节　古旋厂的年代、性质及兴衰历程

一、古旋厂的年代

朝阳村原为“旋厂铺村”，乡村区划调整中将其改为“朝阳村”。根据墓葬碑文，在雍正至乾隆

时期称之为“旋场”，如雍正十一年（1733年）史氏墓碑文记载“丙子年十一月十三日寅时于安化县旋场告终”。至道光二年（1822年）覃家许氏墓仍记载为“旋场”。此后演变为“旋厂”，其中缘由不详。

旋厂至20世纪末涵盖今朝阳村及丰林村，香炉山一带长期处于思南、德江插花地。其核心地带包括上、中、下寨及赵家寨一带，从现存遗存来看，中寨地位最为突出。关于旋厂的年代，可从文献与遗存中梳理。

（一）遗存的年代

通过系统的踏查和部分试掘，丰富的遗存提供了大量年代数据以供我们梳理旋厂的发展历程，其中部分遗存保留了详尽的碑文，提供了准确的年代。现将各类遗存年代分述如下。

（1）院落基址：根据形制特征可分为三期。第一期：以F8、F9等为代表。典型特征：压面石体量较小，台基普遍较矮。第二期：以F10和F13二段等为代表。典型特征：压面石体量大幅增加，宽在0.8～1米，长有3～4米；台基增高。第三期：以F2、F3、F7为代表。典型特征：压面石体量巨大，宽1米有余，长有6米多。流行以錾刻线条装饰台面。

参考义学遗址特征及其年代，义学遗址修建于道光二十一年（1841年），与第二期较接近偏早，故推断第一、二期年代处于道光以前，第三期处于号军起义之后。

（2）墓葬：旋厂发现石室墓均处于明代中晚期，其中仅1座属于明代中期，其余属于明代晚期。清代墓葬各个阶段数量差异明显，以乾隆至道光年间数量最多，其中道光年间墓葬制作最精。

（3）塔基：共4座，其中两座具有明确的年代：塔2建于光绪四年（1878年），惜字亭建于咸丰七年（1857年）。另推测塔1建于乾隆时期，文峰阁建于乾隆至道光年间。

（4）书院：上文中我们推测现存书院遗址及道光年间修建的朝阳义馆，建于道光二十一年（1841年）。

（5）庙宇：雷震寺推测建于明末清初，永盛寺修建年代与此相当，按碑文记载修建于万历年间（1573～1620年）。

其他遗存缺少较为准确的判断依据，均以上述遗存年代为参考，主要属于清代。关于外墙的年代，我们结合历史背景和文献记载推测系号军起义期间修建。

中寨及其周围采集和试掘出土的遗物也提供了可参考的资料。例如，M1虽然经过盗扰，仍然出土了瓷罐、铜簪等，具有明显的明代遗物特征，可以推断为随葬品。M6清理中发现了青花重十字盘、白釉盘，皆属于明代，另有清代青花梵文盘、缠枝花卉纹盘。

在房址、塔基、书院的等处采集和解剖出土遗物以青花瓷及粗瓷为主。书院采集青花釉里红狮子戏球纹盘、灵芝茶花盘、白描缠枝莲纹喜字碗等，均属于清代遗物。F2解剖探沟中同时出土了明、清两代青花瓷器，如明代末期的青花缠枝花卉纹碗、弦纹碗、折枝花卉纹碗等，清代青花瓷占大宗，绝多数为清代中晚期。

仅依据遗存情况，旋厂所见最早遗存年代处于明代中期，在清代中期达到鼎盛。

（二）文献记载

关于旋厂的文献记载较少，主要包括方志及碑文。方志记载极少，道光《思南府续志》、道光《安化县志》略有提及，其中对于玉瓶山、青龙岭、香炉山的记载均是简单描述，仅道光《思南府续志》中对永盛寺的记载提及时间，原文载“永盛寺在朝阳山，万历时里人朱文启建，后有古塔”❶，与寺庙碑文记载一致。在更早的方志中不见旋厂任何记载，此后的方志也鲜有涉及。

多数碑文记载内容与遗存主体密切相关，如寺庙碑文一般仅记载立碑事由及时间，多数墓葬及惜字亭碑文也是针对其个体遗存，提供的信息有限，仅马家田朱正亨墓碑铭文提及朱氏来源，记载如下：“例赐正九品冠带耆老朱翁墓志铭：翁讳正亨，行二。其先江右人，宋元间移黔家马，为思南大姓之一，明初由塘头移旋敞（厂）……”根据目前发现遗存情况，此说法可信。按此，可将旋厂最早年代追溯至明代早期。

二、古旋厂的性质

旋厂范围内发现院落基址、墓葬群、寺庙、塔（阁）、书院、碾房等遗存，遗存分布范围广，功能齐全，表明旋厂是明清时期一处集居住、文教、耕作、防御于一体的典型山区乡村聚落。

（一）社会阶层——乡绅家族的组成

旋厂的社会阶层整体上可分为两类，一类为普通民众，另一类为墓葬及寺庙现存碑文可看到的乡绅。旋厂的乡绅主要为文生员，这些生员处于乡绅群体中最底层。碑文中确切生员身份者共计15人，集中于朱氏家族中的几个家支。

上寨有朱正山、朱正扳、朱正玺三人。正山、正扳系朱士瑢之子，士瑢为八品寿官，正山为贡生，正扳在碑文中记载为“朱老爷讳正扳”。香炉山雷震寺现存石碑铭文中多次提及正山、正扳作为首人的身份，表明其在当地组织进行了公共事务。

中寨分为两支。朱士瑾一支有朱正芳、朱鹏、朱明重、朱明堂，朱士璧一支有朱正荣、朱明诚、朱明耀、朱铭鼎、朱明高。朱明诚子朱燦作为义学首士曾参与倡导修建义学。中寨现存院落基址中，F13、F14相传分别为朱正荣、朱正身旧宅。

而下寨朱正亨及其子明昭、明映分别修建了文峰阁、惜字亭，正亨为九品耆老，可推测其属于地方乡绅的范畴。另有朱正泰属于庠生，亦属于乡绅。

常言“绅为一邑之望，士为四民之首”，绅士视公共事务为己任，一般会积极投身于乡村和宗族的管理事业之中，在乡村社会组织运作中具有重要地位。

（二）经济模式

旋厂地处崇山峻岭之中，喀斯特地貌特征明显，缺少大江大河，几乎无一片平整之地。如民国《铜仁府志》所言“跬步皆山，无数里平原，偶有坦平，率皆缘溪萦转”❷，对于耕作而言“非沃壤也，依山垦田，凡山间小坦夷处，胥辟治焉”❸。中寨周围发现大量引水渠和“坡改梯”石坎，北部

---

❶（清）夏修恕等主修，萧琯、何廷熙纂：《思南府续志》卷三《营建志》，道光二十一年刻本，1966年贵州省图书馆据四川省图书馆藏课本复制油印本。

❷（清）于上华修，喻动、胡长松纂：《铜仁府志》卷二《地理志》，1946年铜仁文献委员会铅印本。

❸（清）夏修恕等主修，萧琯、何廷熙纂：《思南府续志》卷三《食货志》，道光二十一年刻本，1966年贵州省图书馆据四川省图书馆藏课本复制油印本。

还有成群分布的碾房，反映了当地农业经济成分，还体现了先民对恶劣环境的改造。

在惜字亭碑记之中提及的卓家林田土，实位于朝阳山、大坪山之西，与下寨直线距离约 3 千米，据朱氏族人朱文斌介绍，此地相传是作为李氏（朱正亨妻）的嫁妆而来，这表明了田土是当地的主要资源。

而旋厂又种植何物？现今旋厂一带主要种植玉米、水稻、番薯、红薯等。道光《思南府续志》记载："思南山不尽童，水不尽奴，惟土性瘠薄，鲜有膏腴，以故杂粮与稻并重，至蔬果之属，均足供食，不厌详也。"[1]当时思南主要种植的各种谷物有"稻，居人谓之大谷……思属下五里多种之"，"玉蜀黍，居人谓之包谷……高山沍寒处有入冬始收者。山农种以佐谷"，"荍麦，有苦甜二种，春秋俱可种，百日内即成实"，"麦，有大麦、小麦、米麦、燕麦、老麦、各种……"，"黍……间有种者"，"稗……思蜀下五里等地多种之"，"薏苡仁，居人谓之五谷米，间有种者"，另有粱、菽[2]。

经济作物方面，据村民介绍，旋厂当地曾经种植棉花，部分居民以染织为业，至今下寨仍存石质染布工具。嘉靖《思南府志》曾记载："土著大姓将各空闲山地招佃安插，据为其业，或以一家跨百里之地者，流移之人亲戚相招，缰属而至，日积月累，有来无去……土人且效其所为，弃菽粟而艺棉；由是生之寡，食之众。"[3]思南府棉花"是处皆种，居民纺织为布"（《黔记·卷二》）。而道光《安化县志》言："土产□永铁煤、麻葛、蜡蜜、桐桕之油，惟添利赢木棉，府志旧云：广出，而今种者亦稀，盖沙土水田既少，而山土黄泥不宜棉种，故虽尝试种之，而以利微辄多终辍。"[4]桐油也是其经济作物之一，乡民相传民国时期仍有当地人挑桐油至重庆等地售卖。

根据目前掌握的资料，农业是古代旋厂的主要经济模式。身份较为突出的乡绅还有其他收入，至于其商业情况，除了族人相传的售卖桐油、从事染织之外，其他尚不清楚。

综上所述，旋厂是明清时期西南山区一处典型的乡村聚落，以种植水稻、玉米为主的农业经济为基础，兼有少量商业行为。现存的惜字亭、书院等遗存表现了当地的崇文之风，学识突出的个体成为绅士，构成了地方乡绅集团。拥有更多财富和学识的乡绅家族创造了中寨较大规模的建筑基址，同时还组织、倡导了地方事务，如修建义学、庙宇、惜字亭等。

三、古旋厂的兴衰历程

综合各类遗存，我们可将旋厂的发展过程分为五大阶段，即肇始期—形成期—鼎盛期—衰落期—复兴期。结合文献、口碑，其兴衰历程尚可管窥一二。

（一）诸寨并立的格局形成

贵州自古"偏于一隅"，被视作"烟瘴之地""蛮荒之邦"。自明以前，鲜有提及。明代初期，

---

[1]（清）夏修恕等主修，萧琯、何廷熙纂：《思南府续志》卷三《食货志》，道光二十一年刻本，1966 年贵州省图书馆据四川省图书馆藏课本复制油印本。无草木生长，曰童山；奴，《水经注》曰："壅不流曰奴。"

[2]（清）夏修恕等主修，萧琯、何廷熙纂：《思南府续志》卷三《食货志》，道光二十一年刻本，1966 年贵州省图书馆据四川省图书馆藏课本复制油印本。

[3]（明）洪价主修，终添主纂：《思南府志》卷七《拾遗志》，嘉靖十六年刻本，1962 年上海古籍书店据宁波天一阁藏刻本影印。

[4]（清）郑士范：《安化县志》卷一《地理志》，《安化县志校注》，中国文史出版社，2013 年，第 27 页。

在“调北征南”的背景之下，贵州迎来第一次巨大移民潮流。最早兴起的是卫所，当时贵州仍是“一线之外皆蛮夷”，主要以军事战略意义为重的卫所为主，这些卫所主要为了控制主要的交通要塞。随之形成大量屯堡，以安顺为中心的黔中地区为代表。朱元璋提出“移民就宽乡”，将江南安徽、江西、江浙等地居民大量移至贵州。此外，为了满足当时屯戍的需求，同时加大对贵州等地的开发，朝廷提出了“开中法”，这鼓励了一部分商人进入贵州从商。种种背景结合下，不仅是军户、商人进驻贵州，还有大量的普通民众。嘉靖《思南府志》载：“弘治以来，蜀中兵荒流移入境，而土著大姓将空闲山地招佃安插，据为其业；或以一家跨有百里地者。流移之人，亲戚相招，缰属而至，日积月累，有来无去。”[1]另外，明代中晚期社会局势较为动荡，“没遇荒年，川民流入境内就食”，“流民入境者，络绎道途，布满村落”[2]。总总可见，因各种原因进入贵州境内者络绎不绝。

明代对于贵州的开发，大量人口涌入贵州，致使人口流动强度增大。虽难以考证朱正亨墓碑铭文记载朱氏于宋元时期迁移至贵州，但结合整个社会背景铭文所言“明初移居旋厂”可信。

明代早中期，发现遗存甚少，仅 M1 可推断为明代中期。依朱正亨墓碑铭文所载，朱氏于明初迁至旋厂。旋厂其他氏族来源尚不清楚。但可初步将此阶段视作旋厂的肇始期。

至明代晚期，发现遗存主要有 30 余座石室墓。但根据明代晚期石室墓的分布，赵家寨有赵氏祖坟。清代早期诸多朱氏墓也分别提及上、下寨，据此可推断，在明代晚期上、中、下寨及赵家寨等诸寨并立的格局已经形成。早期旋厂先民在这一片崇山峻岭的崎岖之地，分别寻找一片相对优良的居住之所，各自繁衍。

（二）文风昌盛的鼎盛时期

在清初至道光时期，人口数量增长迅速，尤其在乾隆至道光年间，呈爆发式增长；其原因有二：一是明末清初移民潮流，二是清廷鼓励开垦，康熙五十一年宣布“永不加赋”，雍正元年“摊丁入亩”等政策有利于农村社会的发展。这表明旋厂在该时期人口应该也存在迅速增长，在乾隆至道光时期，旋厂处于历史上最为兴盛的阶段，至道光时期达到顶峰。

清代旋厂进入快速发展阶段，乾隆年间至咸同起义之前达到了鼎盛时期。其鼎盛的表现有如下几个方面。

（1）出现大体量的建筑基址，并且形成布局紧凑、排列有序的聚落格局。F2 第一期、F5、F6、F8～F15 均修建于清初至道光年间。

（2）墓葬数量大幅增加，其中不少墓葬制作精良、雕刻精美，这不仅反映了人口数量的增长，还体现了社会财富的积累。

（3）根据墓碑铭文，该时期形成了几个乡绅家族。地方乡绅家族的出现，表明部分人具有一定财富，还具有一定学识，同时对文化还有更高的需求。此外，乡绅在乡村社会组织运作中具有重要地位，“绅为一邑之望，士为四民之首”，绅士一般会积极投身于乡村和宗族的管理事业之中，利于

[1] （明）洪价主修，终添主纂：《思南府志》卷七《拾遗志》，嘉靖十六年刻本，1962 年上海古籍书店据宁波天一阁藏刻本影印。

[2] （明）洪价主修，终添主纂：《思南府志》卷七《拾遗志》，嘉靖十六年刻本，1962 年上海古籍书店据宁波天一阁藏刻本影印。

地方社会整体发展。再者，乡绅们具有更为广阔的社交网络，有助于当地吸纳外界优秀文化，尤其对于较为闭塞的旋厂来说更是大有裨益。

（4）文化、宗教等方面设施日益成熟，居民投入更多精力参与其中。雷震寺与永盛寺尽管推测其兴建于明末清初，但其香火鼎盛阶段仍处于乾隆至道光年间，民众施舍大量田土、银两频繁地帮助重建、扩建庙宇；道光年间，该地在民众号召之下，得到政府与寺庙的支持，修建了朝阳义馆。同时，中寨和下寨还兴建了惜字亭、文峰阁一类建筑。

在空间上，这种鼎盛主要体现在中寨，下寨其次；而上寨我们仅仅是在碑文中发现了少量乡绅，并未发现显著的建筑遗存。

（三）从“坚壁”到破寨——号军之劫难

咸同年间，号军起义席卷几乎整个贵州。据《德江县志·志乱篇》载：“人民之遭受繁苛惨毒，铤而走险自不能逃其例外。自徐廷杰、梅济廷拥众戕官铜仁，遂陷印江与思南，而安化同受其殃。及刘义顺祖祖之据江家寨，致和团之起旋家坝，再破思南，安化尤不能幸免，同时胡黑二亦以灯花教蛊众倡乱，于县属之乾溪盘踞大堡，即今德江县治也，僭号威福。无主义与方法，一意破坏。良儒者逃避四方，桀骜者附和景从。今治之沦于匪巢者十二年，人民生命之丧亡，财产之损失，不知凡几，文献凋零，元气大伤。全属无一乾净土，诚安化设县以来空前未有之大劫矣。”[1]

在咸同号军起义期间，旋厂范围内并未发现勒石刊碑的墓葬；同时该时期修建寺庙、塔、院落等活动不见明确记载，也未寻得相关依据；此外，碑文记载了号军起义对该地的冲击，朝阳山永盛寺“众善同缘”碑记载，咸丰七年（1857年）江家寨致和团首领何观益与旋家坝灯花教联合起事，至同治七年（1868年）平息。“十余载，其间争战不已，聚散无常。”该事件还见于部分墓葬碑文，如王家湾张宗彦墓记载“因世乱移居本府本县治地旋厂下寨”，高山组朱明诏墓记载“虽遇干戈扰攘，克卫里党而无忧值，匪贼猖狂，能保家身而无患。谁知萧墙起祸，昆玉殒命于兵锋”；除此之外，号军起义后该地的修建墓葬规格、工艺大不如前。

结合整个社会背景，我们推测中寨防御工事修建于咸同年间。在动荡不安的社会背景下，地方民众自发地开始兴建屯堡、组织团练。鉴于此举之益，中央机构在兵力欠缺的情况下，鼓励地方组织团练，号召“坚壁清野”——即希望地方民众修筑垣墙，组织团练，以此保护自身人身及财产安全；而寇匪不得民众支持，又未攻破屯堡，缺少给养，自然得以肃清。

然而“坚壁”难以自保。当地的口碑传说中，一朱家女婿向敌透露了中寨防御情况，朱氏族人被迫躲进万人洞避难，却均被迫害于洞中。又据《贵州通志·前事志》记载：“兆琛奏，（同治七年）九月二十三日白号匪勾通苗逆二三千人，由镇远县牖岭分途出窜，冀扰我军后路，将近青谿县境，副将黄秀林率……汤凤翔率部由枫香坝克旋厂一寨……”[2]可见，咸同年间号军侵扰此地并占据了中寨，由此朝廷出兵“由枫香坝克旋厂”。

将口碑文献与地方方志结合，我们可以重建这段历史：在动荡的社会背景之下，当地民众组织团练，并围绕中寨修筑外墙；另外还利用了当地天然溶洞，形成了立体、多样的防御体系。口碑文

[1] 张礼纲修，田广心等纂：《德江县志》，《志乱篇》，1942年石印本。

[2] 任可澄：《贵州通志·前事志》，1948年铅印本，第391页。

献中，中寨被号军攻破，朱氏族人多数殒命于此。而后，汤凤翔又率部由枫香坝攻克旋厂。

在中央的倡导之下，什么人组织修建防御工事？在对墓葬的讨论之中，我们已经了解到旋厂朱氏家族中存在着几个乡绅家庭，其中两大家支均属于中寨。在乡村社会中，地方乡绅凭借着自身的地位和财富操纵当地事务，参考凤冈玛瑙山营盘等修建情况，中寨的防御工事应该就是在地方乡绅的组织之下修建。至于其庇护的对象及受众范围除了中寨以外是否包括上、下寨，甚至更广阔的区域和流民，目前难以知晓。

（四）中寨的重建

历经乱世十余载，旋厂备受重创。“自遭寇乱后，加以疾疫，死丧殆尽，其流徙川、楚者不过十分之二。”[1]当地人口数量大幅减少，可以想象当初几乎是一片萧条。墓葬数量的统计直观地反映出，在号军起义期间，当地民众毫无精力和财富去给逝者勒石刊碑。而在号军起义之后，年均修建墓葬数量也与繁荣时期相差甚远，工艺也难以媲美。中寨旧基址多数沿用，新建院落有 F1、F3、F7 三者，重建 F2。

原来的朱氏乡绅家族仍然具有较为突出的地位和财富。但据寺庙碑文中可以看出，此时朱氏在旋厂的实力已不如从前，寺庙重建、补修等多为张姓等族组织，甚至功德碑上的朱姓族人也寥寥无几。

四、小结

德江旋厂遗址作为明清时期的一处乡村聚落，集居住、文教、耕作、防御等于一体。在黔东地区，这类聚落仍较为常见，如沿河院子古寨、石阡楼上古寨、思南郝家湾古寨等。这些传统村落具有较多共性，体现了黔东地区明清时期乡村聚落特色（图 4-2-1～图 4-2-5）。

第一，在聚落格局上，一般分布于缓坡地带，布局紧凑。院子古寨与旋厂中寨格局呈井字布局。院落以三合院格局为主，方正青石作为台基，再作穿斗木结构建筑。存在垣墙。与黔中安顺地区屯堡比较，虽同样依赖石材，但在格局、文化背景和规模等方面存在差异，同黔东南地区少数民族建筑差异更为明显。

第二，具有相似的发展历程。这些乡村聚落一般肇始于明代中期，在明代晚期初具规模，如石阡县国荣乡楼上古寨据传建于明弘治六年（1493 年），我们的考古调查也证实旋厂兴起于明代早中期，至晚期成型。乾隆至道光时期，各村寨发展进入鼎盛时期，该时期留下了较多雕饰精美的墓葬，同时出现大量乡村绅士。而咸同年间号军四起，对各地村寨均造成严重打击，各村寨经此浩劫，人员流散，房屋焚毁，几经重建才得以延续，但多数也难以再现此前的风光。我们在沿河院子、郝家湾等均可见外围的垣墙，后者于后山还修建了营盘，同时一些乡村还有洞囤遗存。

第三，地方乡绅主导着地方建设。地方自治是明清时期乡村社会治理的主要方式。对这种关系的认知，是解读地方社会发展的重要线索。该时期乡村治理依赖于政府与乡绅之间的互动。在清代，地方子弟苦读诗书，通过科举考试跻身乡绅集团——即使只是下层绅士，也将会给其带来名誉

---

[1]（清）罗文彬、王秉恩撰，王羊勺、罗丽丽点校：《平黔纪略》，《黔南丛书》（第十二、十三辑），贵州人民出版社，2010 年，第 315 页。

图 4-2-1　思南郝家湾古寨（航拍图）

1

2

3

4

5

6

7

8

图 4-2-2　思南郝家湾古寨局部

1. 古寨内巷道及石墙　2. 民居朝门　3. 古寨外墙　4. 民居　5. 古寨一角　6. 民居（郝朝相故居）　7. 郝氏家族墓地　8. 碾房

图 4-2-3　沿河院子古寨（航拍图）

1

2

3

4

5

6

7

8

图 4-2-4　沿河院子古寨局部

1、2. 古寨民居　3. 古寨石桥　4. 古寨旁的清代墓葬　5、6. 巷道与石墙　7、8. 民居柱础

1

2

3

图 4-2-5　沿河麻竹溪书院

1. 远景　2. 书院基址　3. 朝门

与利益。作为乡绅，他们享受着较多的优惠政策，成为政府的乡村代理，时常与政府互动，他们一定程度代理政府发挥调节矛盾、征收税收等职能；同时也为地方利益向政府提出建议或申请。这有助于他们获取当地资源。为了巩固地位、增强威望，这些望族也会通过与政府的互动或者依靠自身能力反馈于普通民众。地方乡绅在必要情况下，还组织了应对社会冲突的措施。咸同年间为了应对号军的侵扰，民间武装应运而生，同时还得到了朝廷的支持。团练、寨堡的出现，反映了中央对地方的管理进一步削弱，相应地突出了地方势力。而这场浩劫之中，这些地方组织者多数也同样遭受重创。

第四，因地制宜地应对自然环境造成的生存压力。农民和农业生产通常处于“水深齐脖”的生存压力之中[1]，就旋厂而言，地处四面环山的封闭空间之内，“跬步皆山，无数里平原，偶有坦平，

[1] 参见周政旭、封基钺：《生存压力下的贵州少数民族山地聚落营建——以扁担山地区为例》，《城市规划》2015 年第 9 期。

率皆缘溪萦转”[1]，其自然环境给予生存以极大的压力。首先是耕地资源有限，耕地“非沃壤也，依山垦田，凡山间小坦夷处，胥辟治焉”[2]。其次，生态系统较为脆弱，这同样是山区面临的另一生存问题。如若不适当开发，会导致生态恶化、水土流失等；此外有自然灾害的影响，等等。旋厂先民相应地采取了应对措施，第一，聚落的选址、布局实际上就是一项规避或减轻生存压力的重要举措，“选址最为核心之处首先在于寻求合适的可耕作土地”，且要尽可能地避免自然灾害的冲击[3]。第二，合理改造，最大限度地做到“靠山吃山”，包括灌溉设施的完善、通过坡改梯改良土地资源等。第三，强调对生态系统的保护，道光《思南府续志》卷三记载：“数十年前，合抱之木所在多有，今为土贩运售川境，斫伐无余。墟墓神坛间有存者，膏桐、乌桕，居人以浓阴荫地，不便种植护蓄。亦稀木类虽繁，只供樵爨。”[4]而青龙岭则是“中有香楠百余株”，至今仍郁郁葱葱，不乏百年古树。

---

[1] （清）于上华修，喻动、胡长松纂：《铜仁府志》卷二《地理志》，1946年铜仁文献委员会铅印本。

[2] （清）夏修恕等主修，萧琯、何廷熙纂：《思南府续志》卷三《食货志》，道光二十一年刻本，1966年贵州省图书馆据四川省图书馆藏课本复制油印本。

[3] 周政旭、封基钺：《生存压力下的贵州少数民族山地聚落营建——以扁担山地区为例》，《城市规划》2015年第9期。

[4] （清）夏修恕等主修，萧琯、何廷熙纂：《思南府续志》卷三《食货志》，道光二十一年刻本，1966年贵州省图书馆据四川省图书馆藏课本复制油印本。

下篇

覃氏墓地

第五章　墓葬形制、雕饰

覃氏家族墓地位于枫香溪镇龙坝村庙塆处，坐落于枫香溪山脉东麓缓坡之上（图 5-0-1）。枫香溪镇位于德江县东南部，东邻印江土家族苗族自治县，以冷水河为界，南接思南县凉水井镇，北邻沿河土家族自治县谯家镇，西部为潮砥镇。整体地势以西北较高、东南略低，山地占 93.75%，丘陵占 4.1%，平坝仅 2.1%[1]，属于典型的喀斯特地貌。1992 年，由原属潮砥管辖的袁杨土家族乡、张家湾土家族乡、枫溪土家族乡合并建立枫香溪镇。1934 年 6 月，贺龙等老一辈革命家在枫香溪召开中共湘鄂西分局枫香溪会议。红色革命文物为该镇特色，以“枫香溪会议会址”为代表，另有冉德元墓、双坝双塔、王氏宗祠、上坝玉皇阁、万寿宫遗迹及多处咸同起义期间修建的营盘遗址等。

图 5-0-1　覃氏家族墓地墓葬分布情况（航拍图）

覃氏家族墓地占地面积约 500 平方米，共 7 座覃氏墓，均坐西向东（表 5-0-1）。6 座墓葬呈一字排开，另一座位于墓地的东北部。其中 3 座墓葬属于民国时期，分别编号为 M1、M3、M6。M1 规模最大，墓前设牌楼式园门，雕饰繁缛、精美，原有木结构建筑，已毁。墓葬各部受到不同程度破坏，楼脊脊饰多数被毁，一些圆雕石兽已残，天井内地板、阶梯等被破坏，附属的香炉、火盆等也仅余残件，在墓葬周围尚可寻得一些残构件。M3 墓葬主体保存较好，规格较 M1 逊色，但在额枋等处有雕刻，墓碑脊饰被毁，外围原建茔墙，基本被破坏殆尽，仅余东边下部一段。M6 独立位

[1] 德江县地方志编纂委员会：《德江县志（1978～2005）》，方志出版社，2010 年，第 70 页。

于墓地东北，墓冢完好，牌楼式墓碑花板被毁，其余保存较好，在楼脊、额枋等处有雕饰，墓前受耕作活动影响，墓碑基座基本被覆盖。

表 5-0-1　覃氏墓地墓葬统计表

墓葬编号	墓主	年代	形制特征
M1	覃仁泽夫妇（三人）	民国	墓葬整体呈长方形，由墓冢、天井、牌楼式园门、茔墙等组成，附属设施有火盆、香炉、排水沟等，另现存 8 个柱础，木质结构已毁。墓碑系四柱三间牌楼式。整体雕饰繁缛精美
M2	覃母王老孺人	现代	“两蹬一帽”式墓碑，坟墓系用乱石块平铺干摆垒砌而成
M3	覃义和夫妇	民国	墓葬由茔墙和墓冢组成。茔墙残存底部。四柱三间牌楼式墓碑。方形墓冢
M4	覃义栋	现代	“两蹬一帽”式墓碑，坟墓系用乱石块平铺干摆垒砌而成
M5	某红军	民国	墓向为 106°，系用方正条石干摆垒砌而成。部分墓石加工较精细，或为 M1 与 M3 上墓石
M6	覃义顺夫妇	民国	四柱三间牌楼式墓碑。方形墓冢
M7	覃照魁	清（道光）	已毁。墓石散乱，于墓前石坎上见墓碑及一石立柱

还有一座为道光年间修建的墓（M7），位于墓地东北侧，系覃照魁墓。墓葬破坏严重，坟墓主体已毁，现场墓石散乱，于墓前石坎上见墓碑及一石立柱。墓碑宽 0.48、高 0.95、厚 0.1 米，墓碑文字较为清晰。立柱石宽 0.15、高 0.97、厚 0.41 米，立柱上阴刻“子孙福流长”。

现代墓葬 2 座（M2、M4），M2 为覃母王老孺人墓，M4 为覃义栋老大人墓。从碑文得知两墓墓碑均是后人于 1994 年正月二十八日所立，坟墓系用乱石块平铺干摆垒砌而成，形制较小，墓碑为两柱单间牌楼式。M5 无明确的碑文记载，据覃氏族人介绍，该墓亦属覃氏墓葬，墓主生前为一名红军。墓向为 106°，系用方正条石干摆垒砌而成，墓长 3.75、宽 1.51、高 1.06 米。部分墓石加工较精细，石面有菱形锦纹，部分加工较粗糙，或为 M1 与 M3 上墓石。

民国时期三座墓葬规格较大，且墓葬雕刻装饰题材极为丰富，雕工精湛，艺术价值突出，固本文仅介绍 M1、M3、M6 三座墓葬。

第一节　勒石为茔　蔚为大观——墓葬形制及雕饰

M1、M3、M6 为夫妻双人或三人合葬墓。其中 M1 由墓冢、茔墙、天井、园门等组成庭院复合式结构；M3 北侧残存茔墙底部。M1 墓冢平面呈长方形，M3、M6 近正方形，均以方正条石垒砌，间隙以石灰黏合。墓碑均为石质仿木牌楼式结构，四柱三间，体量较大，结构复杂，形式不一。牌楼式墓碑以“明间”为中心，水平或垂直地延展，“尺度的增加或者高度的增加，建筑构件的面积和数量也相应地扩展，这就为雕刻和彩绘等墓碑装饰工艺留下了更大的空间，墓碑装饰便在墓碑的门柱、门套、额枋、屋脊、屋顶部分纷纷登场”[1]。此外，M1 牌楼式园门、茔墙、香炉、火盆等也有装饰。部分雕刻之上还涂以不同颜料，使图案更为形象、生动。

现将各墓情况介绍如下。

[1] 罗晓欢：《四川东、北地区清代墓碑建筑考察报告》，《古代墓葬美术研究》（第三辑），湖南美术出版社，2015 年，第 173～308 页。

一、M1

M1位于墓地南部，建于民国十一年（1922年），墓向107°，为覃仁泽夫妇合葬墓。墓葬整体呈长方形，东西长约16.5、南北宽10.5米，现存面积170余平方米（图5-1-1）。由茔墙、园门、墓冢、天井等组成，附属设施有火盆、香炉、排水沟等，另现存8个柱础，木质结构已毁；墓葬各部分均受到不同程度损坏。因其雕刻精美，纹饰题材丰富，故当地人称之为“花花坟”。该墓采用了浮雕、阴刻、圆雕、镂空、减地平雕等工艺；技艺精湛，所刻纹饰花鸟、人物等惟妙惟肖，形神兼备；所刻匾额，苍劲有力，刀功深厚。

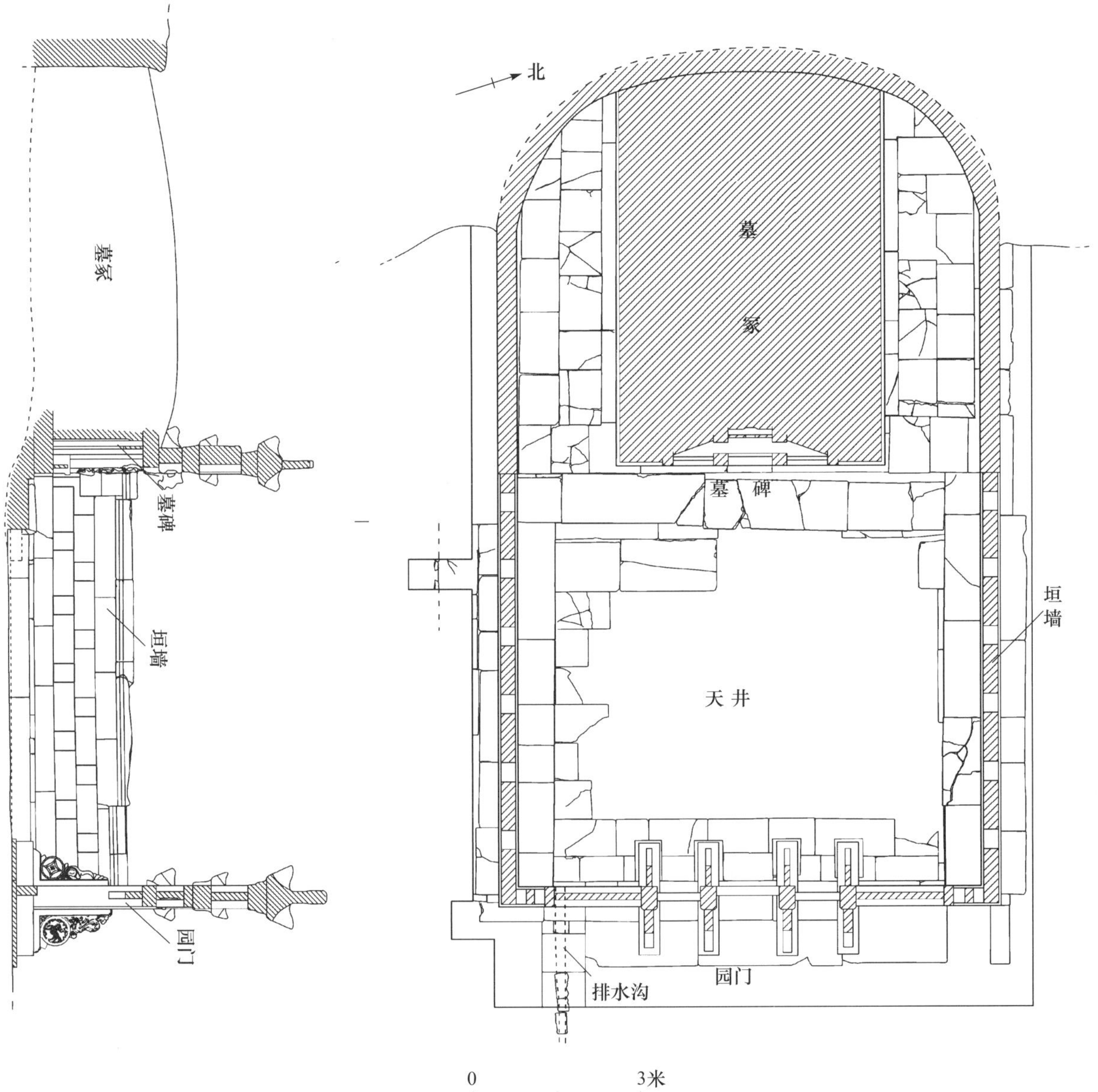

图5-1-1　覃仁泽夫妇墓（M1）平、剖面图

（一）茔墙与天井

茔墙将墓冢及天井围合，平面呈长方形，东西最长 15.5、南北宽 8.9、最高 2.02、厚 0.27 米。茔墙前部置石质牌楼式园门，后部靠土坎用条石垒砌成弧形石墙。南北茔墙分两次向后抬升，后部为方正条石垒砌成实墙体，前部为方正条石错缝留空成花墙，墙顶作檐面。茔墙石材加工较细，以细錾錾刻菱形纹、卍字纹、回纹、铜钱纹等（图 5-1-2）。园门左右各嵌一石碑，宽 1.57、高 0.73 米。正面阴刻楷书，为墓主墓志并记述其行状。背面深浮雕图案，北侧中部雕刻“鱼跃龙门”图，巨龙穿梭于祥云之中，探头俯视，而鲤鱼跃出水面。该图雕刻细腻，布局巧妙，图案形神具备，体现了匠人超群的技艺；两侧饰松、竹子及盆景雕刻（图 5-1-3）。南侧中部刻“稚鸡牡丹”图，图中一对稚鸡立于牡丹花枝采食；两侧有“喜鹊闹梅”及盆景雕刻（图 5-1-4）。

天井长 7.6、宽 4.8 米，底部平铺石板。东部原存两层台阶，现已毁；东南角留一高 0.09、宽 0.24 米的半椭圆形排水孔。据当地老人回忆（覃氏族人覃礼奎，现年 82 岁），当时天井内有木质结构建筑，现存部分柱础即属于该建筑，建筑形制不详。

（二）牌楼式园门

石质牌楼式园门，四柱三间五楼，面阔 3.88、通高 5.63 米。由立柱、枋、雀替、楼顶、靠背石、柱座等组成（图 5-1-5、图 5-1-6）。四柱座均由方正条石铺垫而成，条石长 2、宽 0.37、高 0.31 米。

立柱均为方形立柱。中间两柱宽 0.28、高 2.88、厚约 0.4 米，正面阴刻行书“教子其文武长材黄霸殊猷朱虚伟烈，事亲体圣贤遗训曾参养志寇莱娱年”，小字“春三先生暨冉孺人千古”“一等嘉禾少卿署理贵州省长世愚弟任可澄撰赠”（图 5-1-7-1）。两侧立柱宽 0.26、高 1.97、厚 0.4 米。

柱脚前后置靠背石，作抱鼓状，宽约 0.78、高约 1.45 米，石鼓鼓径约 0.56 米。次间外侧柱脚前两组靠背石抱鼓居中，下部圆雕石狮，上部饰卷草纹；明间两侧柱脚前靠背石抱鼓居下，上部各俯卧一兽，饰香草龙纹等。石鼓侧面饰暗八仙与缠枝花卉纹。

前右一（即门前，依园门方向区分左右，下同）抱鼓石，下部石狮受毁严重，仅存狮身；抱鼓居中，上部饰卷草纹。抱鼓南面为“封侯挂印”图，图由树木、猴子、蜂窝组成，一猴攀爬树干之上，另一猴手持木棍拨弄筑在树枝上的蜂窝，下部饰勾云纹；北面为“鹿鹤同春”图，鹿站立于地表回首张望，口含花枝，两只仙鹤依着祥云（图 5-1-8、图 5-1-9）。抱鼓侧面饰暗八仙。

前右二抱鼓石，上部兽身被毁。南面上部饰卷草纹（图 5-1-10），鼓面纹饰已残，仅见一鹿；北面上部饰香草龙纹，即将龙抽象化，龙首一目了然，龙身、尾部及龙爪均化作草状，纤细绵长，迂回缠绕，纹饰趋于简洁、流畅。鼓面饰“天禄望月”，天禄为神话中瑞兽之一，该图上部为一轮圆月，云纹旋绕，天禄闲庭散步，回首望月（图 5-1-11、图 5-1-12）。抱鼓侧面饰缠枝莲纹。

前左二抱鼓石，上部兽首被毁，兽身作半卧状，右前爪抓一鼠。南面上部饰香草龙纹，鼓面饰“麒麟送书”，图中麒麟口出瑞气，瑞气之上有玉版；北面上部饰卷草纹，鼓面饰“童子戏貔貅”，图中一童子右手持物，左手叉腰，貔貅匍匐靠近童子，童子一副戏耍貔貅的模样，十分生动（图 5-1-13、图 5-1-14）。抱鼓侧面饰缠枝花纹。

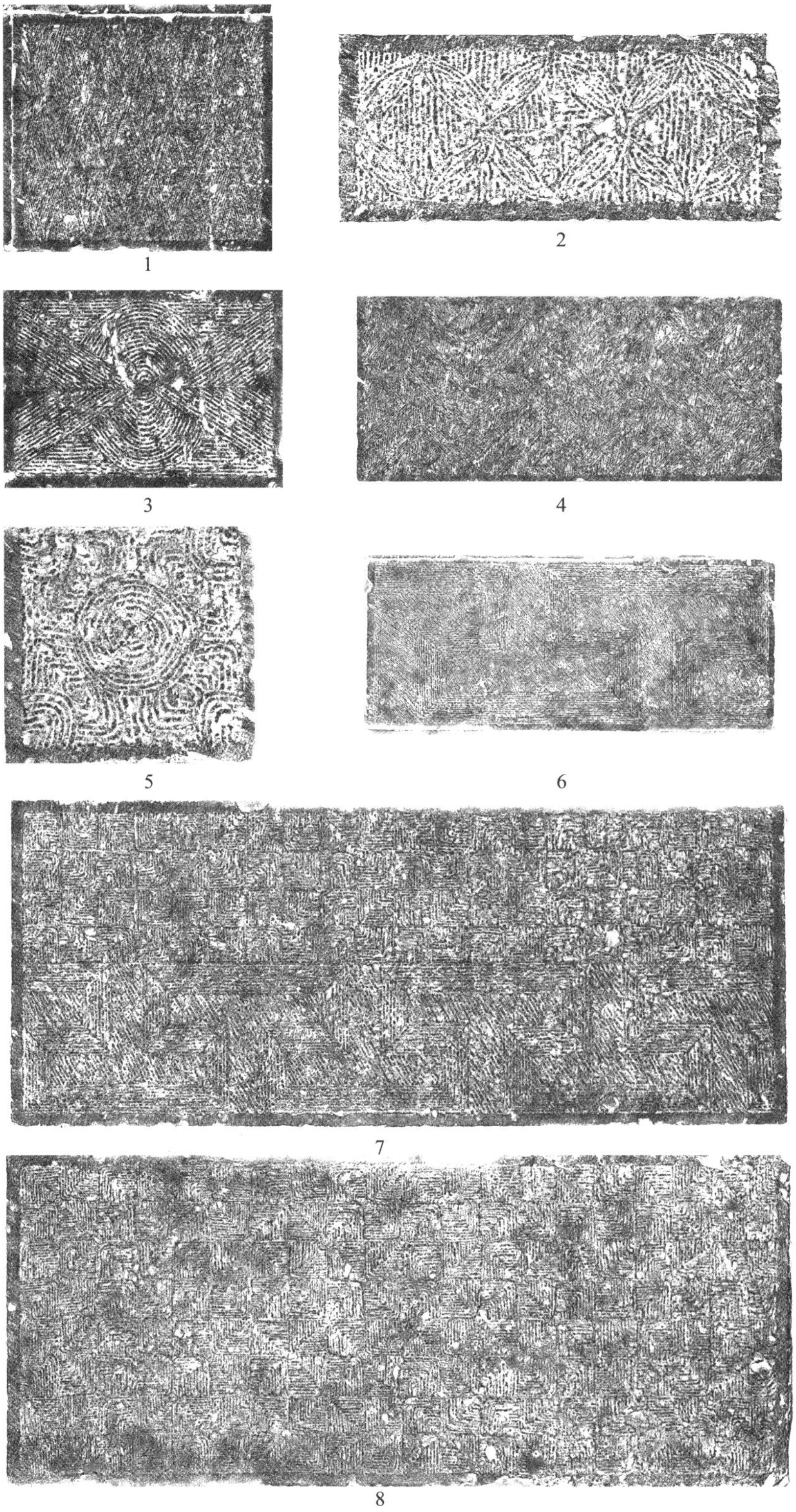

图 5-1-2　覃仁泽夫妇墓（M1）茔墙条石表面纹饰

1. 菱形细錾纹　2. 古钱纹　3. 几何组合纹　4、6、7. “卍”字纹　5. 弧线圆形纹　8. 组合纹饰

图 5-1-3　覃仁泽墓（M1）茔墙雕饰——“鱼跃龙门”“松”“竹”图

图 5-1-4　覃仁泽墓（M1）茔墙雕饰——“稚鸡牡丹”“喜鹊闹梅”“兰”图

图 5-1-5　覃仁泽墓（M1）牌楼式园门远景

前左一抱鼓石，抱鼓下部石狮已毁，上部饰卷草纹。南侧鼓面饰“枇杷猿戏”，图中两只猿猴纷纷攀爬枇杷树，相互戏耍；北侧鼓面已被毁，仅见三草卉（图 5-1-15、图 5-1-16）。抱鼓侧面饰暗八仙。

牌楼柱脚后靠背石形制基本一致，抱鼓居下，上部饰卷草纹及大叶纹，鼓面饰古钱纹（图 5-1-17），次间两侧抱鼓外侧为素面。

明间门宽 1.12、高 2.25 米。两侧次间宽 0.78、高 2.25 米。均设门槛，高 0.38 米。门上部均置骑马雀替。雀替呈如意云头状，饰卷草等纹饰。外缘以黑色为底，白色颜料绘以花卉。

下额枋宽 1.12、高 0.27 米。高浮雕刻“状元及第”图。图中人物持幡举旗，敲锣放炮，一人手扶“状元及第”，及第者骑骏马、着冕服。该图刻画了状元及第之后衣锦还乡的气派场景（图 5-1-18）。

花枋宽 1.12、高 0.5 米。采用高浮雕雕刻“双狮戏球”图，构图对称。双狮前肢拱捧绣球，表情严肃，绶带交互环绕。外框涂以黑色（图 5-1-19）。

中额枋宽 1.12、高 0.16 米，刻缠枝莲纹（图 5-1-20）。上额枋，即龙门枋，高 0.33 米，两端为次楼檐顶底座，中间以浮雕技艺雕刻“双凤朝阳”图，凤凰昂首展翅，飞翔于祥云之中，沐浴于旭日之下（图 5-1-21）。

字牌位于上额枋之上，宽 0.8、高 0.66 米。字牌居中，阴刻“别有天地”四个大字，四周浅浮雕卷草纹装饰，外侧透雕香草龙纹（图 5-1-22）。两侧各有一立柱，下部作础状。

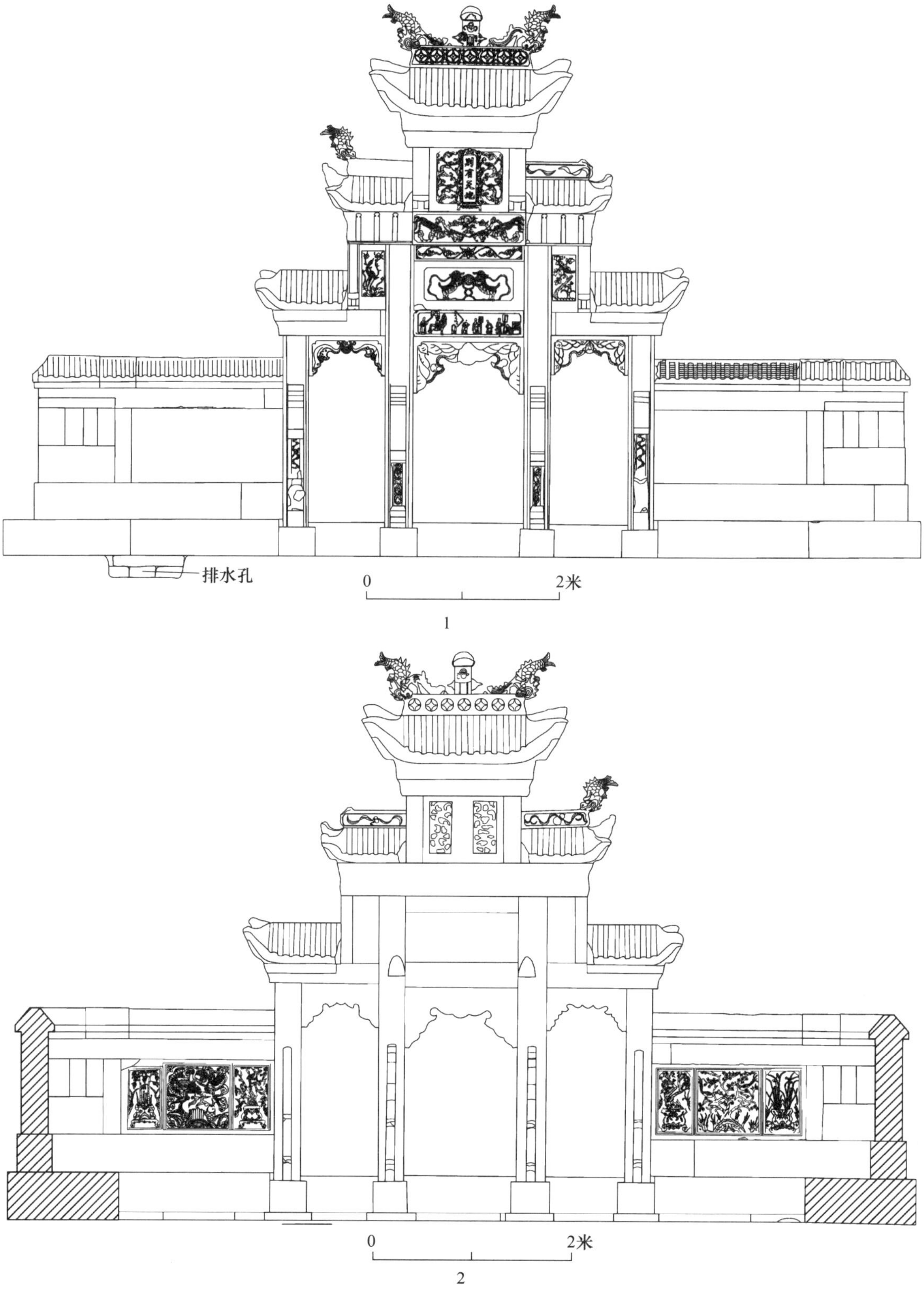

图 5-1-6　覃仁泽墓（M1）牌楼式园门
1. 正面　2. 背面

1　　2

图 5-1-7　覃仁泽墓（M1）楹联拓本

1. 牌楼立柱　2. 墓碑边柱

图 5-1-8　覃仁泽墓（M1）园门前右一抱鼓

1.“鹿鹤同春”图　2.“封侯挂印”图

花板宽 0.27、高 0.68 米。采用减地平雕工艺分别饰“一鹭莲升”和“榴开雀聚”图。“一鹭莲升”图中一只鹭鸶昂首独立于莲花之上。“榴开雀聚”图则生动描绘了燕雀站立于树干之上，伸首啄食石榴的场景（图 5-1-23）。外侧各有一立柱，立柱下部呈础状。

楼顶为翘角庑殿顶。正脊两端各饰一鸱吻，两面各阴刻七枚古钱纹，中间及四周减地平雕花卉纹。正脊之上圆雕“双龙戏珠”，龙首已毁（图 5-1-24）。次楼屋脊外侧各饰一鸱吻，惜北次楼鱼龙吻已佚；北次楼屋脊正反两侧面与南次楼背部侧面均减地平雕暗八仙纹饰。鸱吻或称鳌鱼，主楼之上龙与鳌鱼的组合又有“鱼跃龙门”之意。

（三）墓冢及墓碑

墓冢位于墓园后部，以方正条石垒砌，平面呈长方形，长 7.6、宽 4.8、高 1.56 米。西面靠压茔墙，东面居中置墓碑。墓石表面均用细錾精加工而成，刻菱形锦纹。墓冢前部南北两端各圆雕一卧狮。

墓碑系石质仿木牌楼式结构，四柱三间五楼，面阔 3.16、通高 5.12 米。由碑座、立柱（龙柱）、碑板、枋、楼顶等组成。碑座呈案形，长 3.16、高 0.32 米。雕刻卷草等纹饰，足作象首状（图 5-1-25、图 5-1-26）。

1

2

3

4

图 5-1-9　覃仁泽墓（M1）园门前右一抱鼓建模及雕饰拓本

1、3.“鹿鹤同春”图　2、4.“封侯挂印”图

图 5-1-10　覃仁泽墓（M1）园门抱鼓侧面雕饰

图 5-1-11　覃仁泽墓（M1）园门前右二抱鼓

1.“天禄望月”图　2. 残

1

2

3

4

图 5-1-12　覃仁泽墓（M1）园门前右二抱鼓建模及雕饰拓本

1、3.“天禄望月”图　2、4.“野鹿衔枝”图

图 5-1-13　覃仁泽墓（M1）园门前左二抱鼓
1.“童子戏貔貅”图　2.“麒麟送书”图

边柱横剖面近似方形，高 1.64、宽 0.2 米，正面阴刻楷书楹联：“椿萱盛德垂千古，泉壤深恩庇万年。”（图 5-1-7-2）中间立柱圆雕云龙纹，龙柱雕刻线条流畅，技艺精湛，形象生动。底部呈础状，宽 0.21、高 2.32 米（图 5-1-27-2）。

碑板宽 0.82、高 1.6 米，阴刻楷体碑文，饰花卉边饰，两次碑略呈八字形。主碑居中阴刻“显考（妣）覃公讳仁泽（婆冉氏）老府（太君）墓”，边饰一周回纹，外侧减地平雕卷草纹，上部饰蝴蝶一只，顶端再雕刻“双凤朝阳”（图 5-1-27-1）。主碑前置碑罩，镂空成“五龙归位”图（图 5-1-28）。两侧次碑有碑文，载墓主生辰、世系、立碑时间等，边缘饰花鸟纹及“野鹿衔枝”，底部饰莲瓣纹，花茎、叶、花和鸟分别涂以蓝、绿、红色颜料（图 5-1-29）。碑前均置门槛，饰暗八仙，分别为葫芦、宝剑、道情筒（图 5-1-30）。次碑原有门楣，已佚。

主碑下额枋长 0.84、高 0.29 米。高浮雕四骑马武士。武士手持大刀等武器，武士头部均已被毁，骏马形态各异，飘逸灵动，造型优美，但外侧马腿均已被毁（图 5-1-31）。

次间下额枋长 0.6、高 0.29 米。右次间下额枋老妪端坐于檐下，左手扶蒲扇，表情愉悦；居中者身着袍服，双手张开，左手拉着老妪右手，右手外展；居右者跪坐状，手提一篮，侧身向前；檐

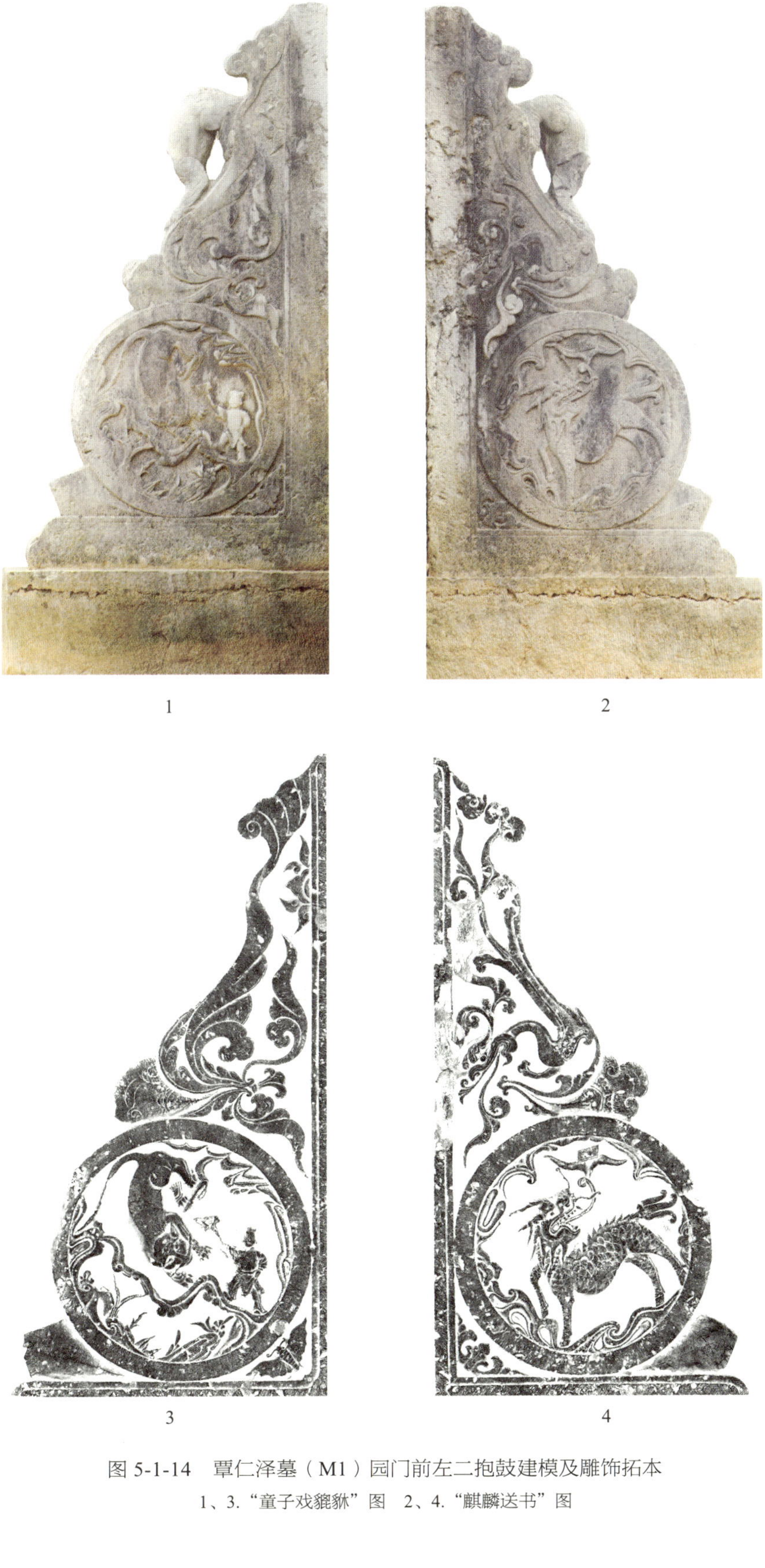

图 5-1-14　覃仁泽墓（M1）园门前左二抱鼓建模及雕饰拓本

1、3.“童子戏貔貅”图　2、4.“麒麟送书”图

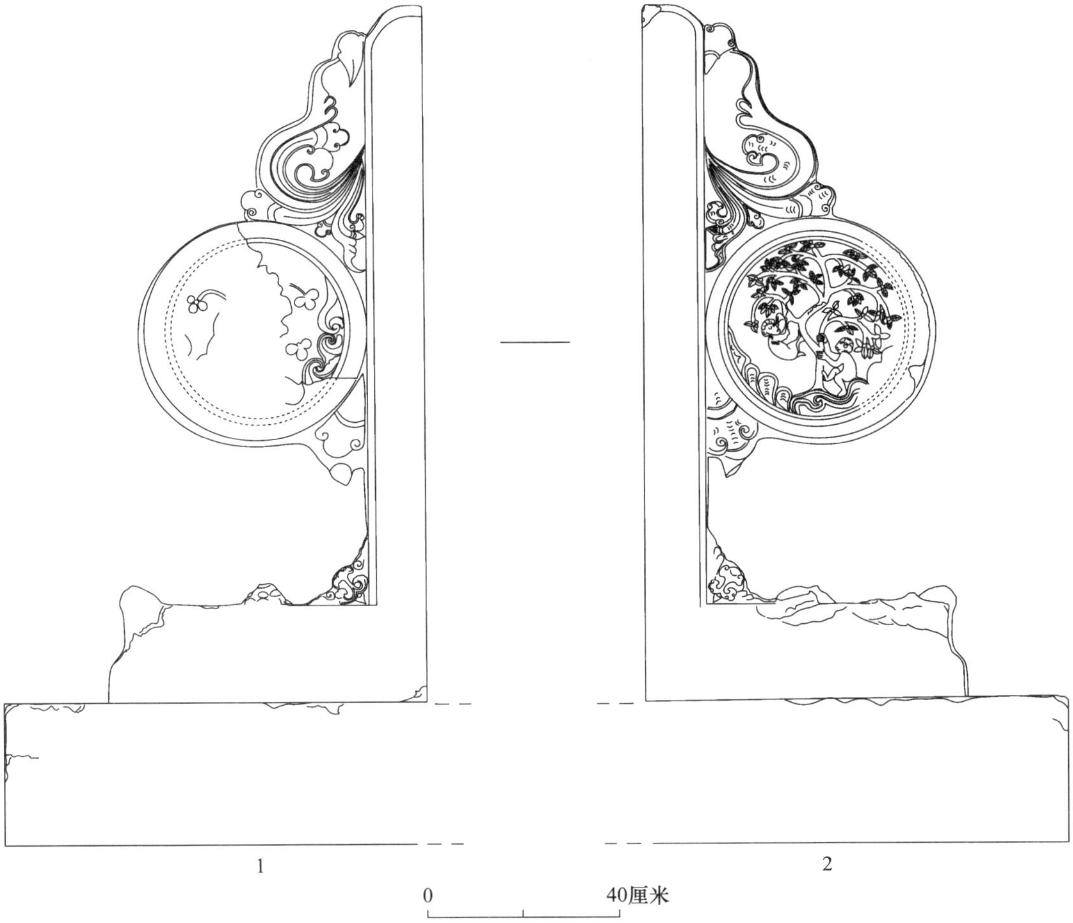

图 5-1-15　覃仁泽墓（M1）园门前左一抱鼓
1. 残　2.“枇杷猿戏”图

下案上置盛器（图 5-1-32）。左次间下额枋刻“渭水访贤”图（图 5-1-33）。图中居后者为一壮年，双手扶车；居前为一渔翁，腰挎鱼瓮，手持鱼竿；老翁居中，坐于车上，手持羽扇，与渔翁交谈。该图生动地刻画了“渭水访贤”的历史场景。

花枋处于主碑下额枋之上，长 0.83、宽 0.45 米。图中有三位骑马武士及一拱手作揖的人物。图案采用高浮雕，被毁严重（图 5-1-34）。牌楼墓碑两空花板处均垂有一狮，南侧垂狮已毁。

上额枋长 2.52、高 0.32 米。该组图案以“八仙贺寿”图为主题：人物雕刻形象生动，有何仙姑手持荷花，脚踩覆莲；韩湘子口吹洞箫，左脚踏于蟹背；曹国舅手持阴阳板立于蟾蜍之上；张果老握渔鼓于龙尾；吕洞宾身背宝剑站于龙爪之上；汉钟离右手持扇，左手拂须，脚踩卧牛；蓝采和左手持蓝过肩，脚踏鲤鱼；铁拐李双手扶拐；寿星居于八仙之中，乘鹤立于龙首。人物表情怡然自得，应和大寿之喜。“八仙贺寿”图两侧均以人、马为主题。北侧为一男子骑于马上，右手持扇，左手握伞，一女子右手牵马，左手提一包袱，两者神情轻松、自然。南侧同样为一人骑于马上，手持缰绳，另一人双手提桶于马前，马首下方置有一桶，似在喂食。纹饰采用高浮雕，雕刻精美，人物形象生动，表情轻松愉快，十分自然（图 5-1-35）。

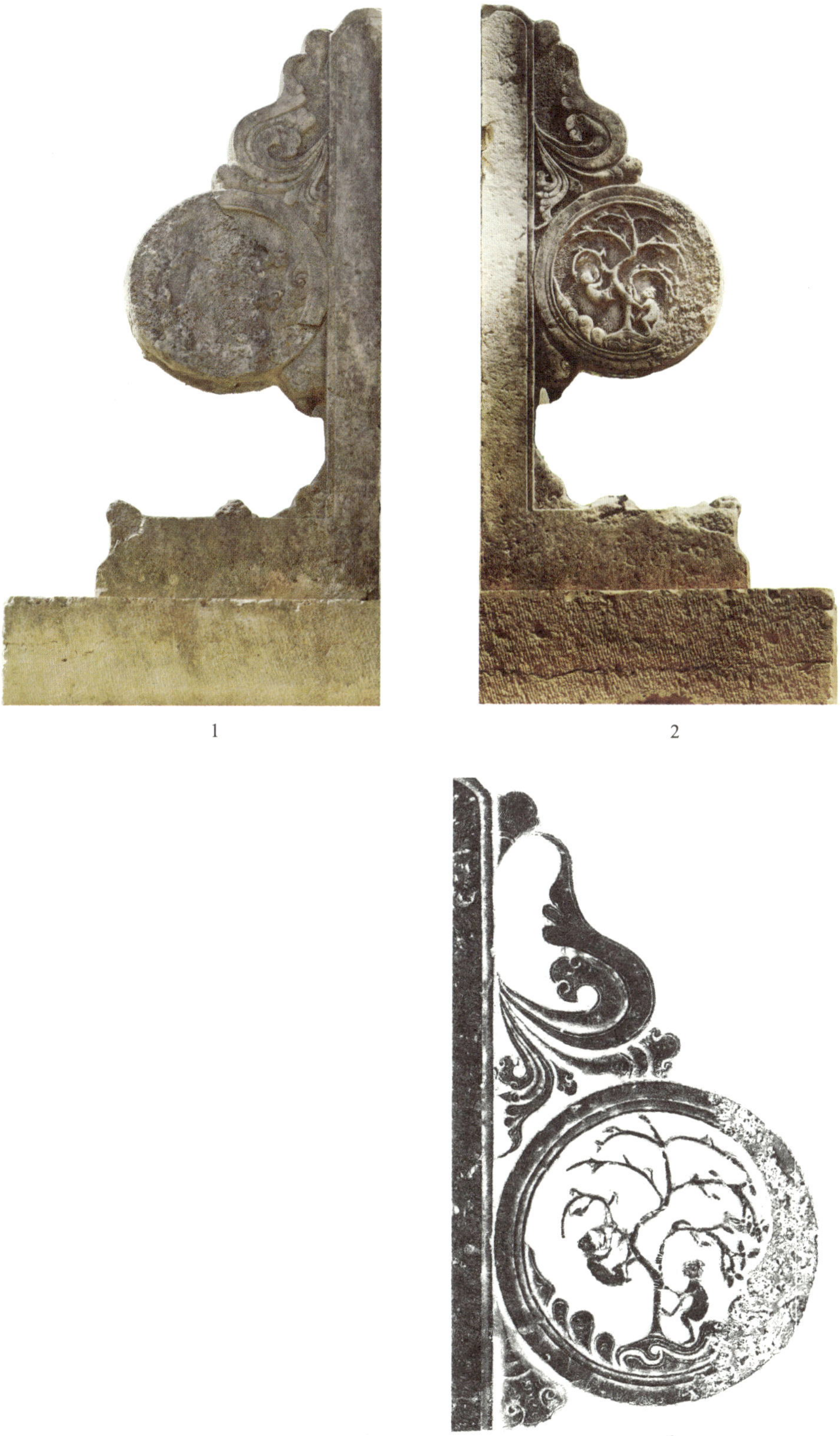

图 5-1-16　覃仁泽墓（M1）园门前左一抱鼓建模及雕饰拓本

1. 残　2、3.“枇杷猿戏”图

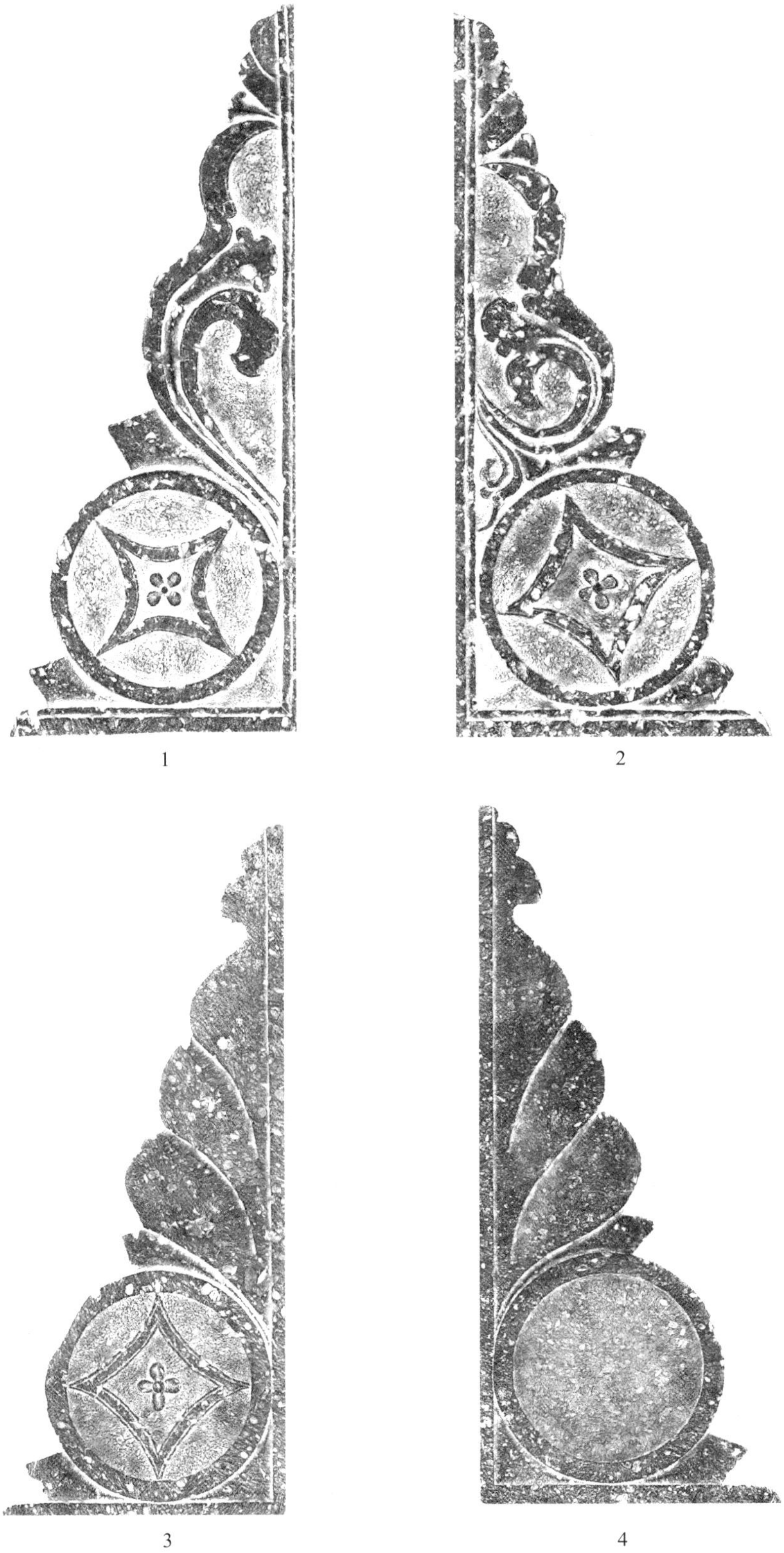

图 5-1-17　覃仁泽墓（M1）牌楼柱脚后抱鼓侧面雕饰拓本

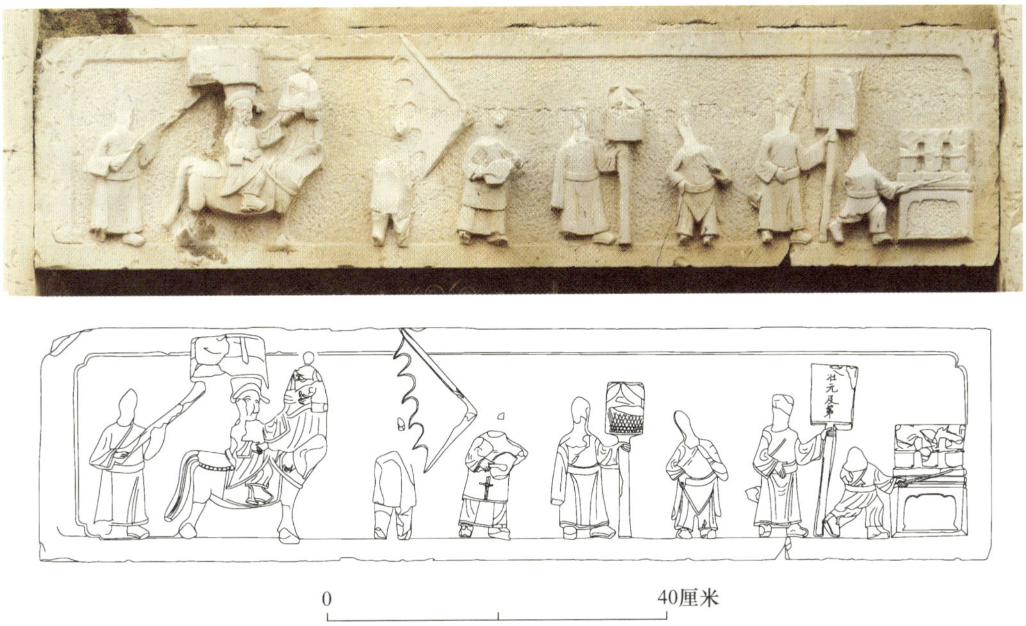

图 5-1-18　覃仁泽墓（M1）牌楼下额枋“状元及第”图

图 5-1-19　覃仁泽墓（M1）牌楼花枋“双狮戏球”图

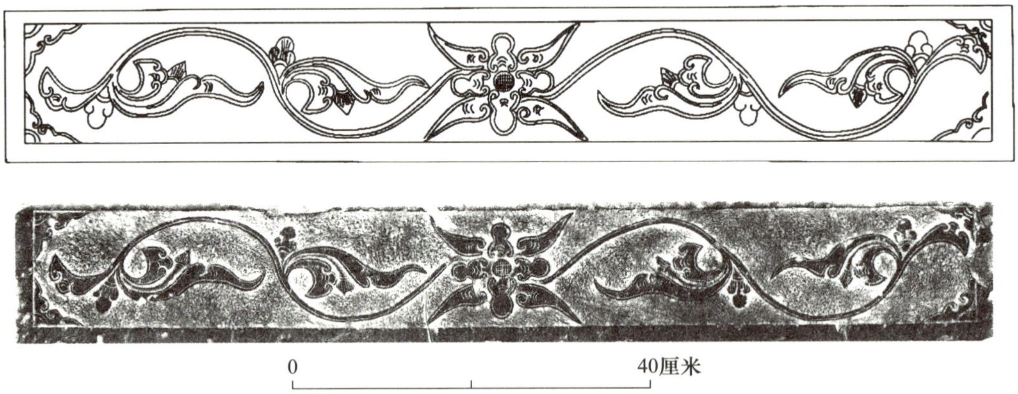

图 5-1-20　覃仁泽墓（M1）牌楼中额枋缠枝莲纹

图 5-1-21　覃仁泽墓（M1）牌楼上额枋“双凤朝阳”图

图 5-1-22　覃仁泽墓（M1）牌楼“别有天地”

字牌为方形，边长约 0.75 米。中部火焰状纹内阴刻“大罗天”三个大字；两侧以卍字锦纹为底纹，各饰一蝙蝠，寓意“万福”（图 5-1-36）。字牌两侧各有一立柱，宽 0.17 米，表面高浮雕云龙纹。

边楼与立柱外侧抱鼓上浅浮雕“野鹿衔枝”图（图 5-1-37）。

翘脚庑殿顶。边楼和主楼楼顶下刻菱形状仿木式斗拱，檐顶上“瓦当”所刻纹饰多样，有太极纹、铜钱纹、盘长结纹、四叶花纹、卍字纹等，滴水均呈如意云头状（图 5-1-38）。次楼和边楼脊饰已毁，主楼上正脊两端各圆雕一鸱吻，正脊正面浮雕缠枝莲纹，莲花居中；脊上再透雕卷草纹，正中雕一人物，头部已残。

（四）其他构件

柱础现存 8 个。根据形制的不同，分为三型。

A 型　5 个。扁鼓形。上部为鼓状，侧面饰乳钉纹，鼓身较扁；中间为八棱柱体；下部为方形底座（图 5-1-39-2、图 5-1-39-3）。

B 型　2 个。长鼓形。通体较高，上部呈鼓状，侧面饰乳钉纹，鼓身瘦高；中间为八棱柱体；下部为方形底座（图 5-1-39-1）。

C 型　1 个。瓜棱形。整体与扁鼓形相似，上部侧面呈瓜棱状（图 5-1-39-4）。

香炉，残存上部。正面及两侧刻莲花、暗八仙、卷草纹等。宽 0.32、残高 0.4、厚 0.24 米（图 5-1-40）。

火盆残存约 1/4。原平面为方形，居中为圆形锅底状，正面刻卷草纹。残宽 0.5、高 0.19 米。经测量推算原边长应为 0.7 米，中部圆形锅底状直径应为 0.4 米（图 5-1-41）。

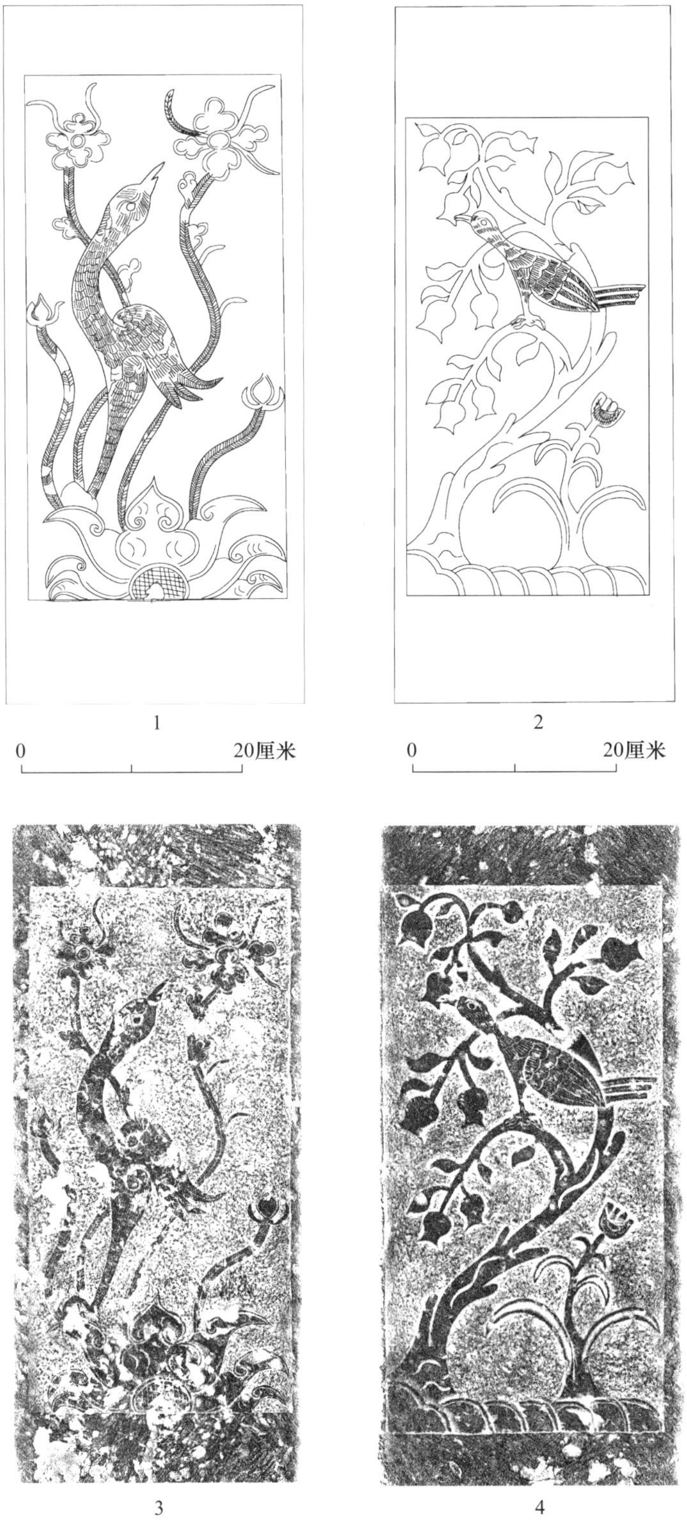

图 5-1-23　覃仁泽墓（M1）牌楼次间花板
1、3.“一鹭莲升”图　2、4.“榴开雀聚”图

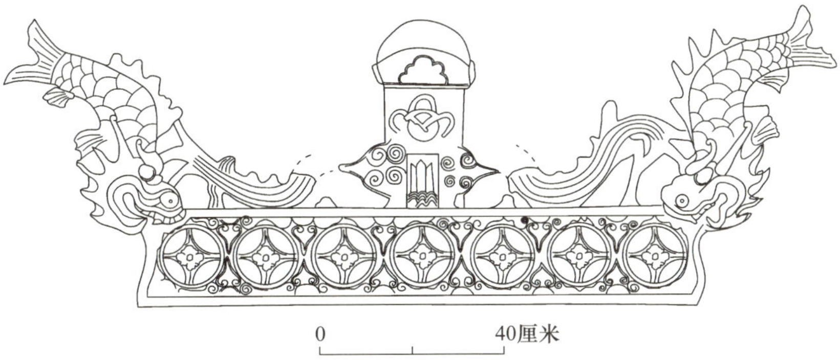

图 5-1-24　覃仁泽墓（M1）牌楼脊饰

图 5-1-25　覃仁泽墓（M1）石质牌楼式墓碑远景

图 5-1-26　覃仁泽墓（M1）石质牌楼式墓碑

图 5-1-27　覃仁泽墓（M1）主碑边饰与边柱柱础拓本

墓葬周边残存诸多石质残件，包括鸱吻、脊饰、兽身、龙首等，根据其形制与工艺推测多为覃仁泽墓（M1）牌楼或墓碑上的残件。

二、M3

M3 位于墓地中部，建于民国二十六年（1937 年），方向 113°，系覃义和夫妇合葬墓。墓葬由茔墙和墓冢组成。茔墙残存底部，于墓冢北侧约 1 米处，残长 6.26、宽 0.4、残高约 0.4 米；墓葬南侧被现代墓 M2 破坏。整体残长 7.6、残宽 7.23 米，现存占地面积约 55 平方米。

墓冢主体平面近正方形，长 5.1、宽 5、高 1.3 米。以方正条石用石灰浆黏合垒砌，四角为翘首檐顶，前部居中为墓碑。

墓碑系石质仿木牌楼式，四柱三间三楼，面阔 2.85、残高 3.75 米。由底座、立柱、碑板、额枋、檐顶等组成（图 5-1-42、图 5-1-43）。底座为案状，与覃仁泽夫妻墓（M1）相似。

立柱下部均为础状，主碑两侧立柱宽 0.22、高 2.75 米，正面阴刻楹联，右联“佳城预筑千秋羡严慈未能跨鹤远去”，左联“毓秀宏开百世喜儿孙已得驷马常来”；边柱高 1.74、宽 0.19 米，正面阴刻楹联：“座镇中央沾正气，恩承北阙待皇封。”（图 5-1-44）

主碑宽 0.78、高 1.68 米。深浮雕“五龙归位”图，中部阴刻“显考（妣）覃公（婆）讳义和（谭、王氏）老大（孺）人之墓”（图 5-1-45）。次碑宽 0.64、高 1.1 米。阴刻碑文，边饰卷草，底部饰莲瓣纹。

图 5-1-28　覃仁泽墓（M1）主碑碑罩

图 5-1-29　覃仁泽墓（M1）碑座雕饰拓本

图 5-1-30　覃仁泽墓（M1）墓碑门槛暗八仙雕饰拓本

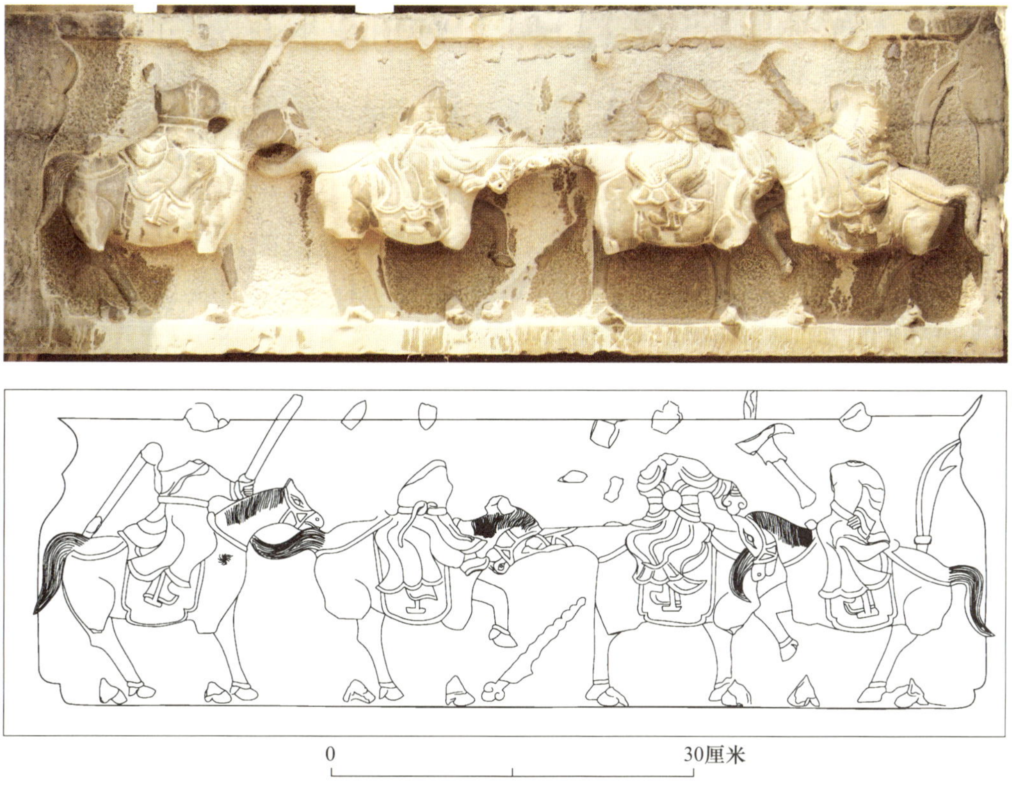

图 5-1-31　覃仁泽墓（M1）主碑下额枋“骑士”图

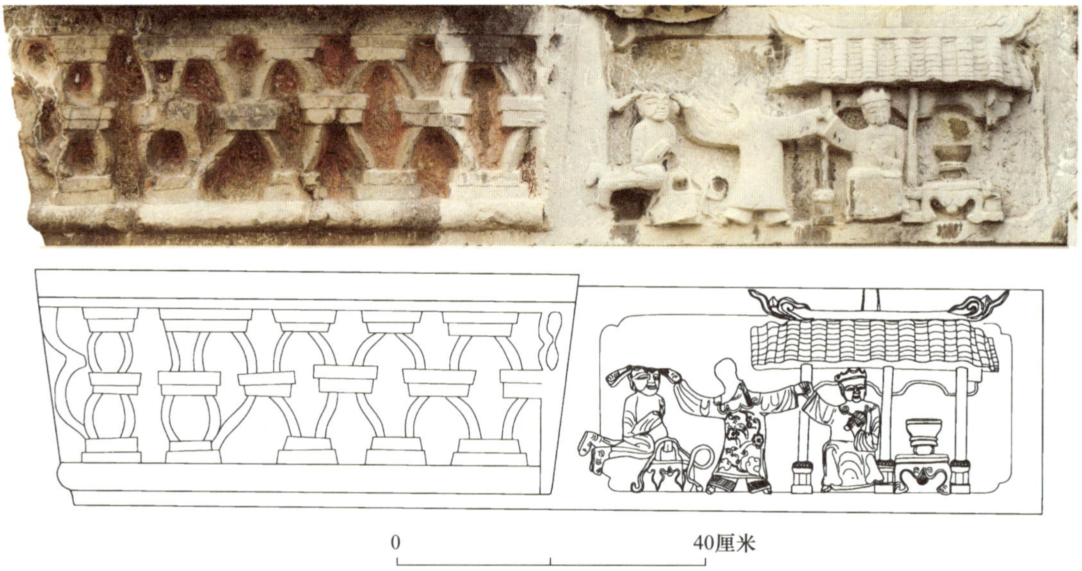

图 5-1-32　覃仁泽墓（M1）右碑下额枋人物图

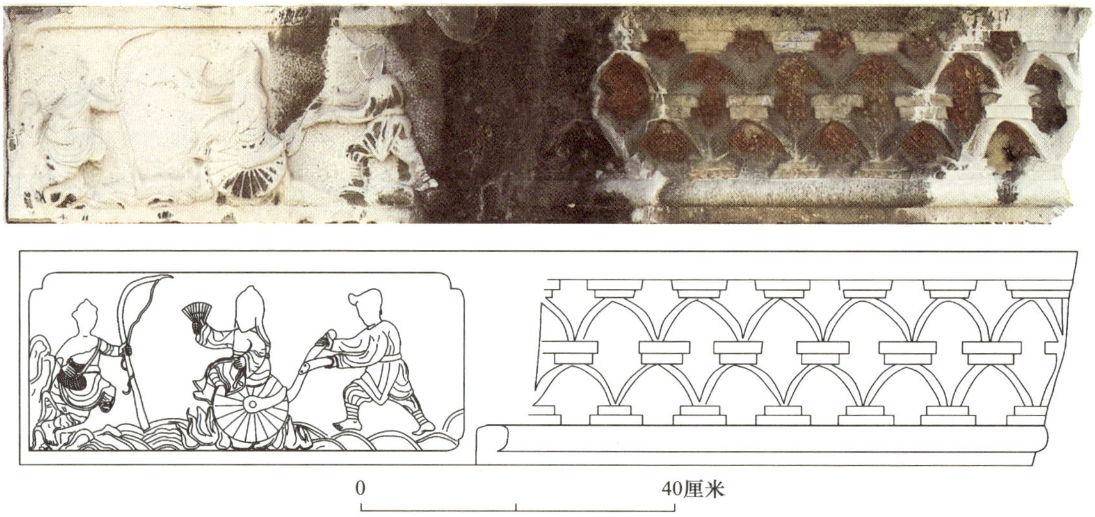

图 5-1-33　覃仁泽墓（M1）左碑下额枋“渭水访贤”图

下额枋宽 0.77、高 0.27 米。浮雕“武士征战”图，三武士身骑骏马，手持武器，一幅冲锋陷阵的模样（图 5-1-46）。

字牌宽 0.77、高 0.53 米。中部饰火焰状纹，内阴刻“好合宫”三字，外部减地平雕卍字锦纹，火焰状纹与卍字锦纹分别涂以红、黑色（图 5-1-47-1）。

上额枋宽 0.77、高 0.27 米。阴刻“人杰地灵”四个大字（图 5-1-47-2）。

次碑下额枋宽 0.64、高 0.2 米。左碑下额枋刻“渭水访贤”图，其构图与覃仁泽墓（M1）“渭水访贤”图如出一辙（图 5-1-48）。右碑下额枋描绘了一幅乡野景象，居中两人拂扇交谈，居右者牧牛于石拱桥上（图 5-1-49）。次碑花枋宽约 0.64、高 0.42 米。减地平雕卷草边饰，中部分别阴刻“辛山”“乙向”（图 5-1-47-3、图 5-1-47-4）。

图 5-1-34　覃仁泽墓（M1）墓碑花枋“武将出征”图

图 5-1-35　覃仁泽墓（M1）墓碑上额枋“八仙贺寿”图

图 5-1-36　覃仁泽墓（M1）墓碑字牌

图 5-1-37　覃仁泽墓（M1）墓碑抱鼓“野鹿衔枝”图

图 5-1-38　覃仁泽墓（M1）墓碑楼顶“瓦当”纹

1　2　3　4

图 5-1-39　覃仁泽墓（M1）不同的柱础类型

1. B 型　2、3. A 型　4. C 型

三、M6

M6 为覃义顺夫妇合葬墓，建于民国二十三年（1934 年），方向 126°。墓冢平面近方形，长 4.36、宽 4.16、高 1.18 米。以方正条石用石灰浆黏合垒砌，后侧两角作翘首，前侧两端各置一卧狮，前部居中置石质牌楼式墓碑。

石质牌楼式墓碑，四柱三间三楼，面阔 2.57、通高 3.93 米（图 5-1-50、图 5-1-51）。整体保存较好，仅主碑上花枋被破坏。底座与覃仁泽墓（M1）、覃义和墓（M3）基本一致，为象首足案式，长 2.53、高 0.26 米。

图 5-1-40　覃仁泽墓（M1）香炉

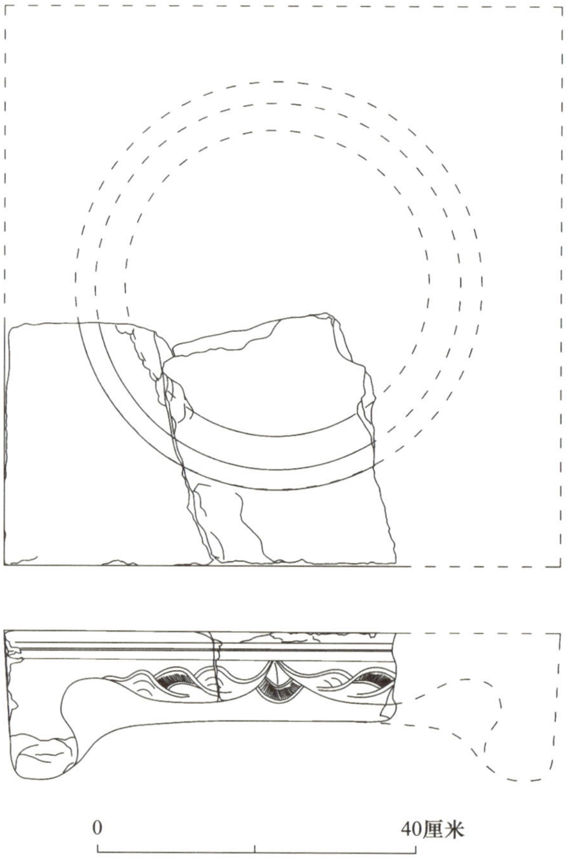

图 5-1-41　覃仁泽墓（M1）火盆复原图

图 5-1-42　覃义和墓（M3）正视图

图 5-1-43　覃义和墓（M3）墓碑

图 5-1-44　覃义和墓（M3）墓碑楹联

1. 中间两立柱　2. 两侧边柱

图 5-1-45　覃义和墓（M3）主碑“五龙归位”图

立柱下部均为础状，主碑两侧立柱宽 0.21、高 2.53、厚 0.45 米，阴刻楹联：“孝友可风宜其烈烈轰轰家声丕振，精灵不泯自应生生世世仙境同登。”下部柱础减地平雕莲瓣纹饰等（图 5-1-52-1）。次碑两侧立柱宽 0.2、高 1.66、厚 0.4 米，深浮雕云龙纹，龙缠绕柱身，下部柱础素面。

主碑宽 0.68、高 1.4 米。前罩有透雕空花板，饰“五龙归位”图，花板上雕人物立于五龙头部、背部、尾部（龙首、龙身、龙尾），每一龙身立两人，或执酒壶或持酒杯或托果盘或捧仙桃。花板中部镂空，成竖长条状，可见主碑铭文，底部饰卷云纹，中有踏道三级（图 5-1-53）。主碑中部阴刻“显考覃公讳义顺老府君、妣覃婆王氏老太君墓”，减地平雕卷草纹边饰。次碑宽约 0.53、高约 1.07 米，阴刻碑文，边饰卷草，底部饰莲瓣纹。

明间下额枋宽 0.68、高 0.28 米。浮雕“状元及第”图，状元骑马居中，场景如同孟郊所作《登科后》“春风得意马蹄疾，一朝看遍长安花”（图 5-1-54）。

图 5-1-46　覃义和墓（M3）主碑下额枋“武士征战”图

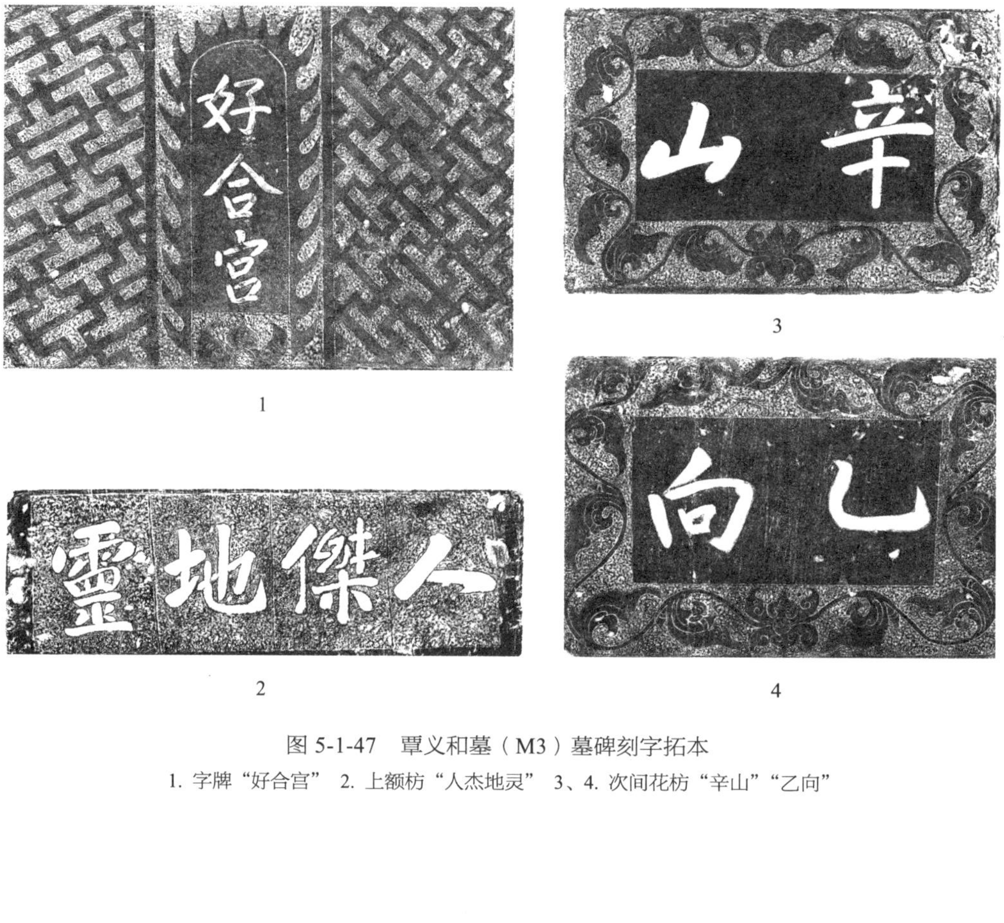

图 5-1-47　覃义和墓（M3）墓碑刻字拓本
1. 字牌“好合宫”　2. 上额枋“人杰地灵”　3、4. 次间花枋“辛山”“乙向”

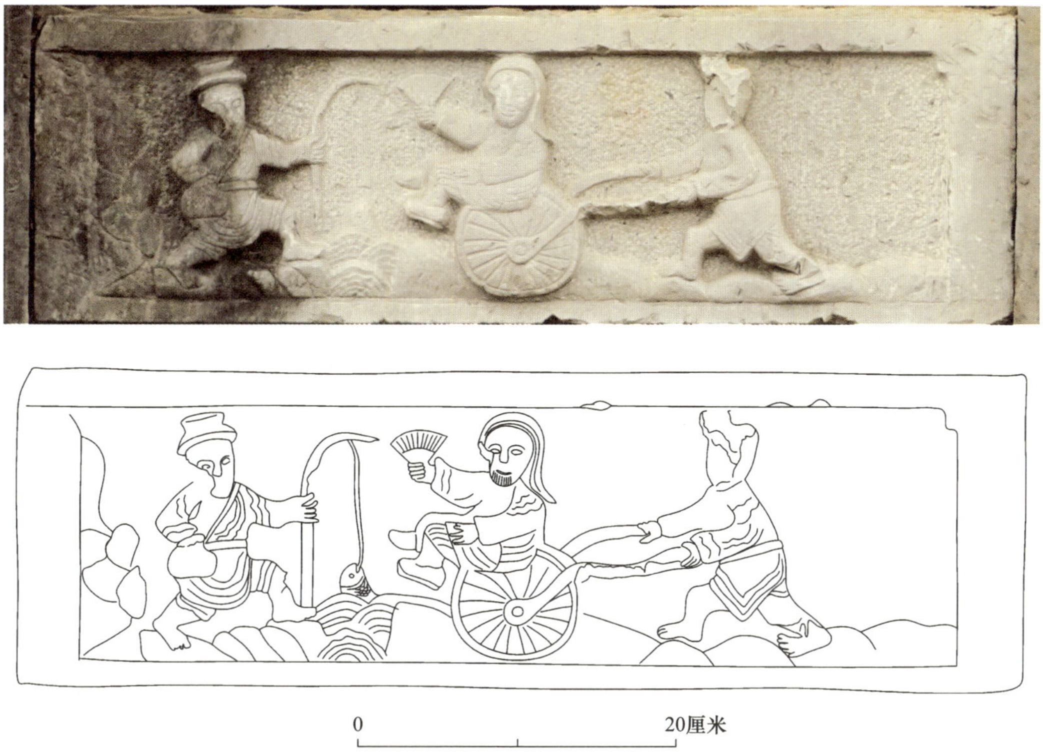

图 5-1-48　覃义和墓（M3）左碑下额枋“渭水访贤”图

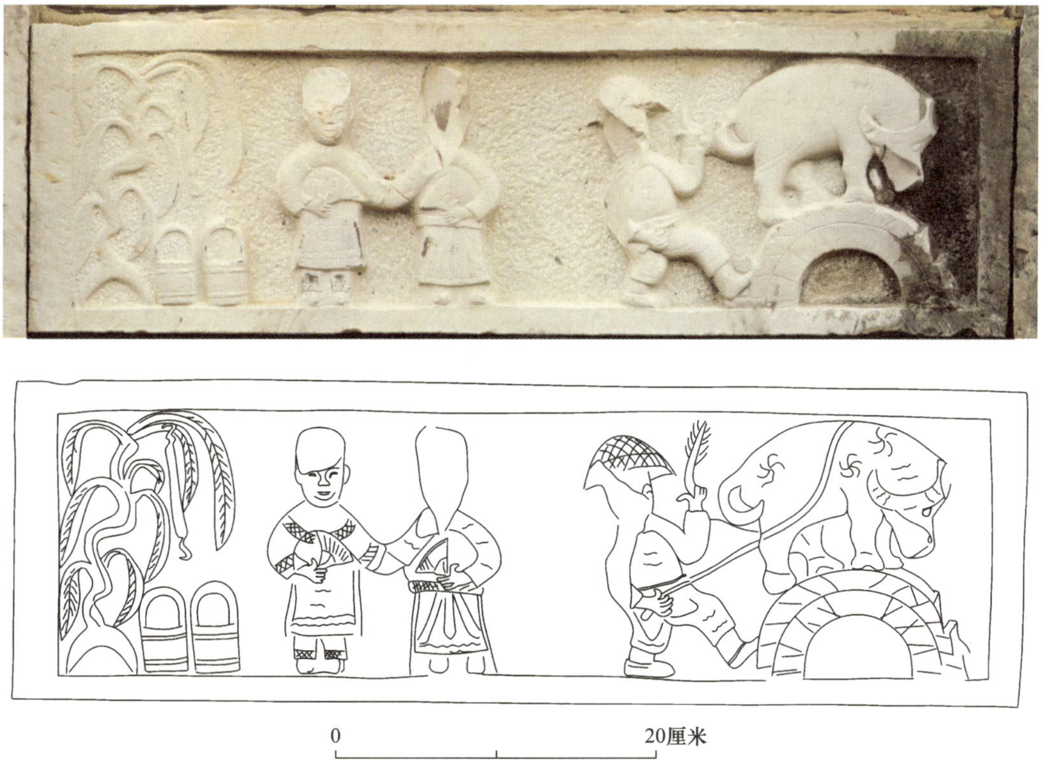

图 5-1-49　覃义和墓（M3）右碑下额枋人物图

图 5-1-50　覃义顺墓（M6）墓碑

图 5-1-51　覃义顺墓（M6）墓碑

1

2

3

图 5-1-52　覃义顺墓（M6）墓碑楹联及花枋刻字

1. M6 立柱楹联　2. 花枋“乾山”　3. 花枋“巽向”

图 5-1-53　覃义顺墓（M6）主碑碑罩

花枋宽 0.68、高 0.62 米。中部已残，四周浅浮雕卷草纹饰。

上额枋宽 0.67、高 0.25 米。高浮雕福、禄、寿三仙，左、右仙人手牵仙童，仙人或手持如意，或手端寿桃（图 5-1-55）。

次间下额枋宽约 0.52、高约 0.2 米。浮雕“渔樵耕读”图案。左次间下额枋图中，一老农扛犁赶牛，右侧一妇人右手摇扇，左手提包袱（图 5-1-56）。右次间下额枋，图中樵夫及驴，毛驴居中，居右者肩扛木材，居左者手持镰刀（图 5-1-57）。

次间花枋宽约 0.52、高约 0.4 米。中部扇形光开分别阴刻“乾山”“巽向”，扇形底雕一花卉纹饰，四角减地平雕蝴蝶和蝙蝠纹（图 5-1-52-2、图 5-1-52-3）。

楼顶为庑殿顶。楼顶底部减地平雕莲瓣状纹饰；正脊上饰缠枝花卉纹，两端各置鸱吻，中部为官帽状宝顶（图 5-1-58）。次间庑殿顶楼顶，脊上作卷草纹翘首。

图 5-1-54 覃义顺墓（M6）主碑下额枋“状元及第”图

0　20厘米

图 5-1-55　覃义顺墓（M6）主碑上额枋“仙人”图

0　20厘米

图 5-1-56　覃义顺墓（M6）左碑下额枋“耕牛”图

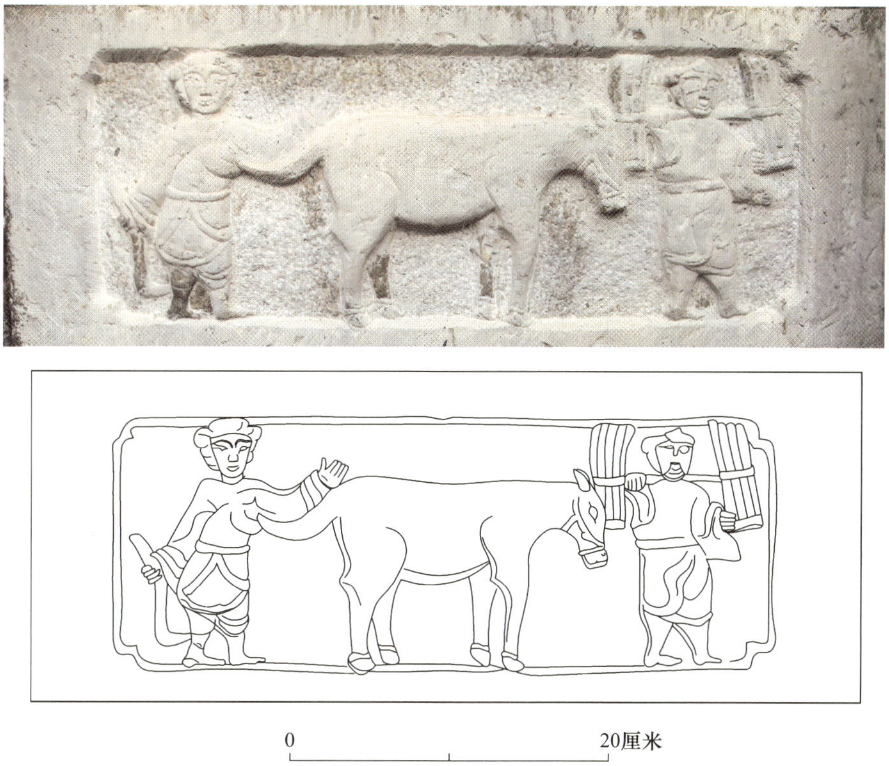

图 5-1-57　覃义顺墓（M6）右碑下额枋雕刻“牧马砍樵”

图 5-1-58　覃义顺墓（M6）上额枋仰莲及宝顶拓本

第二节　刊碑镌志　以述梗概——生者的追思

一、M1——覃仁泽夫妻

M1 为覃仁泽与冉氏夫妻合葬墓，墓主墓志及行状阴刻于园门南北两侧茔墙上的一长方形石板之上，长 1.55、高 0.75 米。以减地平雕缠枝莲纹镶边。墓志位于南侧，为时任贵州省长署秘书官杜熙筠所撰、柱铜仁等县事聂瑞麟书，全文 29 行、451 字。现抄录如下（图 5-2-1-2）:

覃公春三暨冉孺人墓志铭」

善不足，不足以芳名；德不足，不足以昌后」；有思文之粒民，而后有昌发之继志；有边」诋之输赈，而后开奕祀之侯封；自来世禄」之家鲜不由于先世之积德累行所致者」。世伯春三公以髫龄之年，当琐尾流离之」际，其见于行状者，不再赘其涉身也。一以」勤，其与人也；一以和，其处尊属也；一以恭」，间有恶声以相加未闻反颜以相报。

伯」母冉孺人，其行谊尤为人所不可及；于翁」姑则承颜望色，恒长跪以乞霁威；于里党」则富贷以施，恒自薄以周人急，人莫困；于」姑嫜难与，孺人则餍其所欲，慰白发俾」无间言莫苦；于耄老难安，孺人则恣其」所欢，戏黄童以博亲笑。绿斯盛德，式昌厥」后。或力虞田仓千箱万，或泛陶舟操奇计」盈。刺史定冀州之崔苻智安庶类，策士陈」长沙之硕画气夺群雄，所谓明德之后，必」有达人者，非欤哲。嗣静清，筠束发交也，本」孝思之诚，为识茔之的，佳城落成，丐铭于」筠，虽不谓文谨缀巅末而为之叙」。

铭曰」:

山之辉兮中有璞欤，川之媚兮中有璧欤」。含宏光大善庆攸居，于人曰完，于福曰齐」。望义门之宅见，明明者之有知。呜呼！足以」风世，足以启愚」。

六等嘉禾章历知、施秉广顺县事、贵州省长署秘书官世愚侄杜熙筠谨撰」。

七等嘉禾章历、知安南定番天、柱铜仁等县事世愚侄聂瑞麟谨书」。

民国十一年壬戌岁春王月中浣谷旦」。

行状位于北侧，记录墓主生平。为墓主覃仁泽三子覃梦松所述、清朝思南府学文生王继虞书写，全文 31 行、456 字。现抄录如下（图 5-2-1-1）:

先公春三暨母氏冉孺人行状」:

公派仁讳泽，字春三，生道光己酉年四月」十八日未时，系出江西赵氏，幼而岐嶷，不」伍侪辈伴。

先伯左文公读书近堡，文公」性鲁被谴辄亡去。公时稚甚，虽雨雪不」废读，教之缀文联对恒成句，师大奇之，以」为项橐、甘罗复出。会白巾乱作，遐迩风从」，公随先王父母暨先伯父母等辗转」避祸于花果园、黄家堡之间，虽饔飧靡济」，刀斗频惊，而牛背马蹄未尝与古先遗训」斯须去目，旋以居徙，胥艰狗祖志，从」祖舅安交泰公嗣先祖第榜公，先王」、母罗孺人抚如己出，公亦问省有道。辛」未冬，先母冉孺人来归，朝夕侍堂上如」礼方，谓晨昏有恃，得一志读书。而先祖」忽萌异志，迫令别居废读，方未离学之。先」公日与古为徒马，知穑事。至是而学稼无」半亩之田，学道仅片立之壁，无取佣值，于」马帐置砚田而舌耕马。母夫人亦书种」夜绩，含辛茹苦，齿积近卅年，衣食始稍稍」充裕。我辈之克锦衣玉食、用应无虚者，皆」公及孺人勤俭之所致也。悲夫有仰事之」资，而无可事之人；拥显亲之空名，而无养」亲之实际；承所惠而昧所自

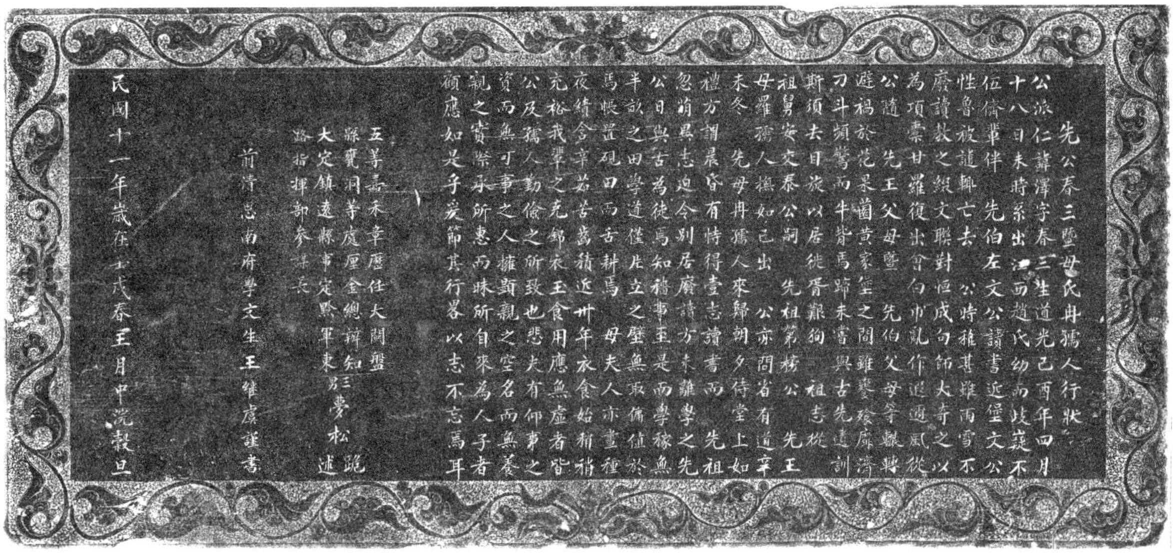

1

2

图 5-2-1　覃仁泽墓（M1）墓志拓本

1. 行状　2. 墓志

来，为人子者」顾应如是乎。爰节其行略以志不忘焉耳」。

五等嘉禾章、历任大关盘县瓮洞等处厘金总办知、大定镇远县事定黔军东路指挥部参谋长，三男梦松跪述」。

前清思南府学文生王继虞谨书」。

民国十一年岁在壬戌春王月中浣谷旦」。

主碑碑文如下（图 5-2-2-2）：

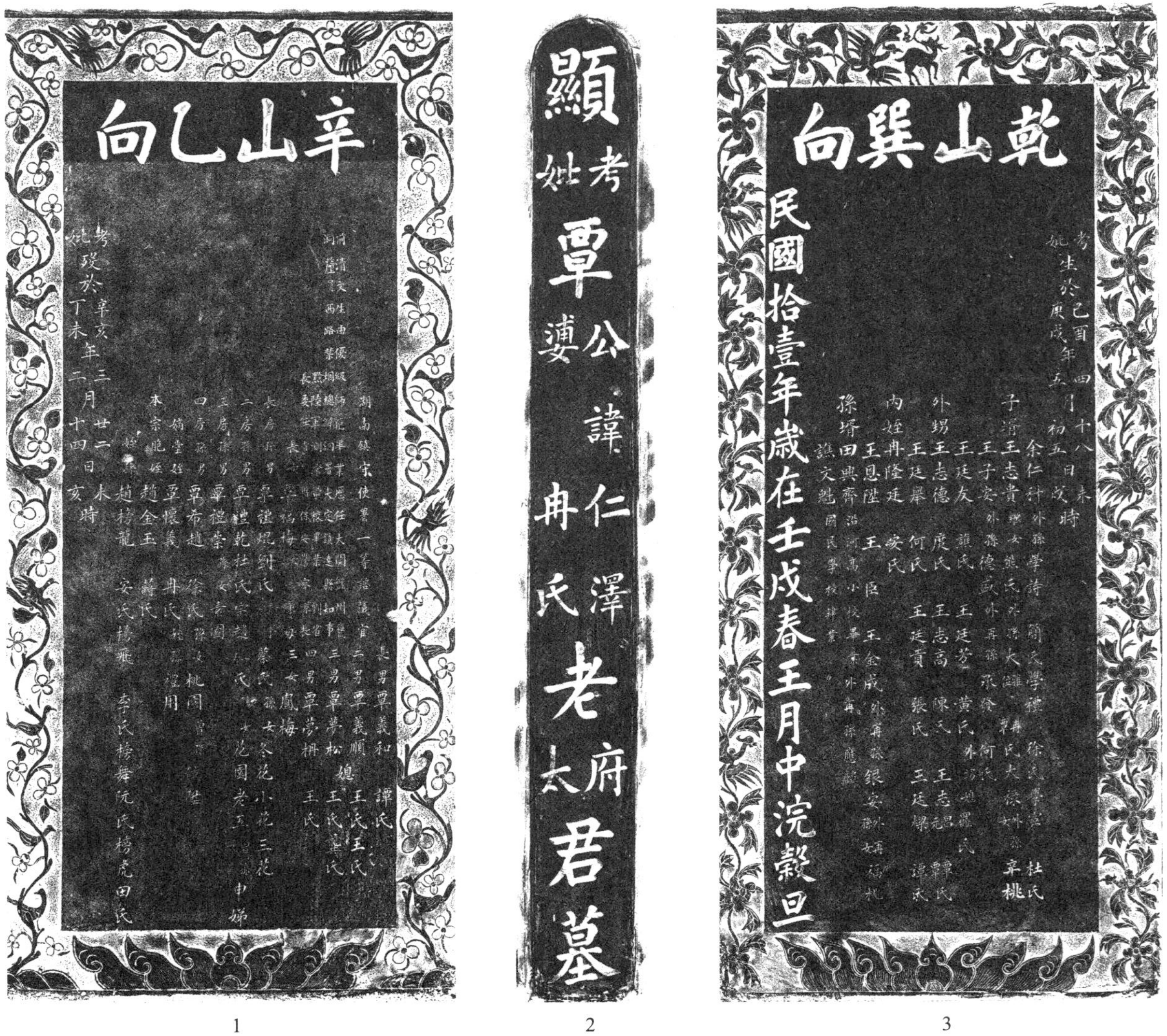

图 5-2-2　覃仁泽墓（M1）墓碑拓本
1. 左碑　2. 主碑　3. 右碑

显考覃公讳仁泽老府君、显妣覃婆冉氏老太君墓。

左碑碑文如下（图 5-2-2-1）：

辛山乙向」。

长男：覃义和，媳：谭氏。二男：湖南镇守使署一等咨议官覃义顺，媳：王氏、王氏。三男：前清文生由优级师范毕业、历任大关盘州瓮洞厘员、西路禁烟总办调署、大定镇远县知事覃梦松，媳：王氏、龚氏。四男：黔陆军测绘学校毕业、刘省长委任省溪县保安警察队长覃梦枬，媳：王氏」。

长女：覃福梅。次女：禄梅。三女：凤梅」。长房孙男：覃礼焜，刘氏；礼刚，蔡氏。孙女：冬花；小花；三花」。二房孙男：覃礼乾，杜氏；宗赵，杜氏。孙女：花园；老五；曾孙女：申娣」。三房孙男：覃礼崇。孙女：素园」。四房孙男：覃希赵，徐氏。孙女：桃园。曾孙：位升」。嫡堂侄：覃怀义，冉氏。侄孙：礼用」。本宗胞侄：赵金玉，蒋氏」。侄孙：赵榜龙，安氏；榜飞，李氏；榜舞，阮氏；榜虎，田氏」。

考殁于辛亥年三月廿二日未时，妣殁于丁未年二月十四日亥时」。

右碑碑文如下（图 5-2-2-3）：

乾山巽向」。

考生于己酉年四月十八日未时，妣生于庚戌年五月初五戌时」。

子婿：余仁科。外孙：学诗，简氏；学礼，徐氏；学宦，杜氏。（子婿：）王志贵，继女：熊氏。外孙：大雅，冉氏；大位，覃氏；大禄。外孙女：辛桃。（子婿：）王子安。外孙：德盛。外再孙：承发，何氏。

外甥：王廷友，谯氏；王廷芳，黄氏。外甥媳：罗氏。王志德，庹氏；王志高，陈氏；王志昌，覃氏；王志元，覃氏；王廷举，何氏；王廷贡，张氏；王廷樑，谭氏。内侄：冉隆廷，安氏。

孙婿：王恩升；王臣；王金成。外再孙：银安。外再孙女：福桃。孙婿：田兴齐，沿河高小校毕业。外再孙：应麟。孙婿：谯文魁，国民学校肄业」。

民国十一年岁在壬戌春王月中浣谷旦」。

根据碑文，覃仁泽字春三，号春三先生，原江西赵氏人，生于道光二十九年（1849 年），殁于宣统三年（1911 年）。配冉氏，冉氏生于道光三十年（1850 年），逝于光绪三十三年（1907 年）。覃仁泽幼时聪慧勤奋，不与同辈人为伍。其文采出众，老师惊奇其才华，将其与项槖、甘罗并论。逢号军起义，随父母等辗转避祸于花果园、黄家堡，其间饱受苦难；后因故被其舅过继给覃氏先祖覃第榜，覃母罗氏抚其如己出。后与冉氏成家，夫妻含辛茹苦、勤俭持家。覃仁泽一生勤劳，待人恭敬，以德报怨；冉氏亦乐于助人，为人和善。覃仁泽夫妇育有四子，长子覃义和、次子覃义顺（字遂清）、三子覃梦松（字静清）及四子覃梦枬（字质卿）。

二、M3——覃义和夫妻

M3为覃义和及谭氏、王氏合葬墓。

主碑碑文如下（图 5-2-3-2）：

显考覃公讳义和老大人，显妣覃婆谭氏、王氏老孺人之墓。

左碑碑文如下（图 5-2-3-3）：

考生于前清乙亥年四月十九日辰时」。

长男：覃礼刚，冉氏。孙：覃智贤。孙女：素屏。次男：覃礼焜，刘氏。孙女：桂屏。胞侄：覃礼乾，杜氏。孙：覃智升，罗氏。孙女：生娣；孝二。覃礼尊，杨氏；覃礼崇，杨氏」。

女：覃冬花；覃小花；覃三花。侄女：覃花园；覃老五；覃素妹；覃桃妹；覃满园；曾孙：覃茂狗。

中华民国廿六年丁丑岁一阳月二十四日谷旦」。

右碑碑文如下（图 5-2-3-1）：

前母生于前清光绪元年乙亥岁六月初七日吉（子）时，庶母生于前清光绪十二年戊子[1]岁三月初六日子时」。

子婿：王恩生。外孙：王时杰；王小安。孙女：王桃。子婿：王明昭。外孙女：王桂香。侄婿：王明泽；田兴齐。外孙：田竹蓬；田小蓬；田妹□。侄婿：谯文魁。孙：腊花。外甥：余学诗，简氏；余学礼，徐氏；王大雅，冉氏；王大位，覃氏。内弟：谭显应，刘氏。内侄：谭俸金；谭俸钱；王官瑜，冉氏」。

中华民国廿六年丁丑岁葭月廿四日吉时谷旦」。

根据碑文，覃义和为覃仁泽之长子，生于光绪元年（1875 年）；原配谭氏，生于光绪元年（1875 年），续配王氏生于光绪十二年（1886 年）。卒年均不详。生子二：覃礼刚、覃礼焜。

三、M6——覃义顺夫妻

M6为覃义顺夫妻合葬墓。覃义顺为覃仁泽之次子，字遂清。

其墓志刻于左碑，为清朝进士王作孚所撰，全文 12 行、共 354 字，抄录如下（图 5-2-4-2）：

覃公遂清暨王孺人墓志。

---

❶ 光绪十二年为丙戌年。

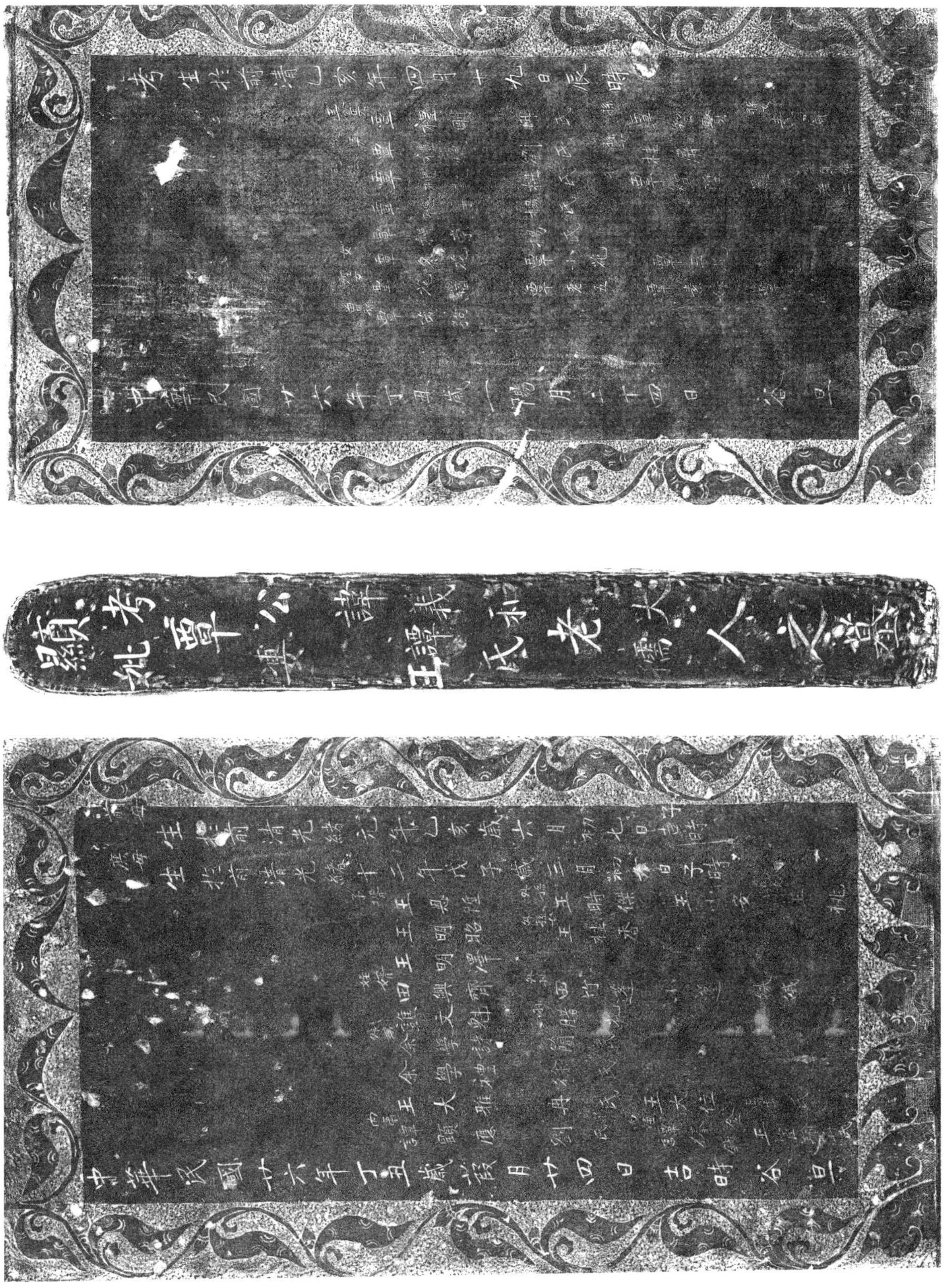

1　2　3

图 5-2-3　覃义和墓（M3）墓碑拓本
1. 右碑　2. 主碑　3. 左碑

语曰：兄弟睦家之肥；又曰：有志者，事竟成。今以遂清兄行状考之」。尤信兄讳义顺号遂清，封翁春三公之次子也，长兄义和，三弟静清，四弟质卿。封翁寒」士，诗礼传家，窃我地习惯，兄弟长成多析产分炊，士人入泮多训蒙终老。静清入泮后」，不甘小就，欲赴竹垣升学，苦于无赀。兄友于甚笃识见超卓，即禀请于」封翁前，誓愿同居以余财助弟。躬耕之暇经商权，子母有余则送竹垣。劳碌无停趾」。静清得历宰雷封总司财政，迭佐戎机焕然称阀阅者，兄实玉成之。兄偕弟宦」，游数载练习吏事，曾充湖南镇守使署一等谘议询，奇人也。嫡配王孺人持家勤」俭，内助称贤；产二女均适名门；长子礼乾业于农商，次子礼尊尚幼读从兹。瓜瓞绵」延，福寿正未有艾。兄年五旬痛捐馆，孺人五十有六同室，恩深百岁，尤愿同穴。爰」筑佳城不日工竣，索仆作序仆典，兄昆仲系总角交，兼瓜葛，谊同游。静清幕下」久故相知最悉，特走笔直书，勒诸贞珉以风薄俗而示后人。云尔谨序」。

前清己酉科选进士王作孚拜撰」。

右碑碑文如下（图 5-2-4-1）：

考生于丁丑年十月二十三日未时，妣生于戊寅年九月三十日戌时。生」。

长男覃礼乾，媳：杜、高氏。次男覃礼尊，杨氏。胞侄覃礼焜，刘、张氏；覃礼崇，杨氏；覃礼刚，冉氏。

女：生娣；孝二。孙男：覃智升，罗氏。孙女：桂屏；银屏。孙男：树清。外甥：余学诗，简氏；余学礼，□氏；王大雅，冉氏；王大位，覃氏；王大禄。

子婿：田兴齐，谯文魁。外孙：竹逢；小逢。孙女：妹娥；腊花。侄女婿：王恩深；王臣；王金成；谢荣卿。女：花园；老五。侄女：冬花；小花；三花；素妹；桃园；满妹」。

中华民国二十三年春二月十一日谷旦」。

据碑文可知，墓主覃义顺生于光绪三年（1877 年），卒年不详。配王氏，生于光绪四年（1878 年），享年 56 岁。生子二：长男覃礼乾、次男覃礼尊。

据《德江县覃氏族谱》载，覃氏于绍兴年间自陕西入黔，至十九世竹全、继全两支由思南日头岩迁至枫香溪龙塘。《德江县覃氏族谱》载：二十九世覃应达，妣刘氏；三十世祖登照，妣李氏；三十一世祖金珏，妣王氏；至三十二世覃第榜，妣袁氏，按覃仁泽墓碑铭文为罗氏。

覃仁泽原系江西赵氏人，生于道光二十九年（1849 年），逢号军起义，随父母等辗转避祸，饱受苦难。因故过继给覃家，覃第榜及罗氏抚其如己出。后与冉氏成家，夫妻含辛茹苦、勤俭持家。族人相传，覃仁泽原系教书先生，在杨和乡一带私塾就职。育有四子，长子覃义和、次子覃义顺（字遂清）、三子覃梦松（字静清）及四子覃梦枬（字质卿）。

三子覃梦松成就最高。梦松，字静清，生于清光绪十七年（1891 年），1947 年因病去世，享年 56 岁。覃家以“诗礼传家”，按当地习惯，兄弟成家后，多“析产分炊”，常人在开始接受学堂教育后，多依所学终老；而梦松不甘小就，欲继续深造却苦于家中拮据。为此其兄长在父母面前立

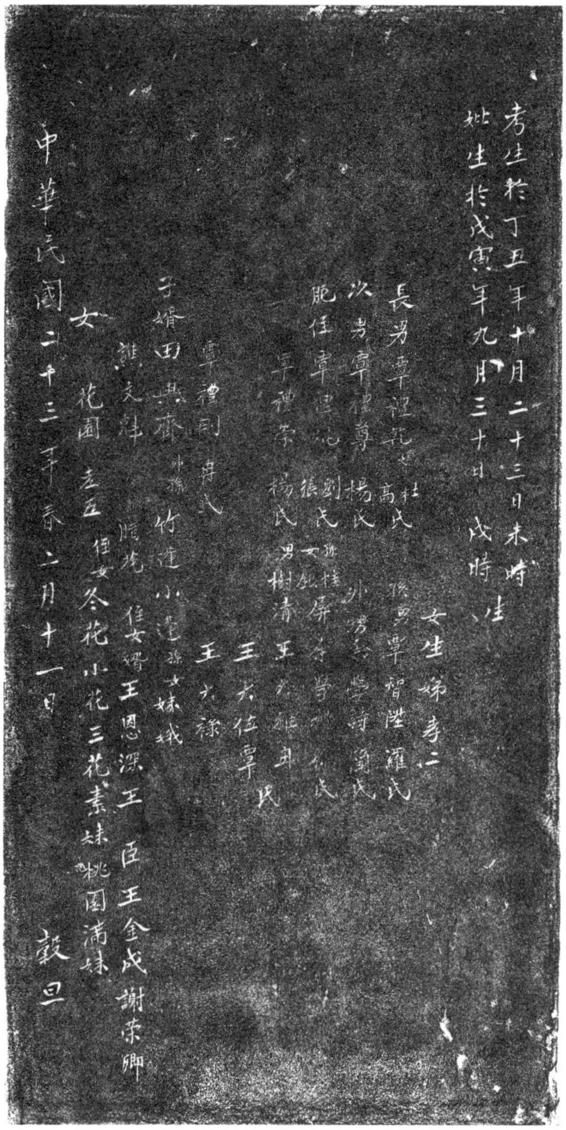

1

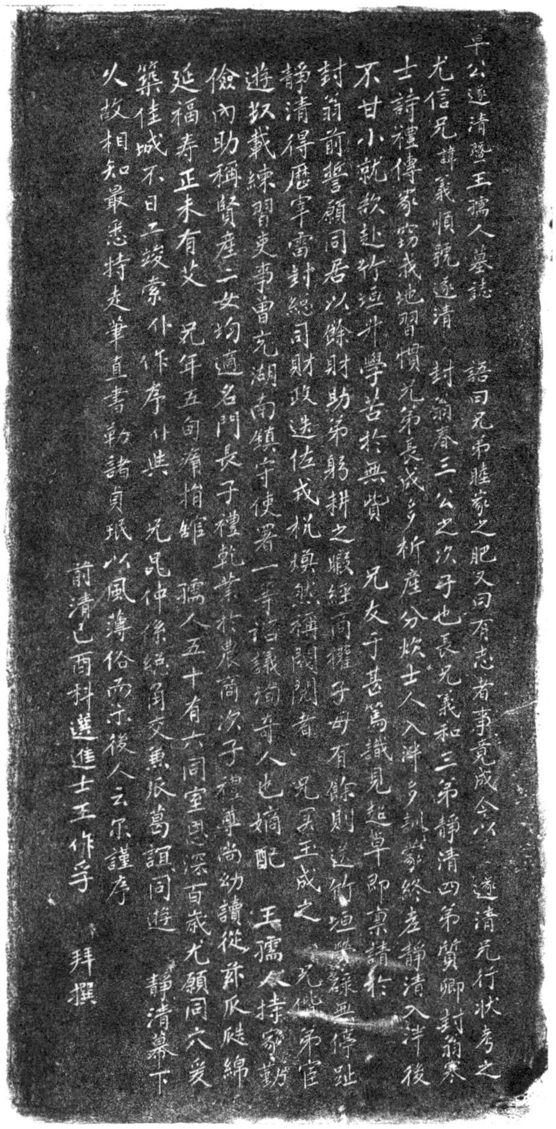

2

图 5-2-4　覃义顺墓（M6）墓碑拓本

1. 右碑　2. 左碑

下誓言，愿意不分家继续同居，以多余钱财资助梦松完成学业。1907 年远赴省城就读于任可澄等人创办的优级师范选科学校。毕业后，得任可澄器重，于 1911～1916 年先后任职镇远县事、兴义厘金总办等职位。之后又任省禁烟督察委员。其间，在兴义黄草坝督察禁烟事务之时，遭受何应钦父亲阻挠，自此与何家结仇，几度遭受报复。

民国十年（1921 年）（另说为 1919 年），任贵州省财政厅厅长。民国十四年（1925 年）任中央教育部主任秘书。之后弃政从戎，跟随袁祖铭北伐。袁遇刺身亡，梦松脱险之后返乡，几乎不问政治，主要从事教育、文学等工作。民国三十二年（1943 年）任沿河县参议长。逝后葬于思南县香坝乡。

从墓葬重修时间来看，覃仁泽墓现存建筑建于1922年，覃义和墓重建于1937年，覃义顺墓重建于1934年。覃仁泽墓重建时间恰逢其三子升任贵州省财政厅厅长之后，这也是覃梦松仕途顶峰。随即梦松不惜重金为其父修建墓葬，还邀请了时任贵州省省长任可澄撰写楹联。

第三节　寄情于物　寓意于形——雕饰题材及其文化内涵

一、雕饰题材

覃氏家族墓地雕饰题材丰富，其种类涵盖祥禽瑞兽、人物故事、树木花卉、吉祥图案、法器等。传统雕刻之中人物故事的题材多样，来源广泛。在覃氏家族墓地，该类题材也是多种多样，如"八仙贺寿"和福、禄、寿三仙，反映了民间道教思想；"渭水访贤"来自历史故事，意在歌颂古代圣贤，传达儒家思想；此外，还有一些描绘武士骑马出征的景象，也有普通百姓的生活图景。人物故事的图案一般出现在墓枋上。

覃氏家族墓地雕刻中动物形象众多，如狮子、鹿、象、牛、鸱吻、猴、马、蝙蝠、鹤、喜鹊、鱼、稚鸡、鹭鸶等，此外，还有根据人们的想象衍生出来的麒麟、貔貅、龙、凤凰等。传统文化中，通过谐音和特殊意境的方式，赋予了各类动物特殊的寓意。狮子，既可辟邪又代表权势；鹿，取"鹿"同"禄"的谐音；鹤，寓意长寿；麒麟、凤凰、龙等，预示祥瑞；蝙蝠，取"蝠"与"福"的谐音，寓意福气临门；喜鹊、象等象征喜庆祥和之象。覃氏墓地雕刻中对动物形象的刻画十分生动，形态各异。

植物类题材在雕刻题材中最为常见，该类题材不仅仅可以作为图案主题，也可作为辅助装饰。对于该类题材的应用如同祥禽瑞兽，也是采用特殊的寓意和谐音来表达图案的主题。例如，石榴寓意多子多福；竹、梅、兰代表高尚的品质；莲花除了寓意"出淤泥而不染"的品质之外，常取"莲"通"连"的谐音，与鹭鸶组合即寓意"一路连科"。

吉祥图案类题材在传统雕刻之中十分常见。在覃氏家族墓地雕刻中，吉祥图案的题材多以祥禽瑞兽与人物、植物题材的组合来表达。其中，部分来自神话传说之中，如"双凤朝阳""天禄望月""童子戏貔貅""麒麟献瑞"等；有的来自现实之中，如"封侯挂印""六合同春""一鹭莲升""榴开雀聚""喜上眉梢""鱼跃龙门"等。主要见于覃仁泽墓（M1）抱鼓及额枋之上，除了花板之上"一鹭莲升"及"榴开雀聚"图为减地平雕之外，其余多用浮雕技艺，突出主题。

除此之外，在墓葬雕刻中还有一些器物作为辅助构图元素，如石鼓、花盆、寿石等。八仙所用的法器也较为常见，一般称其为"暗八仙"，有宝剑、渔鼓、葫芦、拍板、笛子等，均单独构图，分布于屋脊、抱鼓、碑罩等处。

二、雕饰的文化内涵

传统文化中一般以取某种具体事物的谐音、寓意的方式来体现人们的某种理想、愿望，故而"图必有意，意必吉祥"[1]。根据图案寓意之别，可将覃氏家族墓地雕刻图案分为如下几类。

---

[1] 李苍彦：《中国民俗吉祥图案》，中国文联出版公司，1991年，第2页。

第一类，太平吉庆类。传统文化中的吉祥图案，不仅仅表达人们对自身个人和家庭的美好愿望，还有对天下太平、社会祥和的崇高愿景。覃仁泽墓（M1）牌楼明间额枋的“双凤朝阳”，抱鼓之上的“麒麟送书”“鹿鹤同春”“天禄望月”“松鹤延年”等均反映了人们祈求祥和、吉庆、长寿的愿景。缠枝莲纹又名“万寿藤”，寓意吉庆。云龙纹又象征着祥和与太平。

“双凤朝阳”最早见于《诗经·大雅·卷阿》：“凤凰鸣矣，于彼高冈。梧桐生矣，于彼朝阳。”寓意天下太平，朝阳也是吉祥之意。

“麒麟送书”，又称“麒（麟）吐玉书”。《名山藏》云：“孔子将生，有麒麟吐玉书于阙星，圣母以绣系麟之角。”不久孔子就降生了。或云玉书为玉版，刻“水精之子孙，衰周而素王，征在贤明”。寓意天降祥瑞，圣贤降世。

“鹿鹤同春”图，以“鹿”取“陆”之音、“鹤”取“合”之音，“春”的寓意则取花卉树木，即“六合同春”。“六合”意指天地四方，即天、地和东、西、南、北，泛指天下。“六合同春”寓意天下皆春，万物欣欣向荣。明代有的以六鹤来表现该主题，见于杨慎《升庵外集》卷九十四所云：“北之语，合、鹤迥然不分，故有绘六鹤及椿树为图者，取六合同春之义。”❶

第二类，功名利禄类。古人尤为重视功名，认为“万般皆下品，惟有读书高”，且“学而优则仕”，故而表现知识分子通过读书获取功名的题材众多，覃氏墓地所见“状元及第”图、“一鹭莲升”图、“鱼跃龙门”图、“封侯挂印”图等，皆属于此。

“状元及第”图通过描绘高中状元后游街的场景，民间常言“天上麒麟子，人间状元郎”，表达了人们对“学而优则仕”的憧憬。

“封侯挂印”图，利用“猴”与“侯”、“蜂”与“封”的谐音，即为“封侯”，寓意高升。

“一鹭莲升”则以“鹭”通“路”，“莲”通“连”的谐音，寓意官运亨通。

“鱼跃龙门”寓意学有所成或地位高升。明代高明《琵琶记·南浦嘱别》：“但愿鱼化龙，青云得路桂枝高折步蟾宫。”❷

第三类，高洁品质类。覃仁泽墓（M1）茔墙内雕刻松、竹、梅、兰，以此突出墓主生前的高尚情操；稚鸡寓意吉祥、文采、美德。其墓碑下额枋雕刻“渭水访贤”图，则是歌颂圣贤，通过该典故来启示后人。

第四类，祈福、贺寿、求子类。民间常视蝙蝠、蝴蝶为吉祥之物，寓意福气临门；在覃义顺墓（M6）均饰蝙蝠、蝴蝶。覃仁泽墓（M1）墓碑字牌以卍字纹底纹，并饰两只蝙蝠，寓意福寿双全。寿在传统文化中尤为重视，贺寿主题图案体现了人们对长寿的追求。覃氏家族墓葬中贺寿主题主要有覃仁泽墓（M1）墓碑额枋上的“八仙贺寿”图及各处分布的“暗八仙”。祈求多子多福也是人们的普遍愿望，如覃仁泽墓（M1）牌楼花板的“榴开雀聚”图，石榴因其“千房同膜，千子如一”的特点，象征多子多福，预示子孙昌盛；而“雀”通“爵”，又有爵禄相聚的意思。香草龙纹也被视作一种求子的方式❸。“双狮戏球”又被视作人类生殖仪式的象征，寓意生生不息、家族繁衍不绝。

---

❶ （明）杨慎撰，焦竑辑：《升庵外集》，万历四十五年刻本。

❷ （明）高明：《琵琶记·南浦嘱别》，上海源记书庄影印版，1926 年。

❸ 康旭：《川东北清代墓碑吉祥图案研究》，四川师范大学硕士学位论文，2017 年，第 23 页。

第五类，辟邪镇墓类。鸱吻，又称鸱吻，为龙生九子之一，好张望，喜吞火，故常置于屋脊前端，用以辟除火灾。《唐会要》云："汉柏梁殿灾后，越巫言海中有鱼虬，尾似鸱，激浪即降雨，遂作其像于屋上，以厌火祥。"[1]覃仁泽墓（M1）、覃义和墓（M3）、覃义顺墓（M6）屋脊均有。在民间传统文化中，狮子和龙也有辟邪、镇宅的功能。

---

[1] （宋）王溥:《唐会要》，中华书局影印本，1955 年，第 126 页。

第六章　铜仁地区牌楼及牌楼式墓碑

牌楼，即立柱之上加建屋顶的牌坊，系牌坊演变而来。牌、坊，前者属于后者范畴之内。坊，《说文解字》释为："坊，邑里之名。从土方声。"[1]牌者，《玉篇》云"牌，牌榜"[2]，即匾额。作为中国特有的一种门洞式的纪念性建筑形式，牌坊的起源众说纷纭，其最早年代也不确定，但可以肯定在宋代牌坊已经成熟。牌坊的修建，多数在朝廷恩准之下，为旌表忠贞、贞节而建，以供后人学习、追忆、缅怀等。

根据已公布资料，目前现存较早的宁波市庙沟后石坊与横省石牌坊属于宋元时期，均为墓前坊。表明早在宋元时期牌坊就使用于墓葬之中，其后牌楼被融入墓碑建筑之中。根据全国第三次不可移动文物普查（以下简称"三普"）情况，牌楼式墓碑在清代十分流行。《四川古代牌坊》一书中将牌楼式墓碑统计在墓坊类牌坊之中，不少墓葬因其墓坊华美而以其墓坊命名[3]。

第一节　铜仁地区牌楼及牌楼式墓碑现状

一、现存牌楼建筑状况

贵州地区牌坊保存数量并不多，被纳入国家级文物保护单位的仅兴义鲁屯牌坊群，省级文物保护单位也仅遵义龙坑厂牌坊一座。铜仁地区现存牌楼登记在册的较少，据"三普"结果，铜仁地区现存独立石牌坊（楼）仅石阡本庄龙门牌坊、深溪牌坊、松桃投经节孝坊三座，尚有未登记者，数量不详。调查之中发现德江枫香溪镇贞妇饶氏凤英孝义牌坊仅残余牌坊柱头，另在石阡夹石镇山阳村发现阴刻楹联的石柱和浮雕云龙纹的额枋类构件，均为牌楼构件。

石阡本庄龙门牌坊形制简单且风化严重，资料显示为明成化元年（1465 年）修建，有待证实。深溪牌坊属于寨门牌楼，为褒奖任氏守节四十余年的美德而建；四柱三间三楼石牌坊，柱脚前后置抱鼓石，次间额枋雕刻暗八仙，花枋正反均阴刻楷书大字。左侧次楼已毁，仅残留花枋以下部分；其余镂空花板被破坏。投经节孝坊为投经城谭信耆之母贞节坊，砖石结构，四柱一门，三层楼檐，面阔 7.6、通高 8.3 米。两面均嵌石碑和塑浮雕图案，立柱镌楹联。

多数牌坊保存于墓葬之前，且建筑形制、保存状况都较上述三者更为出色。现存沿河张云腾墓前石牌楼、印江李正旺墓前石牌楼、石阡成氏墓群两座牌楼、思南张国学墓前石牌楼、德江安氏墓石牌楼等，其中以沿河张云腾墓前石牌楼及石阡成氏墓群现存石牌楼保存较为完好、规模较大、雕饰较为繁缛。

沿河张云腾墓前石牌楼，建于同治二年（1863 年）。系四柱三间三楼石牌楼，方形立柱，柱脚前后置靠背石，居中两组靠背石上部分别圆雕大象、石狮，鼓面为素面。门道饰骑马雀替，明间为

---

[1]（汉）许慎：《说文解字》，中华书局，1963 年，第 290 页。

[2]（梁）顾野王：《玉篇》，《玉篇校释》，上海古籍出版社，1989 年。

[3] 唐飞、姚军：《四川古代牌坊》，文物出版社，2017 年。

镂空香草龙纹状，两次间则为蝙蝠。额枋上雕刻“双凤朝阳”图、“双龙戏珠”图等精美图案，花板阴刻大字。正反两面皆有雕饰，以人物故事为主，另有暗八仙、卍字纹等。楼顶为庑殿顶，楼脊圆雕鸱吻（图 6-1-1-1；图 6-1-3-1～4）。

图 6-1-1　铜仁市现存部分牌楼现状

1. 沿河县张云腾墓前石牌楼　2. 石阡县成世瑄父母墓地石牌坊（背面）　3. 石阡县“成方伯坊”　4. 印江县李正旺墓前石牌楼现状　5. 思南县张国学墓前石牌楼　6. 德江县朱府（母）安氏墓石牌楼

石阡大沙坝乡大沙坝村成氏墓群现存两座石牌楼。其一为“成方伯坊”，为原任江宁布政使司成蓝生之墓坊，该墓建于道光二十八年（1848 年）。系石质四柱三间三楼（图 6-1-1-2）。柱脚前后置抱鼓状靠背石，鼓面雕饰精美，构图巧妙，主要以人物与动物组合而成，另以花卉、祥云为辅，其题材包括历史与神话故事类的“武松打虎”“刘海戏金蟾”“哪吒闹海”“苏武牧羊”等，也有骑着青牛的老子、骑着鹿的寿星等。左侧次间已毁，残余下额枋以下部分。明间额枋上雕刻香草龙纹、“八仙贺寿”图、“衣锦还乡”图、“状元及第”图等。花枋题“成方伯坊”。庑殿顶，脊饰卷草。匾额题“圣旨”，边饰繁缛的云龙纹。次间下额枋正面以松、竹、梅、兰为题材形成四组图案，包括“哭竹生笋”图、“喜鹊闹梅”图、“松鹤延年”图等；背面对应渔、樵、耕、读四组图案。花板镂空雕饰已毁（图 6-1-1-3）。

图 6-1-2　石阡县“成方伯坊”明间雕饰

其二，成世瑄父母墓地石牌坊，墓园内 4 座成氏墓，年代从道光十二年（1832 年）至咸丰七年（1857 年）。牌楼亦为四柱三间三楼石牌楼，形制与“成方伯坊”一致，仅雕刻内容存在差异。其匾额题“纶音”二字，两次间花枋以镂空技法雕刻“鱼跃龙门”及“凤凰麒麟”图（图 6-1-1-2）。

印江李正旺墓前石牌楼，建于光绪三十三年（1907 年）。石牌楼，四柱三间三楼，面阔 4.5、通高 5 米。柱脚前后置抱鼓护柱，鼓面雕刻各类吉祥图案。该牌楼破坏严重，两侧及明间花板均被毁。现存额枋上雕刻“八仙贺寿”“双凤朝阳”等图案（图 6-1-1-4）。

思南张国学墓前石牌楼，建于光绪二十九年（1903 年）。牌楼为六柱五间七楼，面阔 7.5、通高 6.5 米。明间门宽 1.5、高 2.3 米，明间立柱柱脚前后置靠背石。次间、稍间置碑板。额枋、花枋等处浮雕八仙、武士、“二龙抢宝”和“双凤朝阳”等图案。主楼下两立柱上部圆雕倒挂石狮。

图 6-1-3　沿河县山阳村张氏墓地部分雕饰

1～4. 张云腾墓前牌楼　5、6. 张宗培墓碑楼顶均为庑殿顶，两端饰鳌鱼（图 6-1-1-5）。

德江朝阳村大清口朱府（母）安氏墓石牌楼，修建于光绪三十一年（1905 年）。四柱三间三楼。额枋之上以铭刻文字为主，次间两花板正面阴刻楷书墓志，背面均阴刻大字。下额枋浮雕“双凤朝阳”图、暗八仙等。抱鼓鼓面多为素面，右边最外侧鼓面饰三鱼同首纹（图 6-1-1-6）。

此外，还有德江堰塘乡刘仕周墓、复兴镇傅氏墓、泉口镇田宗永之妻墓前建四柱三间三楼（或五楼）石牌楼，雕饰精美；德江稳坪镇冯天位夫妇合葬墓、沿河黑水乡田廷万墓、官舟镇陈寿亭墓、板场乡宋坤鳌墓等墓前建两柱一间三楼牌楼建筑（或称阁楼式石门），部分有精美雕饰。

覃仁泽墓（M1）牌楼为四柱三间五楼式，结构较为复杂。抱鼓十分规整，雕饰众多，脊饰、吻饰和顶饰等一应俱全，雕琢精细，所采用技艺多样，是该地区较为难得的墓葬建筑，与石阡成氏墓地两座石牌楼及沿河张云腾墓石牌楼等一起代表了铜仁地区石牌楼建筑的突出技艺，具有较高的艺术、文化价值。

二、牌楼式墓碑的分布及其特征

在乌江流域，石雕作为墓葬装饰十分盛行。宋至明代墓葬以石室墓为主，因其修建于亡故之前，故当地多称之为“生基”；该时期石雕装饰主要分布于墓室内部、封门等处，晚期出现的抱鼓亦雕刻各类图案。清代墓葬各地趋于一致，墓碑成为墓葬主要构成因素之一，在“以丧事为至大之事”[1]的文化背景下，古人不仅在墓葬体量上投入财力，而且尤为重视墓碑的雕刻装饰，“丧不哀而务为美观”。乌江流域可见大量雕刻精美的清代墓葬，同样在贵州北部赤水河流域、四川东部、重庆及鄂西地区（如四川旺苍[2]、湖北利川[3]）等地也保存了大量该类墓葬。

墓碑作为清代墓葬的重要标识，对其分类是认识墓葬的重要手段。张兴文将墓碑形式分为单一结构、组合结构及复合结构三类，每一类又进一步细分，如单一结构就包括了签子碑、猪槽碑、令牌碑、立柱碑[4]。由于地域文化差异，墓碑的结构与称呼存在一定差异。罗晓欢在其《四川东、北地区清代墓碑建筑考察报告》中将墓碑分为单体结构和复式结构，其单体形式包括了神主碑、工字金碑、二升宫、轿子碑和四方碑等；而复式碑有“桃园三洞碑”、“桃园五洞碑”、拱山碑、牌楼式墓碑等[5]。

牌楼式墓碑因其规模大、建筑构件多等故而广受欢迎。根据“三普”资料，铜仁地区现存石质牌楼式墓碑的墓葬（群）有五六十座（处）（表 6-1-1），其中一些墓群存在成群的该类墓葬，尚有大量该类墓葬并未发现或被登记在册，其数量远不仅此。根据“三普”结果，铜仁地区该类墓碑主要集中于清代中晚期至民国时期。

---

[1] 萧放：《中国民俗史·明清卷》，人民出版社，2008 年，第 278 页。

[2] 旺苍县文物保护管理所：《旺苍明清墓葬》，重庆出版社，2013 年。

[3] 张兴文：《民间石雕艺术·中国利川墓碑》，湖北美术出版社，2000 年。

[4] 张兴文：《美轮美奂　蔚为大观——流传民间墓碑建筑艺术初探》，《民间石雕艺术·中国利川墓碑》，湖北美术出版社，2000 年，第 1～11 页。

[5] 罗晓欢：《四川东、北地区清代墓碑建筑考察报告》，《古代墓葬美术研究》（第三辑），湖南美术出版社，2015 年，第 173～308 页。

表 6-1-1 铜仁市现存牌楼式墓碑、牌坊不完全统计表

序号	墓名	地理位置		墓碑、牌楼形制	年代	资料来源
1	杨德友墓	德江县	荆角乡山茶村	石质仿木结构四柱三间三楼牌楼式墓碑，宽 4.2、高 6.3 米	同治九年（1870 年）	德江县“三普”资料
2	李天阳墓		龙泉乡钟山村	石质仿木结构四柱三间三楼牌楼式墓碑，宽 4、高 5 米	光绪二十八年（1902 年）	
3	刘仕周墓		堰塘乡新峰村	园门：四柱三间三楼牌楼式；墓碑：石质四柱三间三楼牌楼式	光绪十九年（1893 年）	
4	陈先容墓		堰塘乡朱家沟村	墓碑为四柱三间，叠檐牌楼	光绪二十年（1894 年）	
5	安洪科墓		桶井乡长坝村	石质四柱三间三楼牌楼式墓碑，宽 4.2、高 2.6 米	光绪十九年（1893 年）	
6	冉广杰合葬墓		枫香溪镇张家湾村	石质仿木结构四柱三间三楼牌楼式墓碑，宽 3.2、高 2.7 米	光绪五年（1879 年）	
7	傅氏墓		复兴镇七星村	墓前石质四柱三间三楼式牌楼，面阔 5.7、高 6.5 米	道光十三年（1833 年）	
8	田宗永之妻墓		泉口镇彦坪村	牌楼为四柱五楼三间式，面阔 2.6、高 3.8 米	咸丰元年（1851 年）	
9	冯天位夫妇合葬墓		稳坪镇稳坪村	园门为两柱三楼式；墓碑面宽 4.2、高 2.7 米，为三碑四柱	民国二十五年（1936 年）	
10	朱府（母）安氏墓		合兴镇朝阳村	四柱三间三楼石牌楼	光绪三十一年（1905 年）	现场调查
11	朱母吴氏墓			墓前设石质两柱三楼牌楼园门，结构简单	民国时期	现场调查
12	郝朝相墓	思南县	板桥镇郝家湾村	石质仿木结构四柱三间三楼牌楼式墓碑，宽 7.5、高 6.5 米	道光年间	思南“三普”资料
13	苏茂举合葬墓		天桥乡梧桐村	四柱三间三楼牌楼式墓碑，宽 2.58、高 3.2 米	道光二十九年（1849 年）	
14	邓婆张氏墓		鹦鹉溪镇鹦鹉溪村	石质仿木结构六柱五间五楼牌楼式墓碑	光绪年间	
15	符烈臣夫妇墓		思林乡群星村	石质四柱三间三楼牌楼式墓碑，碑宽 2.5、高 2.35 米	清代	
16	方顺教墓		思唐镇大岩关村	四柱三间三楼牌楼式八字形墓碑，次间呈八字形	光绪二十年（1894 年）	
17	张国学墓		宽坪乡张湾村	牌楼为六柱五间七楼，面阔 7.5、通高 6.5 米	光绪二十九年（1903 年）	
18	杨婆坟	江口县	德旺乡净河村	四柱三间三楼牌楼式墓碑	光绪三十一年（1905 年）	江口“三普”资料
19	朝阳山李氏墓		德旺乡德旺村	青石质四柱三碑牌楼式墓碑，宽 2.74、高 2.74 米	道光二十三年（1843 年）	
20	宋家屋脊夏婆墓		太平乡梵净山村	四柱三间三楼牌楼式墓碑，宽 1.67、高 2.2 米	民国九年（1920 年）	
21	夏公墓			石质仿木结构四柱三间三楼牌楼式墓碑	民国十二年（1923 年）	
22	李氏墓群刘婆墓		德旺乡净河村	石质仿木结构四柱三间三楼牌楼式墓碑，宽 2.34、高 3.1 米	同治四年（1865 年）	

续表

序号	墓名	地理位置		墓碑、牌楼形制	年代	资料来源
23	杨氏家族墓葬	石阡县	白沙镇谷米寨村	三座墓墓碑形制基本一致，为仿木结构四柱三间三楼牌楼式建筑	道光年间	石阡“三普”资料 注：人群村吴氏墓地还有吴文汉墓、吴大丰墓、胡氏墓、王氏墓等，四柱三间三楼，或无额枋
24	杨芳美墓		花桥镇冷水坝村	石质仿木结构四柱三间三楼牌楼式墓碑	咸丰二年（1852 年）	
25	吴睿墓		龙井乡人群村	四柱三间三楼牌楼式墓碑	最早建于清乾隆四十七年，最晚为光绪二十四年	
26	吴大泰墓			四柱三间三楼牌楼式墓碑，无额枋		
27	苏文梅墓		青阳乡和平村	石质仿木结构四柱三间三楼牌楼式墓碑	光绪三十一年（1905 年）	
28	肖姓祖母墓		坪山乡坪贯村	石质仿木结构四柱三间三楼牌楼式墓碑	清咸丰三年（1853 年）	
29	陈氏墓群		坪地场乡汪河村	共计 25 座墓葬，多数墓葬墓碑为四柱三或五间三楼牌楼式，部分墓碑立柱柱脚前置靠背石	清中、晚期	
30	成氏墓群		大沙坝乡大沙坝村	四座墓葬墓碑形制一致，均为四柱三碑，无额枋，立柱多高浮雕云龙纹。墓地现存两座牌楼：成方伯坊，位于成世瑄墓东侧，四柱三间三楼；成世瑄父母墓地牌坊，亦为四柱三间三楼，形制与前者一致，仅雕刻内容存在差异。保存较好	清道光十二年（1832 年）至咸丰七年（1857 年）	
31	涂氏墓	松桃县	平头乡甘子园村	石质仿木结构四柱三间三楼牌楼式墓碑	光绪元年（1875 年）	松桃“三普”资料
32	戴世荣墓	印江县	洋溪镇新阳村	石质仿木结构四柱三间五楼牌楼式墓碑	民国二十三年（1934 年）	《印江土家族苗族自治县文物志》
33	向忠绍墓		新业乡文昌村	石质仿木结构四柱三间三楼牌楼式墓碑	同治年间	
34	凤棚花坟		新寨镇乐洋村	石质仿木结构四柱三间三楼牌楼式墓碑	民国元年（1912 年）	
35	李正旺墓		杨柳镇崔山村	四柱三间三楼石牌楼，面阔 4.5、通高 5 米，破坏严重，两侧及明间花板均被毁；石质仿木结构四柱三间三楼牌楼式墓碑，宽 3.55、高 2.56 米	光绪三十三年（1907 年）	
36	田毕墓	沿河县	黑水镇爱群村	石质仿木结构四柱三间三楼牌楼式墓碑	道光二十六年（1846 年）	沿河“三普”资料
37	田廷万墓		黑水镇爱群村	墓前设石园门，两柱三楼，结构简单，门宽 2.15、高 3.23 米；石质仿木结构四柱三间三楼牌楼式墓碑	道光二十六年（1846 年）	
38	蓝国志合葬墓		甘溪镇桂林村	石质仿木结构四柱三间三楼牌楼式墓碑	光绪八年（1882 年）	

续表

序号	墓名	地理位置		墓碑、牌楼形制	年代	资料来源
39	蓝朝魁合葬墓	沿河县	甘溪镇桂林村	石质仿木结构四柱三间三楼牌楼式墓碑，结构与上述墓碑基本一致	民国八年（1919 年）	沿河“三普”资料
40	王化兴墓		甘溪镇桂林村	石质仿木结构四柱三间三楼牌楼式墓碑	光绪十年（1884 年）	
41	王天佑墓		淇滩镇淇滩村	石质仿木结构四柱三间三楼牌楼式墓碑	同治十四年（1875 年）	
42	杜芳全合葬墓		夹石镇上寨村	石质仿木结构四柱三间三楼牌楼式墓碑	民国二十五年（1936 年）	
43	张云腾、云胜墓		夹石镇山羊村	墓前有石质牌楼，四柱三间三楼；石质仿木结构四柱三间三楼牌楼式墓碑	同治二年（1863 年）	
44	鲁广鳌墓		晓景乡七三村	石质仿木结构四柱三间三楼牌楼式墓碑	光绪元年（1875 年）	
45	田太乐墓		谯家镇谯家铺村	石质仿木结构四柱三间三楼牌楼式墓碑	光绪八年（1882 年）	
46	田茂秀合葬墓		谯家镇谯家铺村	石质仿木结构四柱三间三楼牌楼式墓碑	道光十六年（1836 年）	
47	赵建安墓		谯家镇水田村	石质仿木结构四柱三间三楼牌楼式墓碑	同治十二年（1873 年）	
48	田佐学合葬墓		中界镇罗家寨村	石质仿木结构四柱三间三楼牌楼式墓碑	道光二十七年（1847 年）	
49	申用行墓		中界镇坡脚村	石质仿木结构四柱三间三楼牌楼式墓碑	民国三十年（1941 年）	
50	李氏墓		中界镇坡脚村	石质仿木结构四柱三间三楼牌楼式墓碑	咸丰四年（1854 年）	
51	冉瑞长墓		官舟镇燎炬村	石质仿木结构四柱三间三楼牌楼式墓碑	清代	
52	陈寿亭墓		官舟镇院子村	墓碑形制与上述相似。墓前有两柱三楼一间牌楼式园门，额枋、花板等处有精美雕饰	民国二十年（1931 年）	
53	崔正儒墓		和平镇狮马村	石质仿木结构四柱三间三楼牌楼式墓碑	清代	
54	崔松墓		和平镇狮马村	形制与催正儒墓基本一致	光绪十八年（1892 年）	
55	黎子民墓		沙子镇南庄村	石质仿木结构四柱三间三楼牌楼式墓碑	民国九年（1920 年）	
56	田应钊墓		沙子镇南庄村	石质仿木结构四柱三间三楼牌楼建筑墓碑	咸丰十年（1860 年）	
57	宋坤鳌墓		板场镇洋溪村	墓前园门为两柱一间三楼，装饰繁缛，雕刻精美；石质仿木结构四柱三间三楼牌楼式墓碑	光绪四年（1878 年）	

铜仁境内牌楼式墓碑主要分布于沿乌江一带，以石阡、江口、思南、德江、沿河等地为主（图 6-1-2），在铜仁东部松桃、碧江、万山等地则极为少见。西边与德江相邻的凤冈、务川等地发现数量也较少。相比较之下，正安、道真等地的清代墓碑主要延续了石室墓的特征，同时也融合了牌楼、阁楼等不同建筑特点。而乌江沿岸流行牌楼式墓碑，主要源于乌江作为商贸通道、文化通道的桥梁作用，使这些区域的文化相对更为开放。

铜仁境内乌江沿岸所见石质牌楼式墓碑，主要以四柱三间三楼形式为基础，相应地横向或纵向地加以艺术发挥，如存在个别四柱三间五楼式墓碑，额枋、花板的层次或多或少，甚至取消了额枋等；一些墓葬在墓碑两侧、柱脚前置靠背石，丰富了墓碑的多样性，有的甚至将边柱与抱鼓石合为一体。

覃氏家族墓地处于乌江沿岸地区，深受该文化传统的影响，其墓碑与其他牌楼式墓碑大同小异，尤其与沿河县夹石镇杜芳全合葬墓牌楼墓碑相似。杜芳全合葬墓建于民国二十五年（1936年），墓碑系石质仿木结构四柱三间三楼式牌楼式，立柱为抹角方形，正面阴刻楹联，主碑前置镂空“五龙归位”碑罩，下额枋为“武士出征”图，花板镂空香草龙纹及牌饰，额枋雕刻人物故事图，花板浮雕石狮，楼顶为庑殿顶。其中，下额枋“武士出征”图和主碑镂空“五龙归位”碑罩与覃氏墓如出一辙。

综合比较民国时期其他牌楼式墓碑，覃仁泽墓（M1）四柱三间五楼牌楼式墓碑在结构上更为复杂，雕饰最为丰富，技艺最为精湛，无疑是铜仁地区牌楼式墓碑继承、发扬的佼佼者。

三、牌楼与牌楼式墓碑的雕饰

牌楼和牌楼式墓碑具有复杂的结构和丰富的平面空间，这为匠人提供了充分的艺术发挥空间，赋予了这类建筑繁缛、精美的雕饰。雕刻技艺精湛，技法丰富多样，主要以浮雕、圆雕、阴刻、减地平雕、镂空为主。

雕刻题材包罗万千，内容丰富，有卷草花卉、祥禽瑞兽、人物故事、生活场景等。其中，卷草花卉类以牡丹、卷草、缠枝、松、竹、梅、兰、菊、石榴、荷花（莲花）等较为常见；动物题材则以来自神话中的龙、麒麟、天禄、凤凰较为常见，现实中的蝴蝶、蝙蝠、鹤、蟾蜍、喜鹊、牛、猴、象、狮子、鹿等亦十分丰富；人物主要有历代圣人、神仙等，如福禄寿三仙、八仙、老子、刘海、哪吒等，也有普通生活场景的普通人物，如渔夫、樵夫、书生、老妪、童子等。其他尚有寿石、宝物、祥云、日月等纹饰。

所谓“图必有意，意必吉祥”。雕饰中包含的题材通过谐音、寓意的方式被赋予了特殊的寓意，包含了人们对天下祥和、福祚绵长、官运亨通等美好愿景。各类题材的组合运用相应形成较为固定的模式，如牡丹花象征着富贵，与蝴蝶、蝙蝠一起组合时称为“富贵花开”图，与凤凰组合即为“凤穿牡丹”图，与白头翁组合称为“白头富贵”图等。

雕饰的布局受限于建筑结构，一方面，复杂的建筑结构通常能提供更多的发挥空间，为丰富的雕饰提供基本条件；另一方面，不同的建筑结构下，雕饰往往形成不同的程式化布局模式。通常结合图案内容与墓碑结构有较为固定的分布模式。牌楼和牌楼式墓碑的雕饰主要集中于额枋、花板、抱鼓、脊饰、碑罩、立柱等处，以抱鼓、额枋、脊饰最为普遍。墓碑的雕饰基本程式化，如大量牌楼式墓碑将中间两根立柱以高浮雕、浅浮雕、镂空等各种技艺雕刻云龙纹，形成大气、庄严的“龙

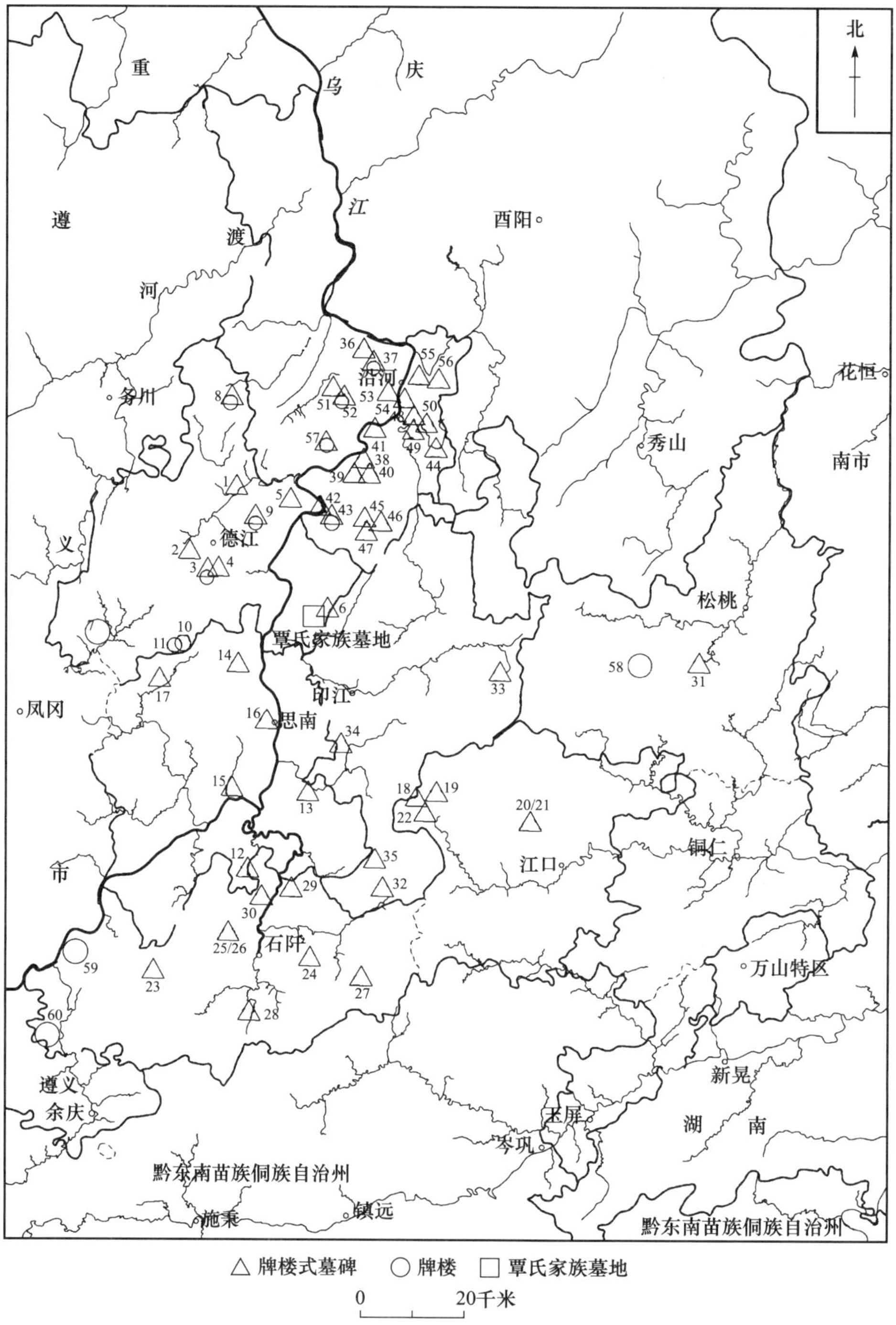

图 6-1-4 铜仁市牌楼式墓碑及牌楼分布情况图

1. 杨德友墓 2. 李天阳墓 3. 刘仕周墓 4. 陈先容墓 5. 安洪科墓 6. 冉广杰合葬墓 7. 傅氏墓 8. 田宗永之妻墓 9. 冯天位合葬墓 10. 朱府（母）安氏墓 11. 朱母冉氏墓 12. 郝朝相墓 13. 苏茂举合葬墓 14. 邓婆张氏墓 15. 符烈臣夫妇墓 16. 方顺教墓 17. 张国学墓 18. 杨婆坟 19. 朝阳山李氏墓 20. 宋家屋脊夏婆墓 21. 夏公墓 22. 李氏墓群刘婆墓 23. 杨氏家族墓群 24. 杨芳美墓 25. 吴睿墓 26. 吴大泰墓 27. 苏文梅墓 28. 肖姓祖母墓 29. 陈氏墓群 30. 成氏墓群 31. 涂氏墓 32. 戴世荣墓 33. 向忠绍墓 34. 凤棚花坟 35. 李正旺墓 36. 田毕墓 37. 田廷万墓 38. 蓝国志合葬墓 39. 蓝朝魁合葬墓 40. 王化兴墓 41. 王大佑墓 42. 杜芳全合葬墓 43. 张云腾、云胜墓 44. 鲁广鳌墓 45. 田太乐墓 46. 田茂秀合葬墓 47. 赵建安墓 48. 田佐学合葬墓 49. 申用行墓 50. 李氏墓 51. 冉瑞长墓 52. 陈寿亭墓 53. 崔正儒墓 54. 崔松墓 55. 黎子民墓 56. 田应钊墓 57. 宋坤鳌墓 58. 投经节孝坊 59. 本庄龙门牌坊 60. 深溪牌坊柱”。脊饰一般有暗八仙、卷草纹、卍字纹等，两端多饰鳌鱼，顶部以宝瓶、仙人等为主。抱鼓鼓面多饰“麒麟献瑞”图、“天禄（犀牛）望月”图等寓意吉祥的图案，图案一般较为精美；额枋之上多饰“双凤朝阳”图、“双龙戏珠”图等象征祥和的图案，也有“八仙贺寿”、二十四孝、历史人物故事、“状元及第”图等。花板之上主要以阴刻文字为主，部分墓葬亦在此装饰精美图案。多数雕饰构图巧妙，妙趣横生，使得建筑构件与雕饰的融合相得益彰。如此使得牌楼及牌楼式墓碑的艺术性得到大幅提升。

第二节 小　结

覃氏家族墓地作为一处历经清朝、民国、现代三个时期的家族墓地，以建于民国时期的覃仁泽夫妻合葬墓、覃义顺夫妻合葬墓、覃义和夫妻合葬墓三墓最具艺术价值。其中又以覃仁泽夫妻合葬墓墓碑及牌楼建筑最具代表，由墓冢、茔墙、天井、牌楼等组成庭院复合式结构。三墓墓碑均系石质四柱三间牌楼式结构，覃义顺夫妻合葬墓、覃义和夫妻合葬墓仅为三楼，其雕饰主要位于额枋处；覃仁泽夫妻合葬墓则为五楼，在结构上更为复杂，雕饰繁缛精美，采用技法多样，整体上蔚为壮观。乌江流域现存的清代至民国时期的墓葬建筑，其中不乏在艺术及建筑等方面具有较高造诣者。铜仁市境内牌楼式墓碑不计其数，主要流行于沿乌江两岸，如沿河、石阡、德江、印江、思南等地。这些牌楼式墓碑在结构上繁简不一，同时也有不同程度的雕饰。

作为中国纪念性传统建筑形式的牌坊，在铜仁市境内尚存十余处，以石阡成氏墓地两座牌楼及沿河张云腾墓牌楼最具代表。覃氏家族墓现存牌楼在建筑规模及雕饰的繁缛精美程度均可与成氏墓、张云腾墓牌楼相媲美。牌楼建筑因不具备实用性，在现代生产活动中屡遭破坏，如印江李正旺墓前牌楼、石阡成氏墓“成方伯坊”已残破不堪；黔东南州岑巩县衙院村原存牌楼群，据称原有六七座，如今荡然无存，近年在施工过程中挖出大量石牌楼残构件，目睹这些有精美雕饰的残断构件，不禁让众人惋惜！牌楼作为中国传统建筑中的一类特殊形式，具有较高的科学价值和艺术价值，其保护问题亟待解决。

覃氏家族墓地考古调查工作在扶贫攻坚的特殊背景下得以开展，提供了我们进一步认识晚期墓葬建筑和传统雕饰的契机。而贵州境内墓葬建筑众多，其中不乏规模宏大、雕饰繁缛精美者，但目前展开研究及保护工作却十分有限，大量精美的墓葬建筑不为人所知，其研究、保护及展示工作将是一个漫长的过程。在社会大众文化需求急速上升的时期，文物面临着大量生产活动、基础建设的安全威胁，对于文物保护工作者来说，晚期墓葬建筑研究、保护及展示的工作已迫在眉睫！

后　　记

德江县合兴镇旋厂遗址、枫香溪镇覃氏家族墓地田野考古调查、勘探项目是贵州省文物考古研究所在扶贫攻坚的特殊背景下开展的一次考古助推扶贫的创新工作。我们希望能立足于考古工作深度挖掘德江县文化和旅游资源，提升德江县文化底蕴，打造德江县文化和旅游品牌，在“文旅融合”的过程之中讲好文物故事、做好文化遗产的保护和利用工作。

我们此次考古扶贫田野调查、勘探工作得到省、市、县文化和旅游部门领导的高度重视和支持。工作期间，贵州省文化和旅游厅李三旗书记、张玉广厅长、黄昌祥副厅长、姜刚杰巡视员、史静一副巡视员等领导莅临现场指导，就文物资源调查及保护等方面作出指示并亲切慰问考古工作人员。铜仁市和德江县文体广电旅游局、合兴镇文化站工作人员在工作期间对我们提供了很多帮助。朝阳村村委朱昭奇、徐虹等人在繁忙的扶贫工作之中抽出时间协助本次工作。

由于此前对明清时期乡村聚落遗址的认识很有局限，对墓碑、牌楼等亦缺乏认识，本次调查在工作初期缺少头绪，工作开展困难。为了多方收集和了解相关信息，我们在调查工作开始之前，特意前往对旋厂有深厚研究的朱克龙老师住所，向其咨询了解旋厂遗存状况和一些往事。调查期间，我们又邀请朱克龙老师到旋厂遗址给予实地指导。朱克龙、张贤春等老师向我们分享了十余年前的调查资料。朱昭权老师搜集整理的《福王城故事集》，为我们对旋厂口碑传说的搜集整理提供了丰富的资料。

在此次调查、勘探工作期间，适逢“思州土司考古”工作启动，铜仁市各区县向我们提供了全国第三次不可移动文物普查资料，借此便利，我们收集了铜仁市内与本书内容有关的古寨、墓葬、牌楼等资料，为我们对黔东地区乌江流域相关遗存的调查、认识和研究提供了丰富而宝贵的资料，使我们少走了弯路，缩短了工作时间，提高了工作效率。

本次田野调查工作和报告的撰写，因遗存时代的晚近，认识和经验都很不足，对我们工作团队来说，是一次锻炼的机会，也是一次挑战。我们工作队员带着创新意识，不畏艰难，夜以继日学习探索，再加上以上多方的助力，最终历经10个月完成了这一工作，标志着贵州省文物考古研究所参与“脱贫攻坚”工作开展的“考古扶贫”取得阶段性成果。谨以本书的出版，向贵州“脱贫攻坚”验收献礼，向以上给予我们工作支持的各位领导、专家、同仁等致谢！

此次工作由周必素研究员担任领队，团队成员有闵凯、韩建军、黄昆明、谢长勇、韩文华等。闵凯负责现场工作的安排与实施，韩建军主要负责石室墓清理、绘图、拓片等工作，黄昆明主要负责测绘、航拍、建模、绘图等工作，谢长勇主要负责田野调查、试掘、绘图等工作，韩文华参与了覃氏墓地拓片工作。书稿执笔人为闵凯、周必素、谢长勇。

“路漫漫其修远兮”！黔东、黔东北地区考古工作历来相对薄弱，此次调查工作掀开了德江及铜仁地区考古工作的新篇章。乌江的水和先民孕育和创造了该流域悠久的历史文化，我们早期的考古发现对该流域的文化面貌已经有了基本的认知。“思州田氏土司”又是贵州“四大土司”之一，“思州土司考古”工作已经启动，我们对德江县煎茶溪古墓群、南克宋墓及龙泉坪长官司遗址等已经开展了初步考古勘探工作。我们期待着随着考古工作的深入开展，这片土地下的遗存和历史将会被更多的挖掘和揭露。

闵　凯

2020 年 5 月 20 日